핵심광물 공급망 전쟁

THE CRITICAL MINERALS
SUPPLY CHAIN WAR

국가의 생존과 번영을 결정하는 미래 에너지 패권과 경제안보

핵심 광물 공급망 전쟁

박준혁 지음

THE CRITICAL MINERALS SUPPLY CHAIN WAR

시크릿하우스

21세기 산업 전환과 에너지 패러다임의 변화는 국가 간 경쟁의 구도를 에너지에서 광물로 옮겨놓고 있다. 전기차, 이차전지, 반도체, 수소에너지, 풍력·태양광 발전 등 첨단기술이 국가 경쟁력의 핵심으로 자리 잡으면서, 이러한 기술의 기반이 되는 핵심광물의 확보는 단순한 자원 수급 문제를 넘어 안보와 외교의 영역으로 확장되고 있다.

전략 산업의 핵심광물 8종과 한국

리튬(Lithium, Li)

- 전기차·ESS 배터리의 심장
- '하얀 석유'로 불리며, 청정에너지 전환의 필수 원료
- 최근 공급망 관련 논란 심화

어원	그리스어 리토스(Lithos, 돌)에서 유래
특성	물에 뜰 정도로 가벼움, 고반응성, 우수한 전기전도성
용도	이차전지(양극재/전해질), 세라믹, 윤활제
주요 부존국	칠레(31%), 호주(23%), 아르헨티나(13%)
주요 생산국	호주(45%), 칠레(20%), 중국(18%)
리스크 수준	높음
리스크 요인	호주와 남미에서 원광은 많이 채굴되나, 배터리용 소재(수산화리튬)로의 제련은 중국이 장악
한국의 수입 의존도	100%
한국의 대중국 의존도 (탄산리튬 및 수산화리튬)	약 79.6%(중국발 공급망 충격에 취약)

니켈(Nickel, Ni)

- 전기차 장거리 주행을 가능하게 하는 핵심 금속
- 고에너지밀도 양극재의 핵심 구성 원소
- 전략 산업의 필수 합금 원료

어원	독일어 쿠퍼니켈(Kupfernickel, 악마의 구리)에서 유래
특성	부식 저항, 고온 강도 유지, 합금 안정성 우수
용도	스테인리스강(STS), 이차전지 양극재(NCM·NCA), 초합금(항공·군수)
주요 부존국	인도네시아(42%), 호주(18%), 브라질(12%)
주요 생산국	인도네시아(54%), 필리핀(11%), 뉴칼레도니아(6%)
리스크 수준	다소 높음
리스크 요인	인도네시아의 원광 수출금지 및 자국 내 제련 의무화
한국의 수입 의존도	100%
한국의 대중국 의존도 (배터리용 황산니켈 등)	약 90% 이상

코발트(Cobalt, Co)

- 고온에서도 성능을 유지하는 초합금의 핵심
- 배터리 안전성(열폭주 억제)을 향상시키는 핵심 원소

어원	독일 전설 속 광산 도깨비 코볼트(Kobold)에서 유래
특성	강자성, 내열·내마모성, 고온 안정성
용도	이차전지 양극재, 가스터빈 초합금, 절삭공구, 영구자석
주요 부존국	DR콩고(55%), 호주(15%), 인도네시아(5%)
주요 생산국	DR콩고(74%), 인도네시아(8%), 러시아(4%)
리스크 수준	다소 높음
리스크 요인	정치·치안 불안한 DR콩고(콩고민주공화국) 채굴 의존, 중국의 제련·가공 독점
한국의 수입 의존도	100%
한국의 대중국 의존도 (산화·수산화 코발트 등)	약 99%

망간(Manganese, Mn)

- 철강 산업의 비타민
- 전차 장갑판 소재부터 배터리 양극재의 필수 원료까지, 산업 전반을 지탱하는 필수 첨가 금속

어원	그리스의 마그네시아(Magnesia) 지방명에서 유래
특성	탈황·탈산 기능, 합금 시 강도 대폭 증가
용도	철강(약 90%), 알루미늄 캔, 배터리(LMFP·NCM 보조 원료)
주요 부존국	남아공(33%), 호주(29%), 중국(16%)
주요 생산국	남아공(37%), 가봉(23%), 호주(15%)
리스크 수준	다소 낮음
리스크 요인	범용 금속은 안정적이나, 배터리용 고순도 황산망간은 중국 의존 구조
한국의 수입 의존도	100%
한국의 대중국 의존도 (고순도 황산망간)	70~80%

흑연(Graphite, C)

- 탄소 원자가 육각형 벌집 구조로 층상 배열된 광물
- 배터리 음극재의 유일한 주재료
- 중국의 수출 통제 이후 배터리 공급망 최대 리스크로 부상

어원	그리스어 그라페인(Graphein, 쓰다)에서 유래
특성	전기전도성, 내열성, 윤활성, 화학적 안정성
용도	배터리 음극재(천연·인조), 원자로 감속재, 내열 도가니
주요 부존국	중국(28%), 브라질(26%), 마다가스카르(9%)
주요 생산국	중국(79%), 마다가스카르(6%), 모잠비크(4%)
배터리용 흑연 생산국	중국(구형흑연 99%, 음극재 97%)
리스크 수준	매우 높음
리스크 요인	중국의 2023년 12월 수출통제 강화 → 글로벌 음극재 공급망 위협
한국의 수입 의존도	100%
한국의 대중국 의존도 (천연/인조 흑연)	99%

희토류(Rare Earth Elements, REE)

- 첨단산업과 국방산업의 비타민
- 전기모터, 미사일, 반도체에 모두 들어가는 전략 광물군

정의	주기율표 상 란타넘족 15개 원소에 더해, 화학적 성질이 유사한 이트륨(Y)과 스칸듐(Sc)을 포함한 총 17개 원소
어원	18~19세기 당시 화학 용어에서 'Earth'는 '금속 산화물(oxide)'을 의미. 여러 광물에 섞여 있어 분리 및 정제가 어려운 금속 산화물을 'Rare Earth'라고 지칭
특성	강한 자성(네오디뮴), 발광 특성, 전기화학적 특성
분류	① 경희토류(가벼운 희토류, 비교적 많이 산출) 예) 세륨(Ce), 네오디뮴(Nd) ② 중희토류(무거운 희토류, 극소량만 생산) 예) 디스프로슘(Dy), 테르븀(Tb)
용도	영구자석(NdFeB), 레이저, 반도체 연마재, 스마트폰
주요 부존국	중국(49%), 브라질(23%), 인도(8%)
주요 생산국	중국(68%), 미얀마(11%), 미국(11%)
리스크 수준	매우 높음
리스크 요인	채굴 → 분리 → 정제 → 금속 → 자석 제조 등 모든 공급망 단계 중국 주도 및 중국의 수출통제
한국의 수입 의존도	100%
한국의 대중국 의존도	80% 이상(중희토류는 100%)

구리(Copper, Cu)

- AI·전력망 확충의 혈관 금속
- 전기화 사회 전반을 떠받치는 필수 전도 소재

어원	라틴어 쿠프름(Cuprum, 키프로스의 금속)에서 유래
특성	높은 전도성, 연·전성, 합금 용이, 항균성
용도	전선·케이블, PCB, 전기차 배선, 탄약
주요 부존국	칠레(19%), 호주(10%), 페루(10%)
주요 광석 생산국	칠레(23%), DR콩고(13%), 페루(12%)
주요 제련 생산국	중국(44%), DR콩고(8%), 칠레(8%)
리스크 수준	중간
리스크 요인	남미 광산 물 부족, 장비 노후화, 파업 → 공급 둔화
한국의 수입 의존도	100%

백금족(Platinum Group Metals, PGM)

- 수소경제의 촉매이자 반도체 공정의 필수 금속
- 에너지·디지털 전환 핵심 귀금속군

어원	백금(Pt), 팔라듐(Pd), 로듐(Rh), 루테늄(Ru), 오스뮴(Os), 이리듐(Ir) 6개 원소를 묶어 부르는 명칭
특성	고융점, 내식성, 뛰어난 촉매 활성
용도	수소 연료전지 촉매, 자동차 배기가스 정화, 반도체·센서 제조
주요 부존국	남아공(78%), 러시아(20%), 짐바브웨(1%)
주요 생산국	남아공(70%), 러시아(12%), 짐바브웨(11%)
리스크 수준	중간
리스크 요인	남아공 전력난 + 러시아 전쟁 → 공급 차질 상시화
한국의 수입 의존도	100%

주요 용어 정리

한글 용어	영문 용어	설명
핵심광물 및 지질		
핵심광물	Critical Minerals	첨단산업 및 국가 안보에 필수적이나 공급망이 불안정한 광물
광물	Mineral	지각을 구성하는 자연산 무기물
광석	Ore	경제적 가치가 있어 채굴의 대상이 되는 광물 또는 암석
광상	Ore Deposit	유용한 광물이 경제적으로 채굴할 만큼 모여있는 곳
광산	Mine	광석이 채굴되는 지표 및 지하의 사업장
품위	Grade	광석 안에 포함된 특정 금속(광물)의 함량 비율(%)
광물탐사 및 개발		
탐사	Exploration	새로운 광상을 찾아내고 그 특성을 파악하는 모든 활동
시추	Drilling	지표면에 구멍을 뚫어 지하 깊은 곳의 암석 샘플(코어)을 채취하는 탐사 활동
채광(혹은 채굴)	Mining	유용한 광물을 광산에서 기계 등으로 획득하는 과정
노천채광	Surface Mining	지표면에서부터 땅을 파내려가며 광물을 채굴하는 방식
지하채광 (갱내채광)	Underground Mining	지하에 굴(갱도)을 파고 들어가 광물을 채굴하는 방식
자원량 및 매장량 평가		
매장량	Resource	지각 내에 존재하여 경제적 채굴 잠재성이 있는 광물의 총량
가채매장량	Reserve	매장량 중 현재의 기술과 경제성으로 실제 채굴이 가능한 광물의 양
확정/추정/예상	Measured/ Indicated/ Inferred	매장량의 지질학적 신뢰도(확실성)를 나타내는 등급 (확정 〉 추정 〉 예상)
사업성 평가		
타당성 조사(FS)	Feasibility Study	광산 개발 프로젝트의 기술적, 경제적 실행 가능성을 종합적으로 평가하는 최종 단계

예비 타당성 조사(PFS)	Pre–Feasibility Study	FS의 이전 단계로, 프로젝트의 잠재적 실행 가능성을 평가하는 예비 단계
자본적 지출 (CAPEX)	Capital Expenditure	광산 건설, 설비 구매 등 개발 초기에 투입되는 총 투자 비용
운영 비용(OPEX)	Operating Expenditure	인건비, 전력비, 유지보수비 등 광산 운영에 지속적으로 발생하는 비용
순현재가치(NPV)	Net Present Value	프로젝트의 미래 현금 흐름을 현재 가치로 환산하여 수익성을 판단하는 지표
내부수익률(IRR)	Internal Rate of Return	프로젝트의 NPV를 0으로 만드는 할인율로, 프로젝트의 기대 수익률을 의미
선광 및 제련		
선광	Mineral Processing/ Beneficiation	채굴한 저품위 광석에서 유용한 광물과 불필요한 암석을 분리하는 공정
파쇄/분쇄	Crushing/ Grinding	광석을 잘게 부수어 유용 광물을 분리하기 쉽게 만드는 과정
부유선별	Froth Flotation	화학 약품을 이용하여 원하는 광물만 선택적으로 물 위로 띄워 분리하는 선광 기술
정광	Concentrate	선광을 통해 유용 광물의 품위(순도)를 높인 고농축 광물
광물 찌꺼기 (혹은 광미)	Tailings	선광 후 남은, 경제적 가치가 없는 암석 찌꺼기
제련	Smelting/ Refining	정광에서 순수한 금속을 추출해 내는 공정
습식 제련	Hydrometallurgy	화학 용액(산, 알칼리 등)을 이용하여 금속을 녹여낸 후 추출하는 저온 제련 방식
건식 제련	Pyrometallurgy	광석을 고온으로 녹여 금속을 분리/추출하는 전통적인 제련 방식
공급망 및 정책		
공급망	Supply Chain	자원의 탐사부터 최종 제품까지 이어지는 모든 단계의 네트워크
GVC	Global Value Chain	글로벌 가치사슬, 전 세계 여러 국가에 걸친 부가가치의 연결망

공급망 상류 (업스트림)	Upstream	탐사, 채광 등 광물 공급망의 가장 초기 부분
공급망 중류 (미드스트림)	Midstream	채굴된 광물을 가공하는 단계
공급망 하류 (다운스트림)	Downstream	가공된 소재로 부품이나 완제품을 제조하는 단계
배터리 재자원화	Battery Recycling	사용 후 배터리에서 니켈, 코발트, 리튬 등 핵심 원료를 다시 추출하는 기술
자원 민족주의	Resource Nationalism	자원 보유국이 자국 자원에 대한 통제권을 강화해 이익을 극대화하려는 경향
프렌드쇼어링/ 얼라이쇼어링	Friend−shoring/ Ally−shoring	신뢰할 수 있는 동맹·우방국 중심으로 공급망을 재편하는 전략

주요 약어		
USGS	United States Geological Survey	미국 지질조사국(자원 매장량, 통계 발표)
DPA	Defense Production Act	미국의 국방물자생산법(국가안보를 위한 주요 물품의 생산 확대 목적)
IEA	International Energy Agency	국제에너지기구
CRMA	Critical Raw Materials Act	유럽연합(EU)의 핵심원자재법
IRA	Inflation Reduction Act	미국의 인플레이션 감축법(자국 내 공급망 강화)
LME	London Metal Exchange	런던금속거래소(주요 금속 가격 기준)
DRC	Democratic Republic of the Congo	콩고민주공화국
MSP	Mineral Security Partnership	핵심광물안보파트너십. 미국 국무부 주도의 다자간 협의체
IPEF	Indo−Pacific Economic Framework	인도−태평양 경제 프레임워크, 미국 주도로 인도−태평양 지역 국가들이 참여하는 경제 협력체
SPG	Spherical Graphite	흑연 기반 음극재에 쓰이기 위해 구형으로 가공된 고순도 흑연

EOL – RIR	End – of – Life Recycling Input Rate	폐기물 재활용 투입률: 제품 수명 종료 시 재활용 공정에 투입되는 물질의 비율
HREE	Heavy Rare Earth Elements	중희토류 원소: 희토류 중 원자번호가 큰 무거운 희토류. 예) 디스프로슘(Dy), 테르븀(Tb)
LREE	Light Rare Earth Elements	경희토류 원소: 희토류 중 원자번호가 작은 가벼운 희토류. 예) 세륨(Ce), 네오디뮴(Nd)
EV	Electric Vehicle	전기차
ESS	Energy Storage System	생산된 전기를 저장했다가 필요할 때 공급하는 에너지 저장 장치
ECRA	Export Control Reform Act	미국의 수출통제법
FDPR	Foreign Direct Product Rule	해외직접생산품 규칙(미국 기술이 일정 비율 이상 포함된 해외 생산 제품에도 미국 수출통제를 역외 적용하는 규칙)
FEOC	Foreign Entity of Concern	해외우려기관(미국이 우려하는 국가의 정부 및 관련기업)
(전기차)OEM	Original Equipment Manufacturer	전기차를 설계·기획하고 자사 브랜드로 생산·판매하는 완성차 제조사. 예) 현대차, 테슬라
SOE	Sate—Owned Enterprise	정부 소유의 기업(공기업)
WTO	World Trade Organization	국제무역 규범을 관할하는 기구

배터리 4대 핵심소재		
양극재	Cathode/Cathode Active Material	배터리의 용량과 전압을 결정하는 핵심 소재로, 리튬이온의 원천
음극재	Anode/Anode Active Material	양극에서 나온 리튬이온을 저장/방출하며 전기를 발생시키는 소재(주로 흑연 사용)
전해액	Electrolyte	양극과 음극 사이에서 리튬이온이 이동할 수 있도록 돕는 매개체
분리막	Separator	양극과 음극이 직접 닿아 화재가 발생하는 것을 막는 미세한 구멍의 막

배터리 종류 및 화학		
리튬이온 배터리	Lithium – ion Battery(LIB)	현재 가장 널리 쓰이는 이차전지로, 리튬이온의 이동을 통해 충방전을 수행

전고체 배터리	All – Solid – State Battery(ASSB)	전해액을 액체가 아닌 고체로 만들어 안정성과 에너지 밀도를 높인 차세대 배터리
LFP(리튬인산철)	Lithium Iron Phosphate	리튬, 인, 철을 양극재로 사용한 배터리. 안정성이 높고 저렴함
NCM/NCA	Nickel Cobalt Manganese/ Aluminum	니켈, 코발트, 망간/알루미늄을 조합한 삼원계 양극재. 에너지 밀도가 높음
전구체	Precursor	양극재를 만들기 위한 중간 단계의 원료 화합물
배터리 구조 및 단위		
배터리 셀(Cell)	Battery Cell	배터리의 가장 기본 단위. 양극, 음극, 분리막, 전해액으로 구성
배터리 모듈 (Module)	Battery Module	여러 개의 배터리 셀을 외부 충격과 열로부터 보호하기 위해 묶은 조립체
배터리 팩(Pack)	Battery Pack	여러 개의 모듈과 배터리 관리 시스템(BMS) 등을 장착한 최종 형태
에너지 밀도	Energy Density	단위 부피(L) 또는 무게(kg) 당 저장할 수 있는 에너지의 총량
기가와트시 (GWh)	Gigawatt – hour	배터리 생산 용량이나 에너지 저장 규모를 나타내는 단위(1GWh=100만 kWh)

미국 애리조나주의 시에리타(Sierrita) 광산. 대표적인 대형 노천 구리 광산이다.

사진: 박준혁

붉은 먼지 속,
보이지 않는 전쟁의 최전선에서

모렌시(Morenci) 광산에 첫발을 내딛던 순간의 강렬함은 지금도 생생하다. 미국 애리조나주 한가운데, 마치 거대한 운석이 남긴 상처처럼 펼쳐진 이 광산은 지구의 속살을 그대로 드러낸 듯한 압도적인 풍경이었다. 서울 강남 3구를 합친 면적의 두 배가 넘는 광활한 분지는 거대한 원형 경기장을 연상시키는 노천 채굴장(open pit)으로 이루어져 있었다. 그 끝없이 펼쳐진 계단식 절벽을 따라 200톤 넘는 거대 트럭들이 개미처럼 끊임없이 오르내렸고, 암석 발파로 피어오른 붉은 먼지구름은 건조한 대기 속에 잠시도 가라앉을 틈 없이 자욱했다. 그 압도적인 규모와 끊임없는 굉음, 온몸을 감싸던 뜨거운 열기는 경외감과 함께 내 심장을 거세게 두드렸다.

그곳에서 채굴되는 구리(Cu) 광석은 단순한 원자재가 아니었다. 그

것은 현대 문명을 움직이는 동력이자 첨단기술을 구현하는 핵심 재료이며, 나아가 국가의 명운을 좌우하는 전략적 자산이었다. 역사적으로 이 광산에서 생산된 구리는 미국이 두 차례의 세계대전을 치르는 데 필요한 무기 생산을 뒷받침했고, 광활한 미국 대륙을 연결하는 전력망의 구리선을 공급했다. 오늘날 그 중요성은 더욱 커져, 전기차의 심장인 모터부터 하늘을 나는 전투기, 바다 깊은 곳의 잠수함, 그리고 우리 손안의 스마트폰과 인공지능(AI) 서버에 이르기까지 이곳의 구리는 우리 삶 가장 깊숙한 곳까지 파고들고 있다.

하루 수십만 톤씩 쏟아져 나오는 구리가 전 세계 산업의 혈관을 타고 흐르는 것을 목격하면서, 광물이란 단순히 땅속에서 캐내는 원료 이상의 의미를 지닌다는 사실을 절감했다. 광산의 거대한 굴착기가 땅을 파헤치는 동안, 지구 반대편에서는 광물을 둘러싼 국가 간의 치열한 경쟁과 보이지 않는 갈등이 끊임없이 벌어지고 있었다. 모렌시 광산 현장의 현실 역시 이러한 국제 정세의 변화와 무관하지 않았다. 트럭 운전사부터 엔지니어, 관리자에 이르기까지 현장의 모든 구성원은 국제 광물 시장의 변동과 지정학적 긴장을 피부로 느끼며 일하고 있었다. 원자재 가격이 국제 정세에 따라 요동칠 때마다 현장에는 팽팽한 긴장감이 감돌았고, 생산 계획은 예고 없이 수정되기도 했다.

특히 지금, 세계는 거대한 전환기를 맞이하고 있다. 화석연료 시대를 뒤로하고 청정에너지 시대로 나아가려는 인류의 담대한 도전은 구리, 리튬(Li), 코발트(Co), 니켈(Ni), 희토류(rare earth elements, REE)와 같은 핵심광물(critical mineral)에 대한 수요를 폭발적으로 증가시켰다. 태양광 패널, 풍력 터빈, 에너지 저장 시스템(energy storage system, ESS) 등 친환경 에너지 인프라 구축에 이 광물들은 필수 불가결하다. 이는 곧 핵심광물의 안정적인 확보가 미래 에너지 패권과 직결됨을 의미한다. 더 나아가 반도체, 인공지능, 양자컴퓨터, 우주항공 등 미래 첨단산업의 경쟁력 역시 이들 광물 없이는 담보할 수 없다.

바로 이 지점에서 '핵심광물 공급망 전쟁'은 그 본색을 드러낸다. 이 전쟁은 단순히 더 많은 자원을 확보하려는 경제적 경쟁을 넘어선다. 이는 국가의 생존과 번영이 걸린 경제안보의 문제이다. 특정 국가가 핵심광물의 생산과 정·제련 공급망을 독점하거나 통제할 경우, 이를 무기 삼아 다른 국가의 경제 시스템 전체를 마비시킬 수 있다. 팬데믹과 미중 무역분쟁, 러시아-우크라이나 전쟁 등 일련의 지정학적 격변을 겪으며, 우리는 특정 품목의 공급망 교란이 국가 경제 전체에 얼마나 치명적인 충격을 주는지 똑똑히 목격했다. 핵심광물 공급망의 취약성은 이제 국가 경제의 가장 심각한 위험 요인 중 하나이다.

동시에 이는 국방·안보와도 직결되는 사안이다. 스텔스 전투기, 정밀 유도 미사일, 첨단 레이더 시스템, 군사 통신망 등 현대 무기체계의 성능과 운용은 희토류를 비롯한 다양한 핵심광물에 절대적으로 의존한다. 만약 적대국이 이러한 광물의 공급을 차단하거나 통제한다면, 국가 방위력에 심각한 공백이 발생할 수밖에 없다. 따라서 핵심광물의 안정적 확보는 영토와 국민을 지키기 위한 국방력 유지의 필수 전제조건이 된 것이다.

결국, 광물자원 전쟁의 승패는 한 국가의 미래 산업 경쟁력을 결정 짓는다. 어느 국가가 먼저 핵심광물 공급망의 안정성을 확보하고, 이를 기반으로 첨단산업과 청정에너지 분야를 선도하느냐에 따라 21세기 국제 질서의 판도가 달라질 것이다. 미국과 중국의 패권 경쟁이 기술 경쟁을 넘어 광물 확보 경쟁으로 치닫는 이유가 바로 여기에 있다.

 핵심광물 공급망 전쟁

양국은 자국 내 생산을 늘리는 것은 물론, 아프리카, 남미, 동남아시아 등 자원 부국을 대상으로 치열한 외교전과 투자 경쟁을 벌이고 있다. 유럽연합(EU) 역시 핵심원자재법(CRMA) 등을 통해 역내 공급망 강화에 사활을 걸고 있으며, 한국, 일본 등 자원 빈국들의 전략적 고민은 더욱 깊어지고 있다.

이처럼 광물자원 전쟁은 경제, 국방, 산업, 기술, 외교, 환경 등 거의 모든 영역에 걸쳐 복잡하게 전개되는 다층적인 전쟁이다. 자원 민족주의(resource nationalism)의 대두, 공급망 재편을 둘러싼 갈등, 자원 확보 과정에서의 환경 파괴와 인권 문제 등 우리가 풀어야 할 과제는 산적해 있다. 우리가 무심코 사용하는 첨단 기기 속에 숨겨진 자원의 지정학적 함의와 그 이면의 그림자를 제대로 인식하지 못한다면, 다가올 미래의 격랑 속에서 올바른 방향을 찾기 어려울 것이다.

이 책은 필자가 모렌시 광산의 붉은 먼지 속에서 목격했던 치열한 자원 개발의 현장부터 시작하여, 보이지 않는 전선에서 벌어지는 각국의 전략과 암투, 그리고 그것이 우리의 경제, 안보, 산업, 나아가 일상생활에 미치는 거대한 영향을 심층적으로 분석하고 기록한 결과물이다. 아울러 핵심광물 공급망 전쟁이라는 프리즘을 통해 21세기 국제관계의 역학과 미래 사회의 변화를 조망하고자 한다.

모렌시 광산의 거대한 굴착기와 덤프트럭은 단순히 흙과 돌을 파내는 기계가 아니다. 그것은 21세기 문명의 향방을 결정짓고, 국가 간의 힘의 균형을 재편하며, 인류의 미래를 좌우하는 거대한 톱니바퀴이다. 이제, 그 숨 막히는 전쟁의 한복판으로 들어가 그 실체를 마주할 시간이다. 이 책이 혼돈의 시대를 헤쳐 나갈 지혜와 통찰을 얻는데 작은 등대가 되기를 바란다.

차례

1장

보이지 않는 전선에서 벌어지는 공급망 전쟁

2장

스마트폰에서 전기차까지, 우리 삶을 지배하는 핵심광물

3장

돌에서 배터리까지, 공급망 해부

6장

새로운 가능성을 찾아서

보이지 않는 전선에서 벌어지는 공급망 전쟁

21세기의 패권 경쟁은 더 이상 탱크와 미사일이 오가는 가시적인 전선에서만 벌어지지 않는다. 눈에 보이지 않지만 더욱 치열한 '공급망'이라는 새로운 전선이 형성되었으며, 이 전쟁의 승패는 이제 한 국가의 산업과 안보의 명운을 좌우한다. 그리고 현재 이 전장의 가장 강력한 플레이어는 단연 중국이다. 지난 수십 년간의 치밀한 전략을 통해, 중국은 광물의 채굴(업스트림)보다 훨씬 더 중요한 가공 및 제련(미드스트림) 단계를 장악하며 사실상 전 세계 핵심광물 공급망의 마스터키를 쥐는 데 성공했다. 이제 서방 세계는 뒤늦게 이 공급망의 중요성을 깨닫고, 중국의 독점적 지위에 도전하는 거대한 반격에 나서고 있다.

이 거대한 줄다리기는 단순히 경제적 경쟁을 넘어, 지정학적 요충지를 둘러싼 체스 게임으로 번지고 있다. 북극의 빙하 아래 막대한 희토류(REE)를 품고 있는 그린란드를 향한 미국과 중국의 미묘한 신경전, 그리고 유럽의 리튬, 흑연(C) 및 티타늄(Ti) 보고로 알려진 우크라이나의 광물자원을 둘러싼 전쟁 이면의 치열한 수싸움이 바로 그 대표적인 사례다. 이 지역들은 더 이상 단순한 지리적 공간이 아니라, 미래 산업 지도를 새로 그릴 수 있는 막대한 잠재력을 지닌 '전략적 자산'이며, 양측의 외교, 자본, 정보력이 총동원되는 각축장이 되고 있다. 이번 장에서는 바로 이 보이지 않는 전선의 최전선에서 벌어지는 공급망 재편의 현주소와, 중국과 서방이 벌이는 치열한 전략적 대결의 실체를 깊이 파헤쳐 보고자 한다.

공급망 재편과
자원 민족주의의 서막

지난 30여 년간 세계 경제의 작동 원리였던 저비용·고효율 중심의 하이퍼-글로벌라이제이션(hyper-globalization) 시대는 명백한 전환점을 맞이했다. 그 기반이 되었던 자유무역과 상호의존성에 대한 신뢰는 미중 패권 경쟁의 심화, 예측 불가능한 팬데믹의 충격, 그리고 러시아-우크라이나 전쟁과 같은 지정학적 격변을 겪으며 크게 흔들리고 있다. 이러한 위기들은 그동안 효율성의 그늘에 가려져 있던 글로벌 가치사슬의 구조적 취약성을 여실히 드러냈고, 각국으로 하여금 자국의 경제 안보와 산업 주권을 최우선으로 고려하도록 만들었다.

그 결과, 우리는 세계 경제 질서가 근본적으로 재편되는 과정을 목격하고 있다. 경제적 효율성만큼이나 공급망의 안정성과 회복력이 중요해졌으며, 국경 없는 자유 시장보다는 지정학적 동맹과 가치를 공유하는 국가 간의 경제 블록화 및 지역화 경향이 뚜렷해지고 있다. 미국 주도의 IPEF(인도-태평양 경제 프레임워크), EU의 전략적 자율성 강화 정책 등은 이러한 흐름을 명확히 보여준다. 또한, 과거 금기시되었던 보호무역주의와 국가 개입주의적 산업 정책이 국가 안보와 핵심 산업 육성이라는 명분 아래 전면에 나서고 있다. 미국의 반도체 과학법(CHIPS Act, 칩스법)과 인플레이션 감축법(IRA), EU의 그린딜 산업 계획(Green Deal Industrial Plan) 등은 막대한 보조금과 규제를 통해 자국 중심의 공급망을 구축하려는 노골적인 시도이며, 이는 세계무역기구(WTO) 중심의 다자 무역 체제를 약화시키고 국가 간 무역 마찰을 심화시킬 우려를 낳고 있다.

이러한 거대한 변화의 중심에는 반도체와 더불어 광물이 자리 잡고 있다. 첨단기술 경쟁과 에너지 전환의 필수 요소인 핵심광물 확보는 이제 단순한 경제적 문제를 넘어 국가 안보 및 미래 산업 패권과 직결된 핵심적인 지정학적(geopolitical) 및 지경학적(geoeconomic) 이슈로 부상했다. 각국은 안정적인 핵심광물 공급망을 구축하기 위해 외교적 노력(동맹 및 파트너십 강화)은 물론, 자국 내 생산 및 재자원화 역량 강화, 그리고 해외 자원 개발에 대한 직접적인 투자와 개입(공급망 내재화 전략)을 아끼지 않고 있다. 이는 자원 민족주의의 부활 가능성을 높이는 동시에 핵심광물을 둘러싼 국가 간의 보이지 않는 총성 없는 전쟁을 더욱 격화시킬 것으로 예상된다.

우리는 세계화의 쇠퇴와 함께 공급망 재편, 경제 블록화, 보호무역주의 강화라는 새로운 국제 경제 질서의 초입에 서 있다. 이러한 격동적인 변화 속에서 핵심광물 확보를 둘러싼 국가 간 경쟁은 더욱 치열해질 것이며, 이는 국제 관계와 글로벌 경제에 심오하고 장기적인 영향을 미칠 것이다.

세계의 공장 중국과 서구 제조업의 공동화

베를린 장벽이 무너지고 냉전의 시대가 막을 내리면서, 세계는 전례 없는 세계화(globalization)의 시대로 접어들었다. 국경의 의미는 희미해졌고, 자유무역과 시장 개방은 거스를 수 없는 대세처럼 여겨졌다. 워싱턴 컨센서스로 대표되는 신자유주의 이데올로기는 상품, 자본, 서비스, 그리고 노동의 자유로운 이동을 촉진했으며, 각국은 데이비드 리카도(David Ricardo)의 비교 우위론(Theory of comparative advantage)에 입각하여 가장 효율적인 방식으로 생산하고 교역하는 국제 분업 체제에 적극적으로 편입되었다. 컨테이너 혁명, 인터넷 보급 등 운송 및 통신 기술의 발달은 이러한 흐름을 더욱 가속화시켰다.

이러한 거대한 전환의 중심에는 중국이 있었다. 2001년 WTO 가입은 중국이 세계 경제 시스템에 본격적으로 편입되는 결정적인 계기가 되었다. 중국은 14억에 달하는 거대한 인구를 바탕으로 한 저렴하고 풍부한 노동력, 외국인 투자 유치를 위한 파격적인 세제 혜택과 규제 완화, 그리고 국가 주도의 강력한 인프라 투자 및 산업 육성 정책을 통해 전 세계 기업들에게 매력적인 생산 기지로 부상했다. 여기에 상대적으로 느슨했던 환경 및 노동 기준은 생산 비용 절감을 추구하는 글로벌 기업들의 이전을 더욱 부추겼다. 그 결과, 의류, 신발, 완구와 같은 전통적인 노동 집약적 산업은 물론 전자제품 조립, 기계 부품 생산, 심지어 일부 첨단기술 제품의 생산 기지까지 중국으로 빠르게 이

전되었다. 중국은 명실상부한 세계의 공장으로 등극하며 유례없는 경제 성장을 구가했다.

이러한 변화는 미국, 유럽, 일본 등 서방 선진국들에게 복합적인 영향을 미쳤다. 긍정적인 측면은 분명 존재했다. 중국산 저가 공산품의 대량 유입은 서방 국가들의 물가 안정을 가져왔고, 소비자들은 이전보다 훨씬 저렴한 가격으로 다양한 상품을 구매할 수 있게 되어 실질적인 구매력이 향상되었다. 기업들은 생산 기지를 중국으로 이전하거나 중국산 부품·소재를 활용함으로써 생산 비용을 획기적으로 절감하고 이익을 극대화할 수 있었으며, 이는 주주 가치 제고로 이어졌다. 글로벌 기업들은 중국이라는 거대한 생산 기지이자 잠재적 소비 시장을 발판 삼아 세계 시장 공략을 가속화하며 세계화의 황금기를 구가했다.

하지만 이러한 세계화의 단맛 이면에는 심각한 부작용이 숨어 있었다. 서방 국가 내에서는 자국 제조업 기반이 급격히 약화되는 산업 공동화(hollowing out) 현상이 가속화되었다. 한때 국가 경제의 중추였던 철강, 섬유, 자동차 부품, 가전 등 전통적인 제조업 일자리는 중국과의 가격 경쟁에서 밀려 급격히 감소했다. 기업들은 단기적인 비용 절감과 이익 극대화를 위해 생산 시설을 해외로 이전하는 데 주저하지 않았고, 이는 숙련된 노동자의 실직, 지역 경제의 침체, 그리고 소득 불평등 심화라는 사회적 문제로 이어졌다. 미국의 러스트 벨트(Rust Belt) 지역의 쇠락과 제조업 공동화로 인한 중산층 붕괴는 이러한 문제의 심각성을 단적으로 보여주는 사례다. 더욱 심각한 문제는 단순히 최종 소비재 생산 능력뿐만 아니라, 산업의 근간을 이루는 핵심 부품, 소재, 기초 화학 등 중간재 산업의 기반마저 중국 등 특정 국가에 과도하게 의존하게 되었다는 점이다. 이는 향후 발생할 수 있는 공급망 충격에

서방 국가 경제 전체를 취약하게 만드는 구조적인 위험 요소를 잉태하고 있었다. 초기에는 이러한 국제 분업이 상호 이익이 되고 효율성을 극대화하는 합리적인 선택으로 여겨졌지만, 그 이면에는 국가 안보와 경제 주권을 위협할 수 있는 보이지 않는 비용이 누적되고 있었던 것이다.

촘촘하게 얽힌 그물, 글로벌 가치사슬의 명암

세계화 시대의 국제 분업은 글로벌 가치사슬(global value chain, GVC)이라는 전례 없이 복잡하고 정교한 생산 네트워크를 구축했다. GVC는 제품의 기획 및 설계, 원자재 및 부품 조달, 가공 및 생산, 조립, 물류, 마케팅 및 판매, 그리고 사후 서비스에 이르는 전 과정이 각 단계별로 가장 효율적이거나 비용 우위가 있는 국가 또는 지역에서 수행되도록 분산된 글로벌 생산 시스템을 의미한다. 예를 들어, 한 대의 자동차를 생산하기 위해 엔진 부품은 독일, 반도체는 대만, 배터리는 한국, 차체용 강판은 중국, 플라스틱 부품은 동남아에서 조달하여 멕시코에서 최종 조립한 뒤 미국 시장에 판매하는 방식이다. 이러한 GVC 모델은 기업들에게 각 생산 단계별 최적화를 통해 비용을 절감하고 효율성을 극대화할 수 있는 강력한 동기를 부여했다. 운송 및 통신 기술의 발달은 이러한 글로벌 분업을 더욱 용이하게 만들었고, GVC는 지난 수십 년간 세계 경제 성장과 교역 확대를 이끈 핵심 동력으로 작용했다.

하지만 극도로 최적화되고 상호 연결된 GVC는 마치 정교하게 짜인

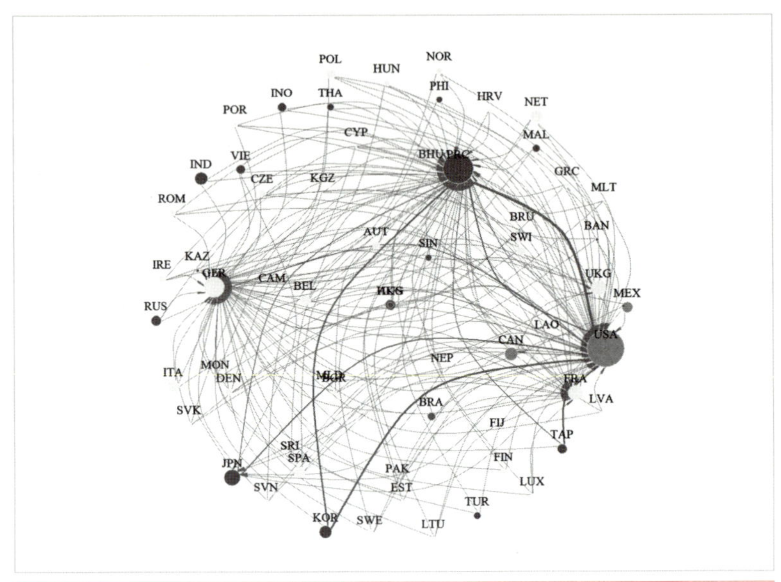

거미줄처럼, 특정 지점에 가해지는 충격이 전체 네트워크로 빠르게 전파될 수 있는 내재적 취약성을 안고 있었다. 특정 국가나 지역이 특정 부품이나 소재 생산을 독점하거나 과점하는 구조는 해당 지역의 자연재해, 전염병 확산, 정치적 불안정, 인프라 마비, 또는 의도적인 정책 변경(수출 통제 등)이 발생했을 때 전체 공급망을 순식간에 마비시킬 수 있는 심각한 위험 요인이었다. 이러한 단일 실패점(single point of failure) 리스크는 GVC가 복잡해지고 특정 노드(node)에 대한 의존도가 높아질수록 더욱 커졌다. 또한, 여러 국가와 기업을 거치는 복잡한 생산 단계는 공급망 전체의 흐름을 파악하고 관리하는 것을 어렵게 만들었다. 공급망의 어느 지점에서 문제가 발생했는지 신속하게 파악하고 대응하기 어려워, 한번 발생한 충격의 여파가 예상보다 길고 광범위하게

지속되는 경우가 많았다. 즉, GVC의 효율성은 안정성이라는 비용을 담보로 얻어진 것이었다.[2]

특히 문제가 심각하게 드러난 분야는 첨단산업의 혈액이자 국가 안보와도 직결되는 핵심광물 및 핵심 소재 가공 분야였다. 중국은 막대한 내수 시장을 바탕으로 한 규모의 경제, 저렴한 에너지 비용(특히 석탄 발전), 국가 차원의 전략적이고 일관된 산업 정책 지원(보조금, 세제 혜택 등), 그리고 상대적으로 느슨한 환경 규제를 적극적으로 활용하여 핵심광물의 정제·제련 및 가공 분야에서 압도적인 글로벌 지위를 구축했다. 희토류의 경우, 중국은 전 세계 정제·가공 능력의 80~90%를 장악하며 사실상 독점적인 지위를 확보했다. 전기차 배터리의 핵심 소재인 흑연 역시 정제 및 구형화(spheroidization) 공정의 대부분이 중국에서 이루어진다. 태양광 패널의 기초 소재인 폴리실리콘, 반도체 제조에 사용되는 갈륨(Ga)과 게르마늄(Ge, 표준용어 '저마늄'), 영구자석의 원료가 되는 네오디뮴(Nd)과 디스프로슘(Dy), 그리고 각종 전자기기와 배터리에 사용되는 마그네슘(Mg), 텅스텐(W) 등 수많은 핵심광물 및 소재 분야에서 중국은 유사한 방식으로 지배력을 강화해 나갔다. 심지어 중국 정부는 자국 내에서 채굴된 희토류 등 일부 원자재의 수출은 쿼터 등으로 제한하면서도, 이를 가공한 자석이나 중간재 수출은 장려하는 정책을 통해 자국 내 가공 산업을 육성하고 글로벌 가치사슬에서 핵심적인 위치를 차지하려는 전략을 구사했다. 서방 국가들은 이러한 중국 중심의 공급망 집중 리스크를 인지하면서도, 단기적인 비용 효율성과 중국과의 복잡한 경제적 상호의존성 때문에 근본적인 공급망 재편에는 소극적인 태도를 유지해 왔다. 이는 결과적으로 서방의 산업 및 안보 취약성을 심화시키는 결과를 낳았다.

균열의 시작
: 팬데믹, 지정학적 갈등, 그리고 공급망 충격

수면 아래 잠복해 있던 GVC의 취약성은 21세기 들어 발생한 일련의 전 지구적 위기들을 거치며 그 민낯을 고스란히 드러냈고, 전 세계적인 공급망 대란과 경제적 충격으로 이어졌다.

첫 번째 주요 균열은 미국과 중국 간의 무역 및 기술 패권 경쟁의 심화였다. 2018년 트럼프 행정부가 중국산 수입품에 대해 대규모 관세를 부과하면서 시작된 미중 무역 전쟁은 양국 간의 단순한 무역 불균형 문제를 넘어 기술 표준, 지식재산권, 국가 안보 등 광범위한 영역에서의 전략적 경쟁으로 확산되었다. 미국은 중국의 기술 굴기를 견제하기 위해 화웨이(Huawei) 등 특정 기업에 대한 제재를 가하고, 첨단 반도체 제조 장비 및 기술의 중국 수출을 엄격히 통제하기 시작했다. 중국 역시 미국산 농산물 등에 대한 보복 관세 부과와 함께, 희토류와 흑연 등 핵심광물 수출 통제 카드를 만지작거리며 맞대응했다. 이러한 갈등은 GVC가 더 이상 상호 이익과 경제 논리만으로 작동하는 시스템이 아니며, 무역과 기술이 지정학적 경쟁의 강력한 무기가 될 수 있음을 명백히 보여주었다. 기업들은 '차이나 플러스 원(China+1)' 전략 등을 통해 관세와 제재를 피하기 위해 생산 기지를 중국에서 베트남, 멕시코 등 제3국으로 이전하려는 움직임을 보였지만, 이는 단기적으로 비용 상승을 유발하고 새로운 물류 및 품질 관리 문제를 야기하는 등 한계를 드러냈다.

두 번째 균열이자 GVC의 취약성을 전 세계인이 체감하게 만든 결정적인 계기는 2020년 발생한 코로나19 팬데믹이었다. 전염병 확산을 막기 위한 각국의 봉쇄 조치와 이동 제한은 국경 간 물류 이동을 마비시키고 전 세계 공장들의 가동을 중단시켰다. 팬데믹 초기, 마스크, 보호복, 진단키트 등 필수 방역 물품 생산이 특정 국가(주로 중국)에 집중되어 있다는 사실이 드러나면서 전 세계적인 품귀 현상이 발생했고, 각국은 자국의 보건 안보를 위해 필사적으로 물품 확보 경쟁을 벌여야 했다. 이후 경제 활동이 일부 재개되면서는 반도체 칩 부족 사태가 발생하여 전 세계 자동차 공장들이 생산라인을 멈춰 세우는 초유의 사태가 벌어졌다. 또한 항만 적체 심화, 컨테이너 부족, 해상 운임 급등 등 글로벌 물류 시스템의 마비는 GVC의 물리적 취약성을 여실히 보여주었다. 팬데믹은 비용 효율성만을 극대화했던 적시생산(Just - in - Time) 시스템의 한계를 명확히 드러냈으며, 예상치 못한 충격에도 시스템 전체가 마비되지 않도록 하는 공급망 회복력(supply chain resilience) 확보가 국가와 기업 모두에게 최우선 과제임을 각인시켰다.

세 번째 충격파는 2022년 2월 발발한 러시아의 우크라이나 전면 침공이었다. 이 전쟁은 군사적 충돌을 넘어 에너지, 식량, 원자재 시장에 엄청난 파장을 일으켰다. 특히 유럽 국가들은 그동안 의존해 왔던 러시아산 천연가스 공급이 급격히 줄거나 중단될 위기에 처하면서 심각한 에너지 위기를 겪어야 했다. 이는 특정 국가에 대한 에너지 의존도가 얼마나 큰 안보 위협이 될 수 있는지를 보여주었다. 또한, 세계적인 곡창지대인 우크라이나와 주요 비료 수출국인 러시아에서의 생산 및 수출 차질은 국제 곡물 가격과 비료 가격 급등을 야기하며 전 세계적인 식량 안보 위기 우려를 키웠다. 뿐만 아니라, 반도체 생산에 필수적인 네온(Ne) 가스, 자동차 촉매 변환기에 사용되는 팔라듐(Pd), 항공기 소재인 티타늄(Ti) 등 특정 산업에 필수적인 원자재 공급에도 차질이 발생하며 관련 산업들이 타격[3]을 입었다.[4] 러시아 - 우크라이나 전쟁은 특정 자원의 무기화(weaponization) 가능성과 지정학적 분쟁이 글로벌 공급망에 미치는 파괴적인 영향을 재확인시켰으며, 안정적인 자원 확보와 공급망 위험 관리의 중요성을 더욱 부각시켰다.

이처럼 연쇄적으로 발생한 전 지구적 위기들은 지난 수십 년간 세계 경제의 근간을 이루었던 세계화와 자유무역 체제에 대한 근본적인 회의론을 확산시켰다. 국경 없는 경제, 효율성 우선주의가 가져다준 달콤한 과실 이면에 숨겨져 있던 위험들이 현실화되면서, 각국은 자국의 생존과 번영을 위해 더 이상 과거의 방식에만 의존할 수 없다는 사실을 깨닫게 되었다. 경제적 효율성만큼이나 혹은 그 이상으로 공급망의 안정성(stability)과 회복력(resilience), 그리고 안보(security)가 중요해진 시대가 도래한 것이다. GVC의 황금기는 저물고, 공급망의 근본적인 재편과 새로운 국제 경제 질서 모색이 불가피해졌다.

블록화, 지역화, 그리고 프렌드쇼어링

글로벌 공급망 위기에 직면한 각국 정부와 기업들은 과거와 다른 새로운 전략적 접근법을 모색하기 시작했다. 이는 단순히 기존의 문제점을 보완하는 수준을 넘어, 국제 경제 질서의 근본적인 재편을 예고하는 움직임으로 나타나고 있다. 크게 경제/무역 블록화(economic/trade bloc), 지역화(regionalization), 그리고 가치 공유 국가 간 협력 강화(friend - shoring/ally - shoring)로 요약될 수 있는 이러한 흐름은 지정학적 고려와 국가 안보 논리가 경제 정책의 핵심 변수로 부상하고 있음을 보여준다.

경제 블록화 및 지역화는 지리적으로 인접하거나 유사한 정치·경제적 가치 및 이해관계를 공유하는 국가들끼리 경제적 연대를 강화하여 역내 공급망을 구축하고 외부의 충격으로부터 서로를 보호하려는 경향이다. 이는 특정 경쟁국(주로 중국이나 러시아)에 대한 과도한 의존도를 낮추고, 예측 가능하고 안정적인 경제 환경을 역내에 조성하려는 목적을 갖는다. 이러한 움직임의 대표적인 사례가 미국 주도로 2022년 5월 출범한 인도 – 태평양 경제 프레임워크(IPEF)이다. IPEF는 미국, 한국, 일본, 호주, 인도, 아세안 주요국 등 14개국이 참여하여, 전통적인 관세 인하 중심의 자유무역협정(FTA)과는 달리, ①무역 ②공급망 ③청정 경제 ④공정 경제라는 4개의 핵심 분야(pillar)에서 새로운 규범과 협력 방안을 만들려는 다자 경제 협력 구상이다. 특히 공급망 필러에서는 핵심 품목(예. 반도체, 핵심광물, 의약품 등)에 대한 정보 공유, 공동 위기 대응 시스템 구축, 역내 투자 촉진 등을 통해 공급망의 회복력과 안정성을 높이는 것을 목표로 한다. 중국을 명시적으로 배제하고 있다는 점에서, IPEF는 미국의 인도 – 태평양 전략의 경제적 축이자 중국을 견제하기 위한 경제 블록 구축 시도로 해석된다.

EU 역시 전략적 자율성(strategic autonomy) 확보를 최우선 과제로 설정하고 역내 경제 통합 심화 및 핵심 산업 경쟁력 강화에 나서고 있다. 2024년 발효된 핵심원자재법[5]은 역내 핵심광물의 채굴, 가공, 재자원화 목표치를 설정하고 제3국 의존도를 낮추려는 대표적인 예이며, 이 외에도 유럽 반도체법(European Chips Act)[6]을 통해 역내 반도체 생산 능력을 확충하고, 탄소국경조정제도(CBAM)를 통해 역외 탄소 배출 규제가 약한 국가의 제품에 사실상의 관세를 부과하는 등 역내 산업 보호 및 육성을 위한 정책들을 강력하게 추진하고 있다. 이는 EU 중심의 경제 블록을 강화하려는 뚜렷한 움직임이다. 북미에서는 기존 북미자유무역협정(NAFTA)을 대체한 미국·멕시코·캐나다 협정(USMCA)이 역내 생산 부품 사용 비율 규정을 강화하는 등 역내 가치사슬 강화에 중점을 두고 있다.

이러한 블록화/지역화와 밀접하게 연관된 개념이 프렌드쇼어링(friend-shoring) 또는 얼라이쇼어링(ally-shoring)이다. 이는 생산 기지를 자국으로 완전히 이전하는 리쇼어링(reshoring)이 현실적으로 어렵거나 높은 비용을 수반할 경우, 자국과 민주주의, 인권, 법치 등 보편적 가치를 공유하고 정치적으로 신뢰할 수 있는 동맹국(ally) 또는 우방국(friend)으로 공급망을 이전하거나 다변화하는 전략이다. 이는 공급망 결정에 있어 단순한 비용 효율성뿐만 아니라 지정학적 위험, 파트너 국가의 신뢰도, 가치 공유 여부 등을 중요한 기준으로 고려하는 패러다임의 전환을 의미한다. 2022년 미국 재닛 옐런(Janet Yellen) 재무장관이 러시아의 우크라이나 침공 이후 불안정해진 글로벌 공급망에 대한 비전을 제시하며 동맹국 중심의 공급망 재편을 강조한 바 있다. 미국이 반도체 공급망에서 한국, 일본, 대만과의 칩4(Chip 4) 동맹 협력을 추진하거나, EU가 핵심원자재법의 전략적 파트너십 대상으로 캐나다, 호주, 칠레 등 민주주의 국가이자 자원 부국을 우선적으로 고려하는 것이 프렌드쇼어링/얼라이쇼어링 전략의 구체적인 사례라 할 수 있다. 하지만 이러한 전략은 특정 국가들을 배제함으로써 글로벌 분열을 심화시키고, 협력 대상 국가 내에서의 새로운 의존성 문제를 야기하거나, 개발도상국들의 소외를 초래할 수 있다는 비판도 제기된다.

이러한 거시적인 흐름 속에서 각국 정부는 자국의 핵심 산업 보호 및 육성, 그리고 공급망 안보 강화를 위해 더욱 적극적으로 시장에 개입하는 보호무역주의적, 국가 개입주의적 정책을 강화하고 있다. 미국의 칩스법과 IRA는 자국 내 반도체 및 청정에너지 산업 육성을 위해 막대한 규모의 보조금과 세제 혜택을 제공하며, 특히 IRA의 전기차 보조금은 북미 최종 조립 및 배터리 부품/광물 원산지 요건을 포함하여 동맹국들 사이에서도 논란을 일으켰다. EU 역시 그린딜 산업 계획을 통해 유사한 방식의 역내 산업 지원을 강화하고 있다. 또한, 국가 안보를 명분으로 한 외국인 투자 심사 강화(예. 미국 외국인투자심의위원회(CFIUS) 권한 강화), 첨단기술 및 핵심 품목에 대한 수출 통제 강화(예. 미국의 대중국 반도체 장비 수출 통제), 그리고 자국 우선주의적인 자원 민족주의 경향 등은 과거 WTO 중심의 다자 자유무역 질서와는 확연히 다른 방향으로 나아가고 있음을 보여준다. 이는 필연적으로 국가 간 무역 마찰과 갈등을 심화시키고, 글로벌 공급망 재편 과정의 불확실성을 더욱 높이는 요인으로 작용하고 있다.

시장 조달에서 직접 확보로

글로벌 공급망의 불안정성 증대와 지정학적 리스크 부상은 기업과 정부가 핵심 원자재, 특히 변동성이 크고 전략적으로 중요한 핵심광물을 확보하는 방식에도 근본적인 변화를 가져왔다. 과거에는 국제 현물 시장(spot market)에서 필요할 때 구매하거나, 비교적 단기적인 공급 계약에 의존하는 방식이 일반적이었다. 이는 재고 부담을 줄이고 비용 효율성을 높일 수 있다는 장점이 있었지만, 가격 급등락이나 예기치 못한 공급 부족 사태에는 극도로 취약하다는 단점이 있었다. 리튬, 코발트 등 배터리 광물 가격이 단기간에 몇 배씩 폭등하거나, 중국의 희토류 수출 쿼터 제한 조치로 관련 산업이 혼란을 겪었던 사례들은 이러한 시장 의존적 방식의 한계를 명확히 보여주었다.

이에 따라 최근 기업과 정부는 단순히 시장에서 원자재를 구매(procurement)하는 것을 넘어, 공급망의 더 상류(upstream) 단계, 즉 광물의 탐사, 개발, 가공 단계까지 직접적으로 관여하여 안정적인 물량을 확보(sourcing)하려는 공급망 내재화(internalization) 전략으로 전환하고 있다. 이는 공급망의 불확실성을 줄이고 핵심 자원에 대한 통제력을 높이려는 적극적인 시도이다. 구체적인 방식은 더욱 다양화되고 정교해지고 있다.

해외 자원 개발 직접 투자

이는 가장 적극적인 내재화 방식으로, 정부 산하의 자원 개발 공기업(예. 한국광해광업공단(KOMIR), 일본 석유천연가스금속광물자원기구(JOGMEC) 등)이나 민간 기업(예. 포스코, LG에너지솔루션, 테슬라, 폭스바겐 등)이 해외의 유망한 광산 프로젝트나 정·제련 시설에 직접 지분을 투자하여 운영에 참여하거나 생산된 물량의 일부 또는 전부에 대한 권리를 확보하는 방식이다. 예를 들어, 한국의 포스코홀딩스는 아르헨티나의 염호 리튬 프로젝트에 대규모 투자를 단행했으며, 여러 글로벌 자동차 제조사들은 배터리 안정성 확보를 위해 리튬, 니켈 광산 지분 인수에 직접 나서고 있다. 미국 정부 역시 국방물자생산법(DPA) 등을 활용해 자국 또는 동맹국 내 핵심광물 생산 프로젝트에 직접적인 자금 지원을 확대하고 있다. 이 방식은 가장 확실하게 물량을 확보할 수 있다는 장점이 있지만, 막대한 초기 투자 비용, 해당 국가의 정치·사회적 위험(자원 민족주의, 환경 규제 등), 프로젝트 개발 및 운영의 기술적 어려움 등 높은 위험 부담을 감수해야 한다.

장기 구매 계약

특정 광산 프로젝트가 개발되거나 생산을 확장할 때, 해당 프로젝트에서 미래에 생산될 물량의 상당 부분을 장기간(보통 5~10년 이상)에 걸쳐 약정된 가격 또는 가격 결정 방식에 따라 구매하기로 사전에 계약하는 방식이다. 구매자는 안정적인 원료 확보를 보장받는 대신, 종종 계약의 대가로 해당 프로젝트 개발에 필요한 초기 자금 조달(선급금 지급, 대출 보증 등)을 지원하기도 한다. 이는 직접 투자에 비해 초기 자본 부담과 운영 위험이 적으면서도 장기간 안정적인 물량 확보가 가능하다는 장점이 있어, 최근 리튬, 코발트, 니켈, 흑연 등 배터리 광물을 중심으로 자동차 OEM 및 배터리 제조사들이 가장 활발하게 추진하고 있는 전략이다.

합작 투자 및 전략적 파트너십

자원을 보유하고 있는 국가의 국영기업이나 현지 민간 기업과 합작 투자 회사를 설립하거나, 기술 지원, 시장 제공 등을 포함하는 포괄적인 전략적 파트너십을 구축하여 공동으로 자원을 개발하고 생산 물량을 확보하는 방식이다. 이는 현지 파트너의 네트워크와 경험을 활용하여 정치적 위험을 완화하고 사업 운영의 효율성을 높일 수 있으며, 자원 보유국 입장에서도 기술 이전 및 자국 산업 육성 효과를 기대할 수 있어 상호 윈-윈 모델이 될 수 있다. 다만, 파트너 간의 이해관계 조율 및 신뢰 구축이 성공의 관건이다.

수직 계열화

기업이 가치사슬의 여러 단계를 직접 소유하거나 강력하게 통제하려는 전략이다. 예를 들어, 전기차 제조사가 배터리 셀 생산을 내재화하고, 나아가 배터리 소재(양극재, 음극재) 생산, 심지어 리튬, 니켈 등 원광 확보까지 직접 관여하려는 시도가 이에 해당한다. 테슬라의 기가팩토리 건설과 배터리 소재 확보 노력, 일부 반도체 기업들의 후공정(패키징) 내재화 등이 대표적인 사례다. 이는 공급망 전체에 대한 통제력을 극대화하여 안정성을 확보하고 기술 혁신을 가속화할 수 있다는 장점이 있지만, 막대한 자본 투자와 광범위한 분야의 전문성이 요구되며 경영의 복잡성이 증가한다는 단점이 있다.

이러한 다양한 공급망 내재화 전략들은 과거와 같이 단순히 가격이 저렴한 공급처를 찾아 구매하는 방식에서 벗어나, 공급망의 안정성, 회복력, 투명성, 그리고 지속가능성(ESG)까지 고려하는 다차원적인 접근 방식으로 진화하고 있음을 보여준다. 핵심광물과 같은 전략 품목에 대한 접근권 확보가 더 이상 단순한 비용의 문제가 아니라, 기업과 국가의 생존 및 미래 경쟁력과 직결된 핵심적인 과제로 부상했기 때문이다. 이러한 공급망 내재화와 관련된 전략은 3장에서 자세히 다루고자 한다.

다시 부상하는 자원 민족주의

이러한 총성 없는 전쟁의 안개 속에서, 과거의 유물처럼 여겨졌던 자원 민족주의라는 흐름이 다시금 거세지고 있다. 본래 자원 민족주의는 자원을 보유한 국가가 자국 내 천연자원에 대한 통제권을 강화하여 국가 이익을 극대화하려는 모든 시도를 의미한다. 과거에는 외국 기업의 자산을 몰수하거나 국유화하는 급진적인 형태로 나타나곤 했다. 1970년대 콩고민주공화국(당시 자이르)이 코발트와 구리 등 핵심 자산을 보유한 거대 광산 기업을 전격 국유화하며 자원에 대한 통제권을 선언했던 것이 그 대표적인 예다. 하지만 오늘날의 신(新) 자원 민족주의는 이처럼 직접적인 방식보다 훨씬 더 교묘하고 다층적인 방식으로 진화했다. 수출세를 기습적으로 인상하거나, 쿼터를 설정해 수출량을 통제하고, 자국 내에서 반드시 광물을 가공하여 부가가치를 높인 후에만 수출을 허용하는(현지 부가가치 창출 의무화) 등 합법적인 정책의 외피를 쓴 채 자국의 자원을 강력한 협상 카드로 활용하고 있다.

이러한 신 자원 민족주의가 다시 힘을 얻게 된 배경에는 앞서 언급한 에너지 전환과 첨단기술 패권 경쟁이라는 두 개의 거대한 축이 존재한다. 과거 석유와 가스를 둘러싼 지정학적 갈등이 20세기의 자원 전쟁을 정의했다면, 21세기의 전쟁은 리튬, 코발트, 니켈, 희토류와 같은 핵심광물로 그 무대를 옮겼다. '녹색'이라는 이름 아래 펼쳐지는 이 거대한 에너지 전환은 역설적으로 그 어느 때보다 더 많은 종류의, 더 많은 양의 광물을 요구하기 때문이다. 이 광물들은 더 이상 단순한 산업 원자재가 아니라, 전기차와 배터리, 반도체와 AI, 나아가 첨단 국방 기술의 패권을 결정짓는 전략 자산으로 그 위상이 격상되었다. 따라서 자원 부국들에게 자국 영토에 묻힌 광물은 이제 국가의 미래를 담보할 수 있는 가장 강력한 무기인 셈이다.

하지만 더욱 흥미로운 점은 자원 민족주의가 단지 자원을 가진 국가들만의 전유물이 아니라는 사실이다. 자원을 소비하는 선진 기술 강국들 역시 자신들만의 방식으로 새로운 자원 민족주의를 구사하고 있다. 미국의 IRA나 EU의 핵심원자재법이 대표적이다. 이들 법안은 특정 국가에서 생산된 자원이나 부품을 공급망에서 배제하는 노골적인 차별 조항을 담고 있다. 이는 거대한 자본과 기술력, 그리고 자국 시장에 대한 접근성을 무기로 공급망 전체를 자국 중심의 폐쇄적인 생태계로 만들려는, 이른바 수요국의 자원 민족주의라 할 수 있다. 자원 부국이 원자재를 무기로 삼는다면, 기술 부국은 가치사슬(value chain) 전체를 무기로 삼아 새로운 규칙을 강요하고 있는 것이다.

결국 세계는 지금 양 갈래의 거대한 파도가 서로를 향해 돌진하는 형국에 놓여있다. 자원을 가진 국가는 어떻게든 원자재 단계에서 통제권을 행사해 더 많은 이익을 얻으려 하고, 자원을 써야 하는 국가는 어떻게든 자국 기술과 자본으로 엮인 공급망 안으로 원자재를 끌어들이려 한다. 이는 자원의 생산 단계와 소비·가공 단계를 둘러싼 새로운 형태의 갈등을 예고하며, 글로벌 공급망의 분절과 불안정성을 더욱 심화시키고 있다. 이처럼 자원을 무기로 한 각축전이 벌어지는 시대에 과연 안정적인 공급망이란 존재할 수 있을까? 그리고 이 거대한 파도 속에서 우리는 어디에 서 있어야 하는가?

                                                          핵심광물 공급망 전쟁

공급망의
마스터키를 쥔 중국

　세계화의 물결 속에서 중국은 세계의 공장으로 부상하며 글로벌 공급망의 핵심축으로 자리 잡았다. 그러나 중국의 역할은 단순히 저렴한 노동력을 제공하는 최종 조립 기지에 머무르지 않았다. 특히, 21세기 산업의 비타민이라 불리는 핵심광물 분야에서 중국은 원자재 채굴부터 정제, 가공, 소재 생산에 이르는 공급망의 중류(midstream) 단계를 거의 장악하며, 글로벌 공급망의 숨겨진 마스터키를 쥐게 되었다. 희토류, 흑연, 갈륨, 게르마늄, 텅스텐, 안티모니(Sb) 등 수많은 핵심광물의 정제·가공 시장에서 중국의 점유율은 70%를 넘어서는 경우가 허다하며, 일부 품목에서는 90% 이상을 차지하며 사실상 독점적 지위를 누리고 있다.

　이러한 압도적인 지배력은 단순히 낮은 생산 비용이나 풍부한 자국

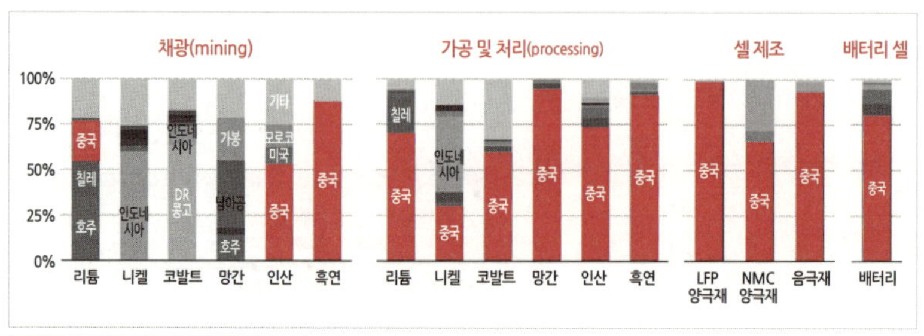

자료 1-2 2024년 기준 전기차 배터리 공급망의 주요 국가의 생산 집중도[7]

내 매장량만으로는 설명될 수 없다. 이는 수십 년에 걸친 중국 정부의 치밀하고 일관된 국가 주도 산업 정책의 결과물이다. 중국은 핵심광물을 단순한 상품이 아닌, 미래 산업 패권과 국가 안보를 좌우하는 전략적 자산으로 일찍이 인식하고, 국가 역량을 총동원하여 관련 산업 육성과 공급망 장악에 나섰다. 그 결과, 오늘날 첨단기술, 청정에너지, 국방 등 핵심 산업 분야에서 중국산 핵심광물 소재 없이는 제품 생산이 불가능할 정도의 깊은 의존 구조가 형성되었다.

그러나 팬데믹과 지정학적 갈등 심화는 이러한 중국 중심의 공급망이 지닌 취약성을 전 세계적으로 노출시켰다. 이에 미국과 EU 등 서방 국가들은 중국과의 디커플링(de‑coupling) 또는 디리스킹(de‑risking)을 기치로 내걸고 공급망 재편과 핵심광물 확보를 위한 다각적인 노력을 기울이고 있다. 그렇다면 중국은 어떻게 이러한 압도적인 공급망 지배력을 구축할 수 있었으며, 현재 서방의 견제와 압박에 맞서 어떠한 전략으로 대응하고 있는가? 이번 부분에서는 중국의 핵심광물 공급망 장악 과정과 그 배경, 핵심광물을 활용한 전략적 행보, 그리고 공급망 재편 시대에 맞선 중국의 방어 및 반격 전략을 심층적으로 분석하고자 한다.

어떻게 중국은 핵심광물 공급망을 장악했는가?

중국의 핵심광물 공급망 장악은 단기간에 이루어진 것이 아니라, 수십 년에 걸친 장기적인 국가 전략과 일관된 정책 추진의 산물이다. 중국 지도부는 일찍부터 핵심광물의 전략적 가치를 간파했다. 특히 덩샤오핑(鄧小平)이 1980년대 "중동에 석유가 있다면, 중국에는 희토류가 있다(中東有石油, 中國有稀土)"고 언급한 것은 유명한 일화다. 이는 희토류를 비롯한 핵심광물을 미래 산업 발전과 국가 경쟁력 강화의 핵심 동력으로 삼겠다는 강력한 국가적 의지를 보여준다. 초기에는 자국 내 풍부한 매장량을 바탕으로 원광(ore) 수출에 주력했지만, 점차 가공 산업 육성을 통해 부가가치를 높이고 산업 통제력을 강화하는 방향으로 전략을 전환했다.

중국 정부는 핵심광물 산업을 국가 전략 산업으로 지정하고 막대한 규모의 정책적 지원과 투자를 아끼지 않았다. 특정 핵심광물(특히 희토류)의 탐사, 채굴, 분리, 정제, 가공 기술 개발을 위한 국가 차원의 연구개발 프로젝트를 적극 지원했으며, 관련 인프라 구축에도 막대한 재정을 투입했다. 또한, 수많은 소규모 국영 및 민간 광산 기업들을 통폐합하여 대규모 국유기업(State – Owned Enterprise, SOE) 중심의 산업 구조를 구축했다. 예를 들어, 희토류 산업에서는 북방희토그룹(China Northern Rare Earth Group), 중국희토그룹(China Rare Earth Group) 등 소수의 거대 국유기업 그룹이 전체 생산과 시장을 통제하는 구조를 만들었다. 이러한 국가 주도의 산업 재편은 규모의 경제를 실현하고 기술 개발 투자를 용이하게 했으며, 정부 정책의 일관된 집행을 가능하게 했다.

중국이 핵심광물 가공 산업에서 단기간에 확보한 압도적인 글로벌

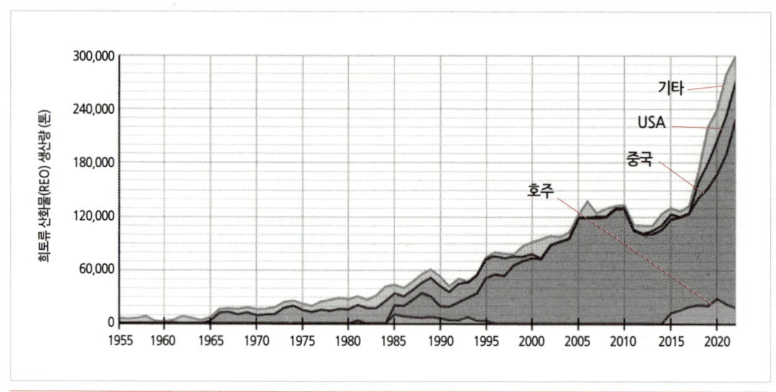

자료 1-3 전 세계 희토류 점유율 그래프[8]

지배력의 근간에는 서방 경쟁 기업들이 따라오기 힘든 강력한 비용 경쟁력이 자리 잡고 있다. 중국 기업들은 놀라운 가격으로 정제·가공된 핵심광물 소재를 국제 시장에 공급했고, 이는 결국 높은 생산 비용 구조를 가진 많은 서방 기업들의 경쟁력 상실과 시장 퇴출로 이어졌다. 이러한 중국의 비용 우위는 단순히 한두 가지 요인이 아닌, 여러 구조적 요인들이 복합적으로 작용한 결과이다.

첫 번째 핵심 요인은 저렴한 생산 요소 비용, 특히 에너지 비용의 절대적 우위이다. 개혁개방 초기 중국의 방대하고 저렴한 노동력은 분명 생산 비용 절감에 일조했다. 하지만 핵심광물 가공 산업의 본질을 고려할 때, 인건비보다 훨씬 더 결정적인 경쟁력의 원천은 바로 에너지 비용, 구체적으로는 낮은 산업용 전기 요금이었다. 중국의 산업용 전기요금은 2024년 기준 kWh(킬로와트시)당 116.6원으로 한국(153.5원), 독일(370.3원)에 비해 낮은 편이다.[9] 희토류 분리·정제, 흑연 구상화, 리튬·코발트 제련 등 핵심광물을 유용한 소재로 만드는 과정은 대부분 막대한 전력을 소비하는 대표적인 에너지 집약 산업이다. 중국은 오

 　　　　　　　　　　　　　　　　　　　　　　　　핵심광물 공급망 전쟁

랫동안 자국의 풍부한 석탄 매장량에 기반한 화력 발전에 크게 의존해
왔으며, 국영 전력 회사와 지방 정부의 보조금 등 정책적 지원에 힘입
어 산업용 전기 요금을 인위적으로 낮은 수준에서 통제해 왔다. 이는
높은 환경 기준 준수, 탄소 배출 감축 의무, 시장 경쟁 등으로 인해 상
대적으로 에너지 비용이 높은 서방 국가들의 제련소나 가공 시설에 비
해 근본적인 원가 경쟁력의 차이를 만들어냈다. 마치 출발선부터 다른
경주를 하는 것과 같았다. 에너지 비용의 차이만으로도 서방 기업들은
이미 불리한 위치에 놓일 수밖에 없었다.

　두 번째 요인은 국가 주도의 강력한 산업 정책을 통한 규모의 경제
달성이다. 시장 경제 원리에만 의존했다면 달성하기 어려웠을 압도적
인 생산 규모를 중국은 국가의 강력한 개입과 지원을 통해 실현했다.
중국 정부는 핵심광물을 국가 전략 자산으로 인식하고, 산업 발전을
위한 장기적인 로드맵 하에 움직였다. 특히 난립하던 수많은 중소 희
토류 기업들을 2000년대 후반부터 정부 주도로 강제 통폐합하여 북방
희토그룹, 중국희토그룹 등 소수의 거대 국유기업(SOE) 중심으로 산업
구조를 과감하게 재편했다. 이러한 국가적 통합은 개별 기업 수준에서
는 상상하기 어려운 막대한 규모의 설비 투자를 가능하게 했다. 중국
전역에 건설된 세계 최대 규모의 희토류 분리·정제 공장들은 규모의
경제 효과를 극대화하여, 생산량이 늘어날수록 제품 하나당 들어가는
고정 비용을 획기적으로 낮추는 결과를 가져왔다. 이는 중국산 희토류
제품의 가격 경쟁력을 더욱 강화하는 동시에, 막대한 초기 투자 비용
과 기술 장벽 때문에 새로운 경쟁자들이 시장에 진입하는 것을 원천적
으로 차단하는 강력한 방패막 역할을 했다. 더욱이 이들 거대 국유기
업은 국책 은행으로부터의 유리한 조건의 대출, 저렴한 공업 용지 사

용권 확보 등 다양한 형태의 직간접적인 국가 지원을 받으며 시장에서의 독점적 지위를 더욱 공고히 할 수 있었다.

마지막 요인으로 국제 사회에서 가장 많은 비판을 받는 부분이기도한 환경 및 안전 규제의 상대적 차이를 이용한 비용 절감, 즉 규제 차익(regulatory arbitrage) 문제가 있다. 중국이 세계의 공장으로 폭발적인 경제 성장을 이루던 과거에는 경제 발전 논리가 환경 보호나 노동자 안전보다 우선시되는 경향이 강했다. 핵심광물 채굴 및 가공 과정은 필연적으로 심각한 환경 문제를 수반한다. 희토류 제련 과정에서 발생하는 방사성 물질 함유 폐수와 폐기물 처리, 각종 유독성 화학 약품의 사용 및 관리, 광물 찌꺼기(tailings, '광미'라고도 함)의 안전한 처리 및 보관, 대기오염 방지 시설 설치 및 운영 등에는 막대한 비용이 소요된다. 미국, 유럽, 일본 등 선진국 기업들은 자국의 엄격한 환경 및 안전 규제를 준수하기 위해 이러한 비용을 생산 원가에 반영해야만 했다. 하지만 과거 중국의 일부 기업들은 상대적으로 느슨한 규제 기준과 미흡한 법 집행 환경 속에서 이러한 환경 및 안전 관련 비용을 제대로 지불하지 않거나 최소화할 수 있었다. 이는 생산 원가를 직접적으로 낮추어 가격 경쟁력을 높이는 매우 중요한 요인이 되었다.

반면, 높은 수준의 환경·안전 기준을 지키면서 동시에 중국 기업들과 가격 경쟁을 벌여야 했던 서방 기업들은 이중고를 겪으며 경쟁력을 상실해 갔다. 미국의 마운틴 패스(Mountain Pass) 희토류 광산이 2000년대 초반 가동을 중단하게 된 결정적인 이유 중 하나도 바로 중국과의 가격 경쟁 심화와 더불어, 캘리포니아의 엄격한 환경 규제를 충족시키기 위한 막대한 비용 부담이었다. 결국, 마땅히 지불해야 할 환경과 안전이라는 사회적 비용을 제대로 내부화하지 않은 생산 방식이 역설적으로 중국 핵심광물 산업의 글로벌 패권 장악에 결정적인 기여를 한 측면을 부인하기 어렵다. 중국 정부는 자국의 핵심광물 산업 육성과 글로벌 시장 지배력 강화를 위해 관세, 쿼터, 보조금 등 다양한 수출입 정책 수단을 전략적으로 활용하였다. 대표적인 예가 2004년 단행한 희토류 수출 쿼터제이다. 중국은 자국 내 희토류 자원 보호와 환경 오염 방지, 그리고 무엇보다 자국 내 가공 산업 육성을 명분으로 2000년대 후반부터 희토류 원광 및 초가공품에 대한 수출 쿼터를 엄격하게 관리하고 수출세를 부과했다. 반면, 희토류를 가공하여 만든 자석 등 고부가가치 제품의 수출은 장려하거나 부가가치세 환급 혜택을 주었다. 이에 따라 희토류 국제 시세가 10배 이상 급등하고, 글로벌 기업들이 안정적인 희토류 소재 확보를 위해 생산 기지를 중국으로 이전하거나 중국산 가공품에 의존하도록 만드는 강력한 유인책이 되었다. 물론, 해당 수출 쿼터제는 WTO에 제소되어 2015년 공식적으로 폐지되었다.[10]

중국은 자국 내 자원만으로는 늘어나는 수요를 충족하기 어렵다는 점을 인식하고, 일찍부터 해외 자원 확보에도 막대한 노력을 기울여 왔다. 특히 국영기업들을 앞세워 아프리카, 라틴 아메리카, 중앙아시아 등 자원이 풍부한 개발도상국들의 광산 개발 프로젝트에 적극적으로 투자하거나 지분을 인수했다. 시진핑 정부 출범 이후 추진된 일대일로(Belt and Road Initiative, BRI) 구상은 이러한 해외 자원 확보 전략과 밀접하게 연계되어 있다. 중국은 대상 국가에 대규모 인프라 건설(도로, 철도, 항만, 전력망 등) 자금을 지원하는 대가로 해당 국가의 광물자원에 대한 우선적인 접근권이나 개발권을 확보하는 전략을 구사했다. 예를 들어 전기차 배터리의 핵심 소재인 코발트의 경우, 전 세계 매장량 및 생산량의 절반 이상을 차지하는 콩고민주공화국(DRC)의 주요 코발트 광산 지분을 중국 기업들이 대거 확보했으며, 이는 글로벌 코발트 공급망에서 중국의 영향력을 절대적으로 만들었다. 리튬 역시 중국 기업들은 호주, 칠레, 아르헨티나 등 주요 생산국의 리튬 프로젝트에 대한 투자를 공격적으로 확대해 왔다. 이는 단순히 원자재 확보를 넘어 자국 내 거대한 가공 산업에 안정적인 원료를 공급하고, 글로벌 공급망 전체에 대한 통제력을 강화하기 위한 전략적 포석이다.

중국은 단순히 원자재를 확보하고 저렴하게 가공하는 것에 그치지 않고 핵심광물, 특히 분리 및 정제가 매우 까다로운 희토류와 같은 분야에서 상당한 기술적 우위를 확보하기 위해 지속적으로 투자해 왔다. 값싼 노동력과 환경 비용만으로는 설명할 수 없는 중국의 희토류 영구자석(rare earth permanent magnet) 생산 경쟁력은 이러한 기술 축적의 결과이기도 하다. 이는 다른 국가들이 단기간에 중국을 대체하는 가공 시설을 구축하는 것을 더욱 어렵게 만드는 요인으로 작용하며, 기술적 종속성을 심화시킨다.

이러한 다층적이고 장기적인 전략이 복합적으로 작용한 결과, 중국은 오늘날 다수의 핵심광물 분야에서 채굴부터 정제, 가공, 소재 생산에 이르는 가치사슬의 핵심 단계를 장악하며 글로벌 공급망에서 막강한 영향력을 행사하게 된 것이다.

핵심광물의 전략적 활용과 무기화

중국이 핵심광물 공급망에서 확보한 압도적인 지배력은 단순한 경

    핵심광물 공급망 전쟁

제적 우위를 넘어섰다. 이는 국제 사회에서 중국의 영향력을 투사하고, 특히 미국과의 첨예한 지정학적 경쟁 속에서 자국의 이익을 관철시키기 위한 강력한 전략적 수단으로 활용될 잠재력을 내포하고 있었다. 물론 중국의 핵심광물 정책이 처음부터 오로지 무기화만을 염두에 둔 것은 아니었다. 자국 산업 육성, 자원 보호, 환경 문제 대응 등 다양한 정책적 목표가 복합적으로 작용했다. 그러나 미국과의 패권 경쟁이 심화되고, 특히 미국 주도의 기술 및 무역 압박이 거세지면서, 중국은 자국이 장악한 핵심광물 공급망 통제력을 보다 노골적으로 대응 카드이자 전략적 지렛대로 활용하는 모습을 보이기 시작했다. 최근 몇 년간 중국이 잇달아 발표한 핵심광물 수출 통제 조치들은 표면적으로는 자원 보호나 국가 안보를 명분으로 내세우지만, 그 이면에는 미국의 압박에 대한 정교하게 계산된 맞대응이자 향후 협상에서 유리한 고지를 점하기 위한 전략적 포석이라는 해석이 지배적이다.

이러한 전략적 활용의 효용성과 위험성을 중국이 처음으로 실감하게 된 계기는 2010년 발생한 대(對)일본 희토류 수출 제한 조치였다. 당시 동중국해 센카쿠 열도(중국명 댜오위다오) 인근 해상에서 발생한 중국 어선과 일본 순시선 간의 충돌 사건 이후, 중국은 일본에 대한 희토류(특히 중희토류) 수출을 사실상 중단시키는 조치를 취했다. 당시 일본 첨단 산업이 희토류 수입의 90% 이상을 중국에 의존하고 있었기에, 이는 일본 경제계에 엄청난 충격을 안겨주었다. 하이브리드 자동차용 모터 자석, 광학 렌즈, 특수 합금 등 희토류 없이는 생산이 불가능한 제품 라인이 마비될 위기에 처했고, 국제 희토류 가격은 그야말로 천정부지로 치솟았다. 일부 희토류 산화물 가격은 10배 이상 폭등하기도 했다. 이 사건은 중국에게는 핵심광물 공급망 통제력이 얼마나 강력한 외교적 압박 수단이 될 수 있는지를 실증적으로 보여준 반면, 일본을 비롯한 미국, 유럽 등 서방 국가들에게는 특정 국가에 대한 자원 의존성이 초래할 수 있는 치명적인 안보 위협을 각성시키는 결정적인 계기가 되었다. 이후 주요국들은 핵심광물 공급망 다변화, 비축 확대, 대체재 개발, 재자원화 기술 투자 등을 국가적 차원에서 본격적으로 추진하기 시작했다. 아이러니하게도 중국의 희토류 무기화 시도는 결과적으로 서방의 탈중국 공급망 구축 노력을 촉발시킨 셈이다.

2010년의 경험 이후에도 중국은 핵심광물 공급망에서의 지배력을 꾸준히 강화해 나갔지만, 한동안 노골적인 수출 통제 카드를 다시 꺼내 드는 데는 신중한 태도를 보였다. 2015년 WTO에서 희토류 수출 쿼터 정책이 패소 판정을 받으면서 공식적인 수출 제한 조치는 폐지되었고, 그 사이 중국은 자국 내 환경 규제를 강화하고 불법 채굴 및 밀수 단속에 나서는 등 오히려 공급망 관리를 체계화하는 데 주력하는 모습을 보였다. 실제로 2010년대 초반, 중국 정부는 불법 채굴 및 밀수로 인해 막대한 양의 희토류가 해외로 유출되어 국제 가격을 교란시키고 정부의 통제력을 약화시키는 문제로 골머리를 앓았다. 2013년 한 해에만 불법적으로 채굴되어 수출된 희토류 산화물이 약 19,000톤에 달하는 것으로 추정되었는데, 이는 당시 합법적인 생산량(약 80,400톤)의 상당 부분에 해당하며, 이로 인한 경제적 손실은 13억 달러에 달하는 것으로 추산되었다. 이에 중국 정부는 대대적인 단속을 벌여 2013년에만 161개의 희토류 채굴 기업과 126개의 제련·분리 기업의 면허를 취소하거나 운영 중단 및 시정 명령을 내렸으며, 2014년에는 희토류 생산 쿼터를 15,110톤까지 대폭 축소하고 참여 가능 기업을 26개로 제한하는 등 강력한 구조조정을 단행했다.[11] 2024년 10월 중국 상무부의 희토류 관리규정에서 발표한 '희토류 이력추적 시스템(traceability mechanism)' 역시 이러한 맥락에서 이해될 수 있다. 표면적으로는 자원 관리 효율화와 불법 유통 방지를 목표로 하지만, 실제로는 생산부터 유통, 수출에 이르는 전 과정을 국가가 더욱 투명하게 파악하고 통제함으로써, 향후 필요시 수출 통제나 제재 조치를 더욱 효과적으로 집행하기 위한 강력한 기반을 마련하려는 의도가 깔려 있다는 분석이 지배적이다. 즉, 수출을 통제하는 것과 동시에 생산 또한 통제함으로써 국가가 마스터키를 확실하게 쥐겠다는 것이다.

이러한 내부적인 통제력 강화 노력과 더불어, 중국의 핵심광물 정책이 다시 공세적으로 전환되는 결정적인 계기는 미국과의 전략 경쟁 심화, 특히 반도체 분야에서의 전방위적인 압박이었다. 트럼프 행정부 시절 시작된 무역 전쟁은 바이든 행정부 들어 기술 패권 경쟁으로 확전되었고, 미국은 자국의 기술 우위를 유지하고 중국의 첨단 산업 발전을 견제하기 위해 강력한 수출 통제 조치들을 연이어 내놓았다. 2018년 수출 통제개혁법(ECRA) 제정, 2019년 화웨이 등 중국 기술기업에 대한 제재 강화, 2020년 해외직접생산품규정(FDPR) 적용 확대 등을 거쳐, 2022년 10월에는 인공지능 및 슈퍼컴퓨팅에 사용될 수 있는 첨단 반도체 및 관련 제조 장비 전반에 대한 포괄적인 대중국 수출 통제 조치를 발표하며 압박의 수위를 최고조로 끌어올렸다. 이는 단순히 특정 기업을 겨냥한 것을 넘어 중국의 반도체 산업 생태계 전체를 마비시킬 수 있는 강력한 조치였다. 여기에 더해 미국은 일본(2023년 7월, 23개 품목 규제), 네덜란드(2023년 10월 DUV 노광장비 포함 8개 품목 통제, 2024년 9월 신규 품목 추가) 등 동맹국들의 동참을 압박하여 대중국 기술 봉쇄망을 더욱 촘촘하게 구축하려 했다. 미국은 이후에도 2023년 10월 AI

반도체 통제 강화, 2024년 12월 HBM(고대역폭 메모리) 및 관련 장비 통제 강화, 2025년 9월 반도체 및 AI에 장비에 대한 FDPR의 제3국 확대 적용 등 지속적으로 압박의 강도를 높여갔다.

이러한 미국의 전방위적인 압박에 직면하여, 중국은 자국이 비교 우위를 가진 핵심광물 분야에서 맞대응 카드를 꺼내 들기 시작했다. 이는 단순한 보복을 넘어, 미국의 기술 통제가 중국의 핵심 이익을 침해할 경우 중국 역시 상대방의 취약점을 공략할 수 있음을 보여주는 전략적 메시지 발신이기도 했다.

갈륨 및 게르마늄 수출 통제: 2023년 8월

미국의 2022년 10월 반도체 통제 조치에 대한 가장 직접적인 대응으로 평가받는다. 차세대 전력 반도체, 고성능 통신 칩, 군사용 레이더 및 적외선 장비 등에 필수적인 이 두 금속에 대한 수출 허가제 도입은 관련 산업계에 즉각적인 파장을 일으켰다. 특히 중국이 전 세계 갈륨 생산의 95% 이상, 게르마늄 생산의 60% 이상을 차지한다는 점에서 그 충격은 더욱 컸다. 이는 중국이 반도체 공급망의 특정 초크포인트(choke point, 공급망에서 통제되면 산업 전체가 영향을 받는 전략적 병목 지점이자 취약점)를 공략할 수 있음을 보여준 사례였다.

흑연 수출 통제: 2023년 12월

미국의 2023년 10월 AI 반도체 통제 강화 조치 직후 발표되었다. 전기차 배터리 음극재의 핵심 소재인 고순도 흑연 제품을 통제 대상으로 삼음으로써, 중국은 미국과 서방이 강력하게 추진하고 있는 전기차 전환 정책의 약한 고리를 직접 겨냥했다. 중국의 압도적인 흑연 가공 능력(전 세계 70% 이상, 고순도 구형흑연은 99% 이상)을 고려할 때, 이는 글로벌 배터리 공급망에 상당한 불확실성을 야기했다.

추가 핵심광물 통제 확대: 2024~2025년

이후에도 중국은 미국의 지속적인 압박(양자컴퓨터 통제, HBM 통제 등)과 트럼프 행정부 2기 출범 후 관세 부과 움직임에 맞춰 통제 대상 품목을 꾸준히 확대했다. 2024년 9월 안티모니 통제에 이어, 2025년 2월에는 텅스텐, 텔루륨(Te), 비스무트(Bi), 몰리브덴(Mo), 인듐(In) 등 5개 품목을 추가했다. 이들 광물은 반도체, 디스플레이, 특수 합금, 촉매 등 다양한 첨단 산업 분야에 사용되는 것들로, 중국의 통제 범위가 더욱 넓고 정교해지고 있음을 보여주었다.

중희토류 수출 통제: 2025년 4월과 10월

트럼프 행정부 2기가 중국산 제품에 대한 대규모 관세를 부과하자, 중국은 마침내 가장 강력한 카드 중 하나인 중희토류(HREE) 수출 통제를 다시 꺼내 들었다. 2025년 4월, 중국 상무부는 사마륨(Sm), 가돌리늄(Gd), 터븀(Tb), 디스프로슘, 루테튬(Lu), 스칸듐(Sc), 이트륨(Y) 등 7개 중희토류 원소와 이를 활용한 고성능 영구자석에 대해 특별 수출 허가제를 시행한다고 발표했다. 이는 단순 허가제를 넘어, 미국의 주요 국방 및 항공우주 관련 기업 16곳을 특정하여 이들에 대한 수출을 사실상 제한하는 내용을 포함했다. 해당 조치는 전 세계적으로 파급효과가 굉장했는데 그 이유로는 첫째, 대상이 된 중희토류는 F-35 전투기(약 417킬로그램 사용), 버지니아급 잠수함(약 4,200킬로그램 사용), 토마호크 미사일 등 미국의 핵심 국방 자산에 필수 불가결한 영구자석 제조에 사용되고,[12] 둘째, 중국은 전 세계 중희토류 가공(분리 및 정제) 능력의 거의 100%를 장악하고 있어 미국은 단기적으로 대체 공급처를 찾을 수 없으며, 셋째, 중국은 2023년 12월 희토류 추출 및 분리 기술 자체를 수출금지 목록에 포함시켜, 미국 등 서방 국가들이 자체적인 중희토류 가공 능력을 확보하는 것을 기술적으로도 견제하고 있기 때문에다. 미국 유일의 희토류 광산을 운영 중인 MP 머티리얼스(MP Materials)나 호주의 라이너스 레어 어스(Lynas Rare Earths)가 미국 정부의 막대한 자금 지원(DPA 등)을 받아 국내 처리 시설을 건설 중이지만, 완전 가동까지는 수년이 걸릴 예정이며, 그 생산량 역시 중국에 비하면 미미한 수준에 불과하다. 예를 들면, MP 머티리얼스가 운영하는 미국 마운틴 패스 광산의 2025년 말 네오디뮴 영구자석(NdFeB magnet) 생산 목표는 1,000톤이지만, 중국의 2018년 생산량은 이미 138,000톤에 달했다. 따라서 이 조치는 미국의 국방력 증강 속도를 늦추고, 첨단기술 경쟁에서 중국의 우위를 확보하려는 명백한 전략적 의도를 담고 있으며, 미국 입장에서는 공급망 취약점을 심각하게 공략당한 셈이다. 수출 허가제라는 형식을 취했지만, 실제로는 중국이 언제든 공급을 차단할 수 있다는 강력한 경고였다.

이러한 경고는 2025년 9월, 미국이 반도체 및 AI 장비에 대한 FDPR 적용 범위를 제3국으로 확대하자 즉각 표면화되었다. 중국은 불과 열흘 뒤인 10월 9일, 자국판 FDPR을 통해 추가 5종의 중희토류와 인조흑연을 역외 적용하겠다고 맞불을 놓았다. 이는 미중 무역분쟁이 제3국으로까지 확전됨을 알리는 신호탄이었으며, 이로 인해 갈등은 최고조에 달했다. 다행히 10월 말 한국에서 열린 미중 정상회담을 통해 양국이 해당 조치를 1년간 유예하기로 합의함으로써 일시적이나마 긴장이 완화된 상황이다.

이처럼 최근 중국의 핵심광물 수출 통제 강화는 단순히 자국의 공급망 지배력을 과시하거나 경제적 이익을 추구하는 것을 넘어, 미국의 기술 및 무역 압박에 대한 직접적이고 계산된 대응의 성격이 매우 강하다. 이는 미중 양국 간의 갈등이 반도체 등 특정 분야를 넘어 상대방의 약점을 파고드는 전방위적인 전략 경쟁으로 확산되고 있음을 보여준다. 중국은 핵심광물이라는 강력한 발톱을 이용하여 미국의 공세에 맞서고, 협상력을 높이며, 궁극적으로는 자국 중심의 새로운 국제 질서를 모색하려는 장기적인 게임을 진행하고 있는 것이다.

중국의 쌍순환 전략

중국의 노골적인 핵심광물 전략과 공급망 무기화 시도는 미국을 비롯한 서방 국가들의 강력한 경계심과 체계적인 대응을 불러일으켰다. 미국은 인도-태평양 경제 프레임워크(IPEF), 핵심광물안보파트너십(Minerals Security Partnership, MSP), 칩스법, IRA 등을 통해 동맹 및 우방국들과 연대하여 중국 중심의 공급망에서 벗어나려는 탈중국화 또는 위험 제거(de-risking) 전략을 전방위적으로 추진했다. EU 역시 핵심원자재법을 통해 역내 생산·가공·재자원화 역량을 강화하고 공급선을 다변화하려는 전략적 자율성 확보에 박차를 가하고 있다. 일본, 호주, 캐나다 등 다른 서방 국가들도 유사한 맥락에서 핵심광물 확보 및 공급망 강화 정책을 국가 최우선 과제 중 하나로 설정하고 있다.

중국은 이러한 서방의 움직임을 자국의 부상을 억제하고 고립시키려는 명백한 봉쇄(containment) 시도로 인식하고 있다. 특히 기술 분야에서의 첨단 반도체 및 장비 수출 통제는 중국의 기술 굴기를 직접적으로 겨냥한 것으로 받아들이며 강한 반발과 함께 위기감을 느끼고 있다. 이러한 외부 환경 변화에 대응하여 중국 지도부는 새로운 국가 발전 전략으로 쌍순환(dual circulation) 정책을 제시했다. 2020년 시진핑 주석이 처음 제시한 이 전략은 미중 무역 전쟁과 팬데믹을 겪으면서 부상했으며, 중국 경제의 성장 동력을 수출과 외자에 크게 의존했던 과거 모델에서 벗어나, 국내 순환(internal circulation)을 중심으로 삼고 이를 국제 순환(external circulation)과 상호 촉진시키는 방식으로 전환하겠다는 구상이다.[13]

쌍순환 전략의 핵심은 거대한 국내 시장의 잠재력을 최대한 활용하여 내수 중심의 성장을 강화하고, 기술 자립을 달성하여 외부 충격에 대한 경제의 회복력을 높이는 것이다. 특히 미국 등 서방의 기술 통제가 심화되는 상황에서, 반도체, 인공지능, 바이오, 항공우주 등 핵심 전략 기술 분야에서 서방 의존도를 낮추고 자체적인 기술 혁신 역량을 확보하는 것이 국가적 최우선 과제로 부상했다. 중국 정부는 중국 제조 2025(Made in China 2025) 전략의 연장선상에서 자국 반도체 산업 육성을 위해 천문학적인 규모의 자금을 투입하고 있으며, 핵심 부품 및 소재 국산화율 제고에 총력을 기울이고 있다. 핵심광물 분야에서도 자국 내 탐사를 강화하고, 재자원화 기술 개발 및 산업 육성에 박차를 가하며, 전략적 비축 물량을 확대하는 등 국내 공급망 안정화 노력을 병행하고 있다.

쌍순환 전략이 완전한 자급자족이나 외부 세계와의 단절을 의미하는 것은 아니다. 중국은 여전히 세계 최대의 교역국이며, 복잡한 공급망을 유지하기 위해서는 글로벌 경제와의 연결은 필수적이다. 따라서 국제 순환은 유지하되, 과거와 같이 서방 시장과 기술에 일방적으로 의존하기보다는 중국에게 유리한 방향으로 국제 분업 구조를 재편하고, 새로운 협력 파트너를 발굴하는 데 초점을 맞추고 있다. 즉, 중국은 에너지, 식량, 일부 핵심 기술 및 원자재 등 자국에 필수적인 요소는 안정적으로 확보하는 한편, 자국이 비교 우위를 가지거나 지배력을 확보한 산업(예. 전기차, 배터리, 태양광, 핵심광물 가공 등)에서는 글로벌 시장에서의 영향력을 유지·확대하려 한다. 이를 위해 일대일로 참여국 및 글로벌 사우스(global south) 국가들과의 경제 협력을 강화하고 있으며, 상하이협력기구(SCO), 브릭스(BRICS) 등 비(非)서방 중심의 국제 협력체를 적극 활용하고 있다. 또한, 위안화 국제화 추진 등을 통해 달러 중심의 국제 금융 시스템에 대한 도전도 시도하고 있다.

결국 중국의 쌍순환 전략은 서방의 압박 속에서 자국의 경제안보와 지속적인 성장을 담보하기 위한 일종의 방벽 쌓기이자 체질 개선 노력이라 할 수 있다. 외부의 불확실성과 위험 요인을 최소화하면서 내부 역량을 강화하고, 동시에 국제 사회에서 자국의 영향력을 유지·확대하려는 복합적인 목표를 추구하는 것이다. 광물 분야는 이러한 쌍순환 전략의 핵심적인 무대가 되고 있다.

공급망 재편 시대, 중국의 선택

서방의 탈중국화 또는 위험 제거 노력이 가속화되는 공급망 재편 시대에, 핵심광물 공급망의 마스터키를 쥔 중국이 수동적으로 방어만 할 것이라고 예상하는 것은 순진한 생각일 수 있다. 중국은 자국의 압도적인 시장 지위와 축적된 기술력, 그리고 국가 주도의 강력한 동원 능력을 바탕으로 서방의 움직임에 대응하고 때로는 반격할 수 있는 다양한 전략적 선택지를 가지고 있다.

핵심광물 수출 통제의 전략적 활용

중국은 앞으로도 자국이 공급 우위를 점하고 있는 희토류, 흑연, 갈륨, 게르마늄 등 핵심광물에 대한 수출 통제(허가제, 쿼터, 관세 등)를 중요한 정책 수단으로 계속 활용할 가능성이 높다. 이는 단순히 서방의 특정 조치에 대한 보복을 넘어, ①서방의 대체 공급망 구축 노력을 지연시키거나 비용을 증가시키고, ②국제 시장 가격에 영향을 미쳐 자국 기업의 경쟁력을 유지하며, ③미국과의 협상에서 중요한 지렛대(leverage)로 사용하려는 다목적 카드가 될 수 있다. 다만, 전면적인 수출 금지와 같은 극단적인 조치는 글로벌 공급망 전체를 마비시켜 중국 경제에도 심각한 역풍(backlash)을 초래할 수 있으므로, 특정 품목이나 기술 수준을 대상으로 한 정밀 타격(surgical strike) 방식의 통제를 선호할 가능성이 높다.

해외 자원 확보 및 통제 강화

서방 국가들이 핵심광물안보파트너십(MSP) 등을 통해 동맹국 중심의 공급망을 구축하려 함에 맞서, 중국은 일대일로 등을 통해 아프리카, 라틴 아메리카, 중앙아시아 등 자원 부국들과의 관계를 더욱 강화하며 해외 자원 확보에 더욱 박차를 가할 것이다. 단순한 지분 투자를 넘어 인프라 건설, 자금 지원, 기술 협력 등을 패키지로 제공하며 해당 국가의 광물자원에 대한 장기적이고 독점적인 접근권을 확보하려 할 수 있다. 이는 서방의 프렌드쇼어링에 대응하여 중국 중심의 자원 공급 블록을 구축하려는 시도로 볼 수 있다. 특히, 코발트(콩고민주공화국), 리튬(남미, 아프리카), 니켈(인도네시아) 등 서방 역시 확보에 사활을 걸고 있는 핵심 배터리 광물을 둘러싼 경쟁은 더욱 치열해질 것이다.

원광의 고부가가치화 가속화

중국은 단순히 정제·가공된 핵심광물 소재를 수출하는 단계를 넘어, 이를 활용한 고부가가치 중간재나 최종 제품 생산 능력을 강화하여 글로벌 가치사슬에서의 지배력을 더욱 공고히 하려 할 것이다. 예를 들어, 희토류 원광이나 산화물 대신 고성능 영구자석 자체를 생산하여 수출하거나, 리튬과 코발트, 흑연 등을 이용하여 배터리 셀 및 모듈, 나아가 전기차 완제품 생산에서의 경쟁력을 강화하는 전략이다. 이는 다른 국가들이 중국산 소재를 대체하기 더욱 어렵게 만들고, 중국 경제의 질적 성장을 견인하는 효과를 가져올 수 있다.

기술 표준 선점 및 국제 영향력 확대

중국은 자국이 강점을 가진 청정에너지 기술(태양광, 풍력, 배터리 등) 및 핵심광물 관련 분야에서 국제적인 기술 표준 제정 과정을 주도하려 시도할 수 있다. 이는 자국 기업에게 유리한 시장 환경을 조성하고 후발 주자들의 진입 장벽을 높이는 효과를 낼 수 있다. 또한, 상하이협력기구(SCO), 브릭스(BRICS) 등 비서방 협력체를 통해 자원 거버넌스에 대한 대안적인 목소리를 내거나, 위안화(RMB)를 활용한 원자재 결제 시스템을 확대하려는 노력도 지속할 가능성이 있다.

서방 동맹 균열 시도

중국은 미국과 EU, 또는 미국과 다른 동맹국들 사이의 이해관계 차이를 파고들어 서방의 공동 대응 전선을 약화시키려 시도할 수 있다. 예를 들어, 특정 국가에게는 보다 유화적인 무역 조건을 제시하거나 투자를 제안하는 방식으로 개별적인 관계 개선을 모색하면서, 다른 국가에게는 수출 통제 등으로 압박하는 차별적인 접근을 구사할 수 있다. 이는 서방의 단일 대오 형성을 어렵게 만들 수 있다.

자체적인 대체 기술 및 재자원화 역량 강화

중국 역시 자국이 모든 핵심광물에서 우위를 점하고 있는 것은 아니다. 예를 들어, 고품위 니켈이나 코발트, 리튬 등 일부 광물은 여전히 해외 수입 의존도가 높다. 따라서 중국은 이러한 취약점을 극복하기 위해 자국 내에서의 대체 소재 개발(예. 나트륨 이온 배터리 등)과 폐배터리 등에서 핵심광물을 회수하는 도시 광산(urban mining) 및 재자원화 기술 개발에도 막대한 투자를 진행하고 있다. 이는 장기적으로 중국 스스로의 자원 안보를 강화하는 동시에, 글로벌 시장에서의 영향력을 유지하는 데 기여할 것이다.

이처럼 중국은 서방의 공급망 재편 움직임에 맞서 방어적인 쌍순환 전략과 함께, 자국의 강점을 활용한 다양한 공세적인 전략들을 병행하며 새로운 국제 질서 속에서 자국의 이익을 극대화하려 할 것이다.

핵심광물 공급망 전쟁

핵심광물을 둘러싼 미중 경쟁의 미래

핵심광물 공급망을 둘러싼 미국과 중국의 경쟁은 단순한 경제적 이해 다툼을 넘어, 21세기 기술 패권, 에너지 전환 주도권, 그리고 국가 안보가 걸린 첨예한 전략적 대결의 핵심 전선으로 명확히 부상했다. 세계화의 퇴조와 공급망 재편의 거대한 흐름 속에서, 중국은 지난 수십 년간 국가적 역량을 총동원하여 구축해 온 핵심광물 가공 분야의 압도적인 지배력을 바탕으로 이 새로운 경쟁 구도에 임하고 있다. 이는 단순한 시장 점유율의 문제가 아니라, 미래 산업 생태계의 규칙을 좌우할 수 있는 강력한 영향력을 의미한다.

중국은 서방의 탈중국화 또는 위험 제거(de-risking) 노력을 결코 수동적으로 받아들이지 않는다. 오히려 쌍순환 전략을 통해 내부적인 기술 자립과 경제 회복력 강화에 총력을 기울이는 동시에, 자국이 장악한 공급망 통제력을 마치 잘 벼린 용의 발톱처럼 활용하며 적극적으로 대응하고 있다. 희토류, 흑연, 갈륨, 게르마늄 등 핵심 품목에 대한 잇따른 수출 통제 조치는 중국이 필요하다면 언제든 공급망을 교란시켜 상대방에게 고통을 안겨줄 수 있다는 의지와 능력을 전 세계에 각인시킨 명백한 신호이다. 또한, 일대일로 등을 통한 해외 자원 확보 노력 강화, 배터리·영구자석 등 가치사슬 상향 이동 가속화, 대체 기술 및 재자원화 역량 제고 등은 중국이 단순히 현재의 지위를 유지하는 것을 넘어, 장기적인 관점에서 핵심광물 분야에서의 패권을 더욱 공고히 하려는 다층적인 전략을 추진하고 있음을 명확히 보여준다.

반면, 이러한 중국의 도전에 직면한 미국과 그 동맹국들은 중국 중심의 공급망이 지닌 내재적 위험성을 뒤늦게나마 절감하고, 이를 극복하기 위한 총력 대응에 나서고 있다. 핵심광물안보파트너십(MSP), 인도·태평양 경제 프레임워크(IPEF), 칩스법, IRA, EU의 핵심원자재법 등은 이러한 노력의 구체적인 발현이다. 이들은 동맹국 및 우방국과의 연대를 강화하여 프렌드쇼어링을 추진하고, 해외 자원 개발 프로젝트에 대한 공적·사적 투자를 지원하며, 자국 내 핵심광물 생산·가공 및 재자원화 시설 구축을 위한 파격적인 인센티브를 제공하고 있다. 목표는 명확하다. 중국에 대한 과도한 의존도를 낮추고, 보다 안정적이고 회복력 있으며 가치를 공유하는 국가들 중심의 대안적 공급망을 구축하는 것이다.

하지만 이러한 서방의 야심찬 계획이 현실화되기까지는 넘어야 할 산이 너무나도 높고 험준하다. 가장 큰 현실적인 장벽 중 하나는 바로 시간과 비용의 문제이다. 수십 년간 중국이 막대한 투자와 때로는 낮은 환경·노동 기준으로 쌓아 올린 규모의 경제와 가격 경쟁력, 그리고 축적된 기술적 노하우를 단기간에 따라잡거나 대체하는 것은 거의 불가능에 가깝다. 새로운 광산을 개발하고, 정·제련 및 가공 시설을 건설하며, 관련 인력을 양성하는 데는 막대한 비용뿐만 아니라 상당한 시간이 소요된다. 일반적으로 광산 개발은 탐사 단계에서부터 실제 상업 생산에 이르기까지 평균적으로 약 10년에서 15년, 길게는 20년까지도 걸리는 초장기 프로젝트이다. 이 긴 시간 중 상당 부분은 시장에서 투자자를 찾아 막대한 자금을 조달하는 과정과, 정부로부터 각종 환경 인허가 및 채굴 허가를 받는 복잡한 행정 절차에 소요된다.

특히 미국, 캐나다, 호주, 유럽 등 선진국일수록 환경 영향 평가(EIA) 기준이 매우 엄격하고, 프로젝트가 지역 사회와 환경에 미치는 영향을 최소화하며 원주민 및 지역 주민들과의 상생 협력 방안을 마련해야 하는 등 사회적 요구 수준(ESG) 또한 매우 높다. 이는 물론 지속 가능한 발전을 위해 반드시 필요한 과정이지만, 프로젝트의 리드 타임(lead time, 사업이 착수되어 결과가 나오기까지 걸리는 기간)을 늘리고 비용을 상승시키는 요인으로 작용하는 것이 현실이다. 필자가 만난 중국계 저널리스트의 전언에 따르면, 중국에서는 유사한 규모의 광산 개발 프로젝트가 정부의 강력한 의지와 지원 아래 진행될 경우, 인허가 및 건설 기간을 포함하여 약 4년 내에도 상업 생산이 가능한 경우가 있다고 한다. 물론 그 과정이 서방의 기준에서 볼 때 반드시 민주적이거나 환경·사회적으로 정당하다고 보기는 어려울 수 있다. 하지만 순수하게 투자와 개발의 관점에서 본다면, 중국 내에서 광물을 개발하는 것과 중국 외 서방 국가 또는 다른 지역에서 개발하는 것 사이에는 경제성, 특히 시간적 불확실성 측면에서 거대한 차이가 존재할 수밖에 없다. 당신이 투자자라면, 최종 생산까지 10년이 걸릴지 15년이 걸릴지, 혹은 인허가 문제로 무산될지도 모르는 불확실한 사업에 투자하겠는가? 아니면 비록 다른 종류의 위험이 있을지라도 단 4년 만에 생산이 시작될 수 있는 사업에 투자하겠는가? 이 질문은 서방의 공급망 재편 노력이 왜 그토록 더디고 어려운지를 단적으로 보여준다.

따라서 핵심광물을 둘러싼 미국과 중국의 경쟁은 단기간에 어느 한 쪽의 완전한 승리로 끝나기보다는, 앞으로 상당 기간 동안 서로의 약점을 파고들고 전략적 우위를 점하기 위한 치열한 신경전과 공방이 지속될 가능성이 매우 높다. 양측 모두 상대방에게 완전히 의존하지도, 그렇다고 완전히 배제하지도 못하는 복잡한 상황 속에서, 완전한 디커플링보다는 특정 핵심 기술이나 품목에 국한된 선택적 디커플링(selective decoupling) 또는 서로의 필요에 일정 수준의 교류와 의존성을 유지하는 관리된 상호의존(managed interdependence) 상태가 유지될 가능성이 크다. 특히, 중국이 압도적인 우위를 점하고 있는 핵심광물 가공 및 소재 분야에서의 의존성을 단기간 내에 완전히 해소하고 독립적인 공급망을 구축하는 것은 서방 국가들에게 현실적으로 거의 불가능에 가까운 목표일 수 있다.

결국 이 끝나지 않은 신경전의 향방은 양측의 기술 혁신 역량, 전략적 인내심과 정책의 일관성, 동맹 및 파트너 국가들과의 효과적인 연대 구축 및 유지 능력, 그리고 앞으로 발생할지 모를 또 다른 글로벌 위기(팬데믹, 분쟁, 자연재해 등)에 대한 대응 능력 등 수많은 변수에 의해 좌우될 것이다. 분명한 사실은 핵심광물이 21세기 지정학 및 지경학 경쟁의 핵심 전장으로서 그 중요성을 더욱 키워갈 것이며, 이를 둘러싼 국가 간의 치열한 경쟁과 협력, 그리고 갈등의 역학 관계가 앞으로 우리가 살아갈 세계의 모습을 규정하는 데 결정적인 영향을 미칠 것이라는 점이다.

다자 협력의 꿈과 현실
: 중국 vs. 서방 국가들의
공급망 줄다리기

앞에서 살펴보았듯이, 핵심광물 공급망에서 중국의 압도적인 지배력은 서방 국가들에게 심각한 경제안보적 위협으로 다가왔다. 팬데믹과 지정학적 위기를 거치며 특정 국가에 대한 과도한 의존성이 지닌 위험을 절감한 미국, EU, 일본 등 주요국들은 더 이상 개별 국가 차원의 대응만으로는 한계가 있음을 인식하고, 가치를 공유하는 국가들과 연대하여 공동으로 공급망 위기에 대응하려는 다자간 협력 체제 구축에 박차를 가하기 시작했다. 이는 과거 냉전 시대 안보 동맹이나 자유무역협정(FTA)과는 또 다른 형태의, 특정 목적(공급망 안정 및 다변화)을 위한 전략적 연대의 모색이라 할 수 있다. 이러한 협력체들은 정부가 직접 주도하기도 하고, 기존 국제기구의 틀 안에서 새롭게 조직되기도 하며 다양한 형태로 나타나고 있다.

공급망 재편을 위한 광물 동맹

　가장 대표적인 사례 중 하나는 국제에너지기구(IEA)의 역할 확대이다. IEA는 1970년대 1차 석유 파동을 계기로 석유 공급 위기에 공동 대응하기 위해 설립된 기구로, 국제 에너지 시장 분석, 정책 권고, 회원국 간 비상시 석유 비축 및 공유 시스템 운영 등 에너지 안보 분야에서 오랜 경험과 전문성을 축적해 왔다. 이러한 IEA가 2022년, 기존의 에너지 안보 개념을 확장하여 청정에너지 전환에 필수적인 핵심광물 분야에서의 국제 협력을 강화하기 위한 새로운 조직인 핵심광물 실무그룹(Critical Minerals Working Party, CMWP)을 결성했다. 이는 핵심광물 공급망 안정이 이제 에너지 안보와 불가분의 관계에 놓여있음을 공식적으로 인정한 중요한 움직임이다. 호주가 초대 의장국을 맡은 CMWP는 IEA 회원국(주로 OECD 국가들)들이 주축이 되어 운영되며, 핵심광물 시장 동향 분석, 공급망 위험 평가, 정책 권고안 개발, 회원국 간 정보 공유 및 공동 대응 방안 모색 등을 목표로 한다. 주목할 점은 중국이 IEA의 협력국(association country) 지위는 가지고 있지만, 핵심 안보 사안을 다루는 CMWP에서는 당연하게도 배제되었다는 사실이다. 다만, 인도네시아, 브라질과 같이 자원이 풍부한 다른 협력국들의 경우, 향후 초청 형식으로 논의에 참여할 여지를 남겨두어 협력의 외연을 확장할 가능성도 열어 놓았다. CMWP 출범 이후 IEA의 핵심광물 관련 활동은 눈에 띄게 활발해졌다. 2023년 9월에는 프랑스 파리에서 전 세계 에너지 장관들과 주요 광업 기업 대표, 투자 기관, 연구소 등이 참여하는 최초의 IEA 핵심광물 및 청정에너지 정상회의(IEA Critical Minerals and Clean Energy Summit)를 개최하여, 청정에너지 전환을 위한 핵심광물 공급망의 안정성, 지속가능성, 투명성 강화를 위한 국제적 협력을 약속하는 공동 성명을 채택했다. 이후 IEA는 핵심광물 시장 연례 보고서 발간, 공급망 안보 평가 프레임워크 개발, 각국의 모범 정책 사례 공유 등을 통해 회원국들의 정책 수립을 지원하는 싱크 탱크이자 정책 가이드로서의 역할을 강화하고 있다.

미국이 보다 직접적으로 주도하는 다자 협력체로는 핵심광물안보파트너십(MSP)이 있다. 2022년 6월 출범한 MSP는 뜻을 같이하는 국가들 간의 협력을 통해 핵심광물의 탐사, 개발, 가공, 재자원화 등 전 주기에 걸친 공급망을 강화하고 다변화하는 것을 목표로 한다. 현재 미국, 한국, 일본, 영국, 캐나다, 호주, 프랑스, 독일, 이탈리아, 노르웨이, 핀란드, 스웨덴, 인도, 에스토니아 등 14개 파트너 국가(및 EU 집행위원회)가 참여하고 있다. MSP의 핵심적인 활동 중 하나는 파트너 국가들이 공동으로 유망한 핵심광물 프로젝트를 발굴하고 선정하여, 필요한 자금 조달(공적 금융 지원 포함)과 기술 지원, 인허가 절차 간소화 등을 통해 프로젝트의 성공적인 이행을 지원하는 것이다. 이를 통해 중국 외 지역에서의 신규 핵심광물 공급원을 개발하고, ESG 기준을 준수하는 지속 가능한 생산을 촉진하려는 목적을 가진다. 한국은 창립 멤버로 참여하여 2024년 7월부터 의장국을 맡는 등 적극적인 역할을 수행하고 있다. MSP는 현재까지 아프리카, 남미, 아시아 등지에서 여러 리튬, 코발트, 니켈, 희토류 관련 프로젝트들을 지원 대상으로 선정하거나 검토 중인 것으로 알려져 있으며, 이는 서방 주도의 공급망 재편 노력의 실질적인 이행 플랫폼으로 기능할 잠재력을 보여준다.

이 외에도 다양한 형태의 다자간 협의체들이 각기 다른 목적과 참여 범위를 가지고 운영되고 있다. 미국 주도의 인도·태평양 경제 프레임워크(IPEF) 내에서도 핵심광물 공급망 안정화를 위한 역내 국가 간 대화와 협력이 별도의 트랙으로 진행되고 있으며, 미국과 EU는 중앙아시아, 아프리카 등 특정 자원 부국 지역과의 핵심광물 관련 대화 채널을 별도로 구축하여 협력을 모색하고 있다. 민간과 정부, 학계가 함께 참여하는 핵심소재 및 광물에 관한 국제회의(Conference on Critical Material and Minerals, CCMM)나, 개발도상국의 지속 가능한 자원 개발 및 거버넌스 개선을 지원하는 세계은행(World Bank, WB)의 기후 스마트 광업 이니셔티브(Climate – Smart Mining(CSM) Initiative) 및 RISE(Resilient and Inclusive Supply – Chain Enhancement, 회복력 있고 포용적인 공급망 강화 협력)와 같은 관련 협의체 역시 넓은 의미에서 공급망 안정화를 위한 다자적 노력의 일환으로 볼 수 있다. 심지어 전통적인 외교·안보 협의체인 G7 역시 정상회의 및 에너지·환경 장관 회의 등을 통해 핵심광물 공급망 문제를 주요 의제로 다루기 시작했으며, 이는 이 문제가 최상위 정책 우선순위로 격상되었음을 보여준다.

모래알 위의 성처럼 위태로운 연대의 꿈

하지만 이러한 다자간 협력체들의 출범과 활발한 논의에도 불구하고, 중국 중심의 공급망 구조를 실질적으로 변화시키고 서방 주도의 대안적 공급망을 구축하는 과정은 기대만큼 빠르거나 순탄하게 진행되지 못하고 있다는 평가가 지배적이다. 여러 협의체에서 장밋빛 청사진과 공동 성명이 발표되고 있지만, 구체적인 합의 도출이나 실질적인 프로젝트 이행 속도는 언뜻 보기에도 매우 더딘 것처럼 느껴진다.

왜 그럴까? 1970년대 석유 파동 당시, OPEC이라는 강력한 카르텔에 맞서 서방 선진국들이 비교적 신속하게 IEA를 설립하고 석유 비축 및 공동 대응 시스템을 구축하며 단결된 모습을 보였던 것과 비교하면 더욱 그러하다. 여기에는 핵심광물 공급망이 석유와는 근본적으로 다른 몇 가지 구조적인 어려움을 내포하고 있기 때문이다.

가장 큰 어려움은 중국의 압도적인 시장 지배력과 통제력에 기인한다. 석유 파동 당시 OPEC 회원국들의 전 세계 석유 생산량 점유율은 약 40~50% 수준이었으며, 이는 분명 막강한 영향력이었지만 절대적인 통제 수준은 아니었다. 비(非)OPEC 산유국들도 상당한 비중을 차지했고, 소비국들은 에너지 절약, 대체 에너지 개발, 비OPEC 국가로부터의 수입 증대 등을 통해 대응할 여지가 있었다. 하지만 현재 핵심광물의 경우, 중국은 특정 광물(예. 텅스텐, 안티모니 등)의 채굴 단계에서는 물론, 특히 희토류, 흑연, 갈륨, 게르마늄 등 다수 핵심광물의 정제·가공(midstream) 단계에서는 전 세계 생산량의 70%, 80%, 심지어 90% 이상을 장악하고 있다. 이는 단순한 시장 점유율을 넘어, 관련 기술과 인프라와 숙련된 인력까지 포함하는 사실상의 생태계 독점에 가깝다. 이러한 구조 아래에서는 서방 국가들이 아무리 새로운 광산을 개발한다 해도, 최종적인 소재 생산을 위해서는 결국 중국의 가공 시설을 거쳐야 하는 병목 현상이 발생할 수밖에 없다. 중국을 배제한 완전한 대안 공급망 구축은 단순히 새로운 광산을 찾는 것을 넘어, 막대한 자본과 시간이 소요되는 정제·가공 시설을 새로 짓고 관련 기술을 확보해야 하는 훨씬 더 어려운 과제인 것이다.

또한, 광물은 너무나도 다양하고 유통되는 품목은 기하급수적으로 늘어나며, 공급망은 훨씬 더 복잡하다. 석유는 비교적 단일한 상품으로 취급될 수 있고, 국제적인 가격 지표가 존재하며, 비축 및 대체가 용이한 측면이 있다. 하지만 광물은 수십 종에 달하는 다양한 원소와 광물을 포괄하는 개념이며, 각 광물마다 고유한 지질학적 특성, 채굴 및 가공 방식, 최종 수요처, 시장 구조를 가지고 있다. 리튬 하나만 해도 염호에서 추출하는 방식과 경암(리튬의 대표적 원료 광석인 스포듀민 등)에서 채굴하는 방식이 다르고, 최종 제품(탄산리튬 vs. 수산화리튬)의 품질 요구 조건도 다르다. 희토류는 17개 원소가 함께 산출되지만 각각을 분리·정제하는 과정이 매우 복잡하고 환경 부담이 크다. 어떤 광물은 특정 첨단산업(예. 반도체용 갈륨)에 극소량 사용되지만 대체 불가능한 반면, 어떤 광물은 여러 산업에 걸쳐 대량으로 사용된다. 심지어 특정 광물의 정확한 수요량이나 사용처는 국방 등 국가 기밀 또는 기업의 영업 비밀에 해당되어 외부에 공개되지 않는 경우도 부지기수다. 이처럼 각기 다른 특성을 가진 수십 종의 광물들을 석유처럼 단일한 국제적 규범이나 비축 시스템, 공동 대응 체제로 묶어 관리하는 것은 현실적으로 거의 불가능에 가깝다.

마지막으로, 다자 협의체 내 참여국 간의 이해관계 충돌 문제가 일부 존재한다. 핵심광물 공급망 협력을 위한 다자 협의체에는 자원을 풍부하게 보유하고 이를 개발·수출하여 경제적 이익을 얻으려는 생산국(호주, 캐나다, 칠레 등)과, 안정적인 가격으로 핵심광물을 조달하여 자국의 제조업 경쟁력을 유지하려는 소비국(한국, 일본, 미국, EU 등)이 혼재되어 있다. 양측의 근본적인 이해관계는 때때로 충돌할 수밖에 없다. 예를 들어, 호주나 캐나다와 같은 생산국들은 자국의 높은 환경·사회·노동 기준을 강조하며, 이를 충족하는 지속 가능한 광물 생산을 위한 국제적 표준 마련과 추적 시스템 도입을 주장하는 경향이 있다. 이는 환경·안전 비용을 제대로 반영하지 않는 저가의 중국산 광물을 시장에서 배제하고 자국산 광물의 가격 경쟁력을 높이려는 의도도 내포한다. 하지만 소비국 입장에서는 이러한 높은 기준이 결국 원자재 가격 상승으로 이어져 자국 산업의 비용 부담을 가중시킬 수 있다는 우려를 갖는다. 또한, 특정 광물의 생산량을 늘려 가격 안정을 도모하려는 소비국의 입장과, 적정 생산량을 유지하여 높은 가격을 유지하려는 생산국의 입장이 충돌할 수도 있다. 공동 투자 프로젝트 선정 과정에서도 자국의 산업적 필요를 우선시하는 소비국과, 자원 개발 이익 극대화를 우선시하는 생산국 간의 이견이 발생하기 쉽다. 프렌드쇼어링이라는 명분 아래 자국 기업에게 유리한 공급망을 구축하려는 각국의 미묘한 신경전 역시 원활한 합의를 어렵게 만드는 요인이다. 이처럼 다양한 참여국들의 상이한 이해관계를 조율하고 공동의 목표를 향해 나아가는 것은 매우 어려운 외교적 과제이며, 이것이 다자 협의체의 논의가 종종 원론적인 수준에 머무르거나 구체적인 성과 도출에 어려움을 겪는 주요 원인 중 하나이다.

무엇보다도 새로운 광산 개발 및 가공 프로젝트의 건설에 소요되는 막대한 시간과 비용, 그리고 기술적·환경적 난제라는 현실적인 제약이다. 아무리 많은 국가들이 모여 공급망 다변화를 외치고 장밋빛 프로젝트를 발표한다 해도, 실제 광산 하나를 탐사 단계에서 상업 생산까지 이르게 하는 데는 평균 10년 이상이 걸린다. 그리고 그 과정에서 천문학적인 자금 조달, 복잡한 인허가 절차 통과, 환경 영향 최소화, 지역사회와의 관계 설정 등 수많은 난관을 넘어야 한다. 특히 희토류 분리·정제와 같이 중국이 기술적 우위를 점하고 있는 분야에서는 기술 격차를 따라잡는 것 자체가 큰 도전이다. 이러한 현실적인 제약들은 서방 주도의 공급망 재편 노력이 단기간에 가시적인 성과를 내기 어렵게 만들며, 그 사이 중국은 자국의 지위를 더욱 공고히 할 시간을 벌게 된다.

함께 가야 할 다자 협력의 길

그럼에도 불구하고, 다자간의 협력 노력은 결코 포기하거나 폄하할 수 없는 중요한 의미와 필연성을 지닌다. 앞서 열거한 수많은 현실적인 어려움과 더딘 진척 속도에도 불구하고, 미국과 동맹국들이 핵심광물 공급망 안정을 위한 공동 대응을 지속해야 하는 이유는 명확하다. 광물 확보와 공급망 문제는 더 이상 개별 국가 차원에서 해결할 수 있는 범위를 넘어섰다. 수십 종에 달하는 핵심광물 각각에 대해 중국이 압도적인 영향력을 행사하는 상황에서, 미국이나 EU와 같은 거대 경제권조차 단독으로는 안정적이고 다변화된 공급망을 완벽하게 구축하기 어렵다. 새로운 광산을 탐사하고 개발하며, 복잡한 정제·가공 시설을 건설하고, 관련 기술을 확보하며, 재자원화 시스템을 구축하는 데 필요한 천문학적인 자본과 시간, 그리고 기술적 역량은 개별 국가의 능력을 초과하는 경우가 많다. 따라서 자금, 기술, 시장, 자원 등 각기 다른 강점을 가진 국가들이 연대하여 위험과 부담을 분산하고 시너지를 창출하는 다자적 협력은 선택이 아닌 필수이다.

이는 광물 공급망 리스크는 특정 국가에 국한되지 않는 공동의 위험 (shared risk)이라는 공통적인 인식에 기반한다. 중국의 수출 통제나 특정 지역의 생산 차질은 해당 광물을 사용하는 모든 국가의 산업과 경제에 연쇄적인 충격을 가할 수 있다. 이는 공동의 위협에는 공동의 대응이 필요함을 의미한다. IEA의 석유 비축 및 공동 방출 시스템처럼, 핵심 광물 분야에서도 위기 발생 시 공동으로 대응할 수 있는 메커니즘(정보 공유, 비축 협력, 공동 구매 등)을 마련하고, 평시에는 공동 연구개발(대체재, 재자원화 등)과 투자를 통해 위험을 예방하려는 노력이 중요하다. 핵심 광물안보파트너십(MSP)과 같은 협의체는 바로 이러한 공동 대응의 플 랫폼 역할을 수행하려는 시도라 할 수 있다.

다자간 협력은 단순히 공급망 안정을 넘어, 가치 기반의 공급망을 구축하고 국제 규범을 형성하는 중요한 기회이다. 서방 국가들은 중국 중심의 공급망이 때때로 환경 파괴, 노동 착취, 불투명한 거래 관행 등 ESG 측면에서 문제점을 노출해 왔다고 비판하며, 자국들이 주도하는 새로운 공급망은 높은 수준의 환경 보호, 인권 존중, 투명한 거버넌스 기준을 준수해야 함을 강조한다. 다자간 협력은 이러한 공동의 가치와 규범을 설정하고 확산시키는 장이 될 수 있다. 또한, 자원 부국인 개 발도상국들과의 관계 설정에 있어서도, 단순한 자원 확보를 넘어 해당 국가의 지속 가능한 발전과 이익 공유를 존중하는 호혜적인 파트너십 모델을 제시함으로써, 중국의 영향력 확대에 대응하고 국제 사회의 지 지를 확보하는 데 기여할 수 있다.

핵심광물을 둘러싼 현재의 다자간 협력 노력들은 비록 많은 도전 과 제에 직면해 있지만, 각국의 경제안보와 미래 산업 경쟁력을 확보하 고, 나아가 보다 안정적이고 지속 가능하며 공정한 글로벌 자원 거버 넌스를 구축하기 위해 반드시 나아가야 할 방향이다. 이를 위해서는 단기적인 성과에 일희일비하기보다는 장기적인 비전과 전략적 인내심 을 가지고 꾸준히 노력하는 것이 중요하다. 공동 선언이나 원론적인 합의 수준을 넘어, 구체적인 공동 프로젝트 이행, 실질적인 투자 재원 마련, 핵심 기술 공동 개발 및 공유, 그리고 참여국 간의 이해관계 상충을 조율하기 위한 긴밀한 정책 공조가 이루어져야 한다. 핵심광물 확보 전쟁은 이미 시작되었고, 이 경쟁에서 살아남고 미래를 준비하기 위한 국가적 노력과 더불어, 뜻을 같이하는 국가들과의 지혜롭고 실질적인 연대가 그 어느 때보다 절실한 시점이다.

차가운 땅, 뜨거운 욕망
: 그린란드의 미래

　세계에서 가장 큰 섬이지만 인구는 6만 명이 채 되지 않는 땅. 국토의 80% 이상이 평균 두께 1.5킬로미터가 넘는 거대한 빙상(ice sheet)으로 덮여 있는 덴마크 자치령 그린란드. 수 세기 동안 이곳은 혹독한 추위와 얼음, 그리고 이누이트(Inuit)의 전통적인 삶이 이어지는 고립된 땅으로만 인식되었다. 하지만 21세기, 두 개의 거대한 변화가 이 '얼음 왕국'을 전 세계 지정학적 경쟁의 가장 뜨거운 무대 중 하나로 소환하고 있다.

　그 첫 번째 변화는 지구온난화로 인해 그린란드의 빙상이 예상보다 훨씬 빠른 속도로 녹아내리면서, 수천 년간 두꺼운 얼음 아래 숨겨져 있던 막대한 광물자원의 존재가 드러나기 시작했고, 동시에 자원 개발을 위한 물리적인 접근성 또한 점차 높아지고 있다는 점이다. 빙하의 후퇴가 역설적으로 새로운 기회의 문을 열고 있는 셈이다.

두 번째 변화는 바로 지정학적 질서가 급격히 개편되고 있다는 점이다. 미중 패권 경쟁 심화와 러시아의 부상, 그리고 청정에너지 전환과 첨단기술 경쟁이 가속화되면서, 이러한 기술 구현에 필수적인 핵심광물 확보는 국가의 명운을 좌우하는 경제안보의 핵심 과제가 되었다. 이 두 가지 거대한 변화가 교차하는 지점에 바로 그린란드가 위치해 있다. 그린란드는 이제 단순히 혹한의 땅이 아니라, 첨단기술의 미래를 좌우할 자원의 보고이자, 북극항로와 군사적 요충지를 둘러싼 강대국들의 뜨거운 욕망이 충돌하는 21세기 '그레이트 게임(Great Game)'의 핵심 각축장으로 떠오르고 있다.

그린란드에 숨겨진 보물

그렇다면 그린란드의 얼음 밑에는 과연 무엇이 잠들어 있을까? 최근의 탐사와 연구 결과들은 이곳이 단순한 가능성을 넘어, EU가 지정한 34개의 핵심원자재(CRMs) 중 25개가 발견될 정도로 풍부한 자원을 보유하고 있음을 보여준다.[14] 이는 그린란드가 미래 산업과 에너지 전환에 필요한 핵심 자원의 중요한 공급처가 될 수 있음을 시사한다.

가장 큰 주목을 받는 것은 단연 희토류 원소(REE)다. 특히 그린란드 남부의 가르다르(Gardar) 지역은 세계적인 희토류 매장지로 꼽힌다. 이곳에는 중국 외부에 존재하는 가장 큰 희토류 및 우라늄 복합 광상 중 하나로 알려진 크반네펠트(Kvanefjeld, 현지명 Kuannersuit) 프로젝트가 위치해 있다. 비록 현재는 우라늄 함유 문제와 법적 분쟁으로 인해 개발사

광물(기호)	매장량(톤)	광물(기호)	매장량(톤)
안티모니(Sb)	3,780	니오븀(Nb)	5,900,000
중정석(Ba)	480,000	인(P)	11,500,000
베릴륨(Be)	65	백금족 금속(PGM)	576
크로뮴(Cr)	560,000	희토류 원소(REE)	36,100,000
구리(Cu)	108,000	규소(Si)	2,800,000
장석(Feldspar)	80,800,000	스트론튬(Sr)	9,800,000
형석(CaF₂)	250,000	탄탈럼(Ta)	916,000
갈륨(Ga)	152,000	타이타늄(Ti)	12,100,000
흑연(C)	6,000,000	텅스텐(W)	26,200
하프늄(Hf)	108,000	바나듐(V)	179,000
리튬(Li)	235,000	지르코늄(Zr)	57,100,000

자료 1-4 그린란드의 광물자원 현황[15]

인 에너지 트랜지션 미네랄스(Energy Transition Minerals)의 프로젝트 추진이 중단된 상태지만, 그 잠재력은 여전히 높게 평가받는다. 또한, 인근의 탄브리즈(Tanbreez) 광상 등에서 풍력 터빈과 전기차 모터의 영구자석에 필수적인 네오디뮴, 프라세오디뮴(Pr), 디스프로슘, 터븀 등 다양한 희토류가 매장되어 있어 많은 개발 기업들이 앞다투어 투자를 진행하고 있다. 또 다른 남부 지역인 크링글레르네(Kringlerne, 현지명 Killavaat Alannguat) 단지 역시 지르코늄(Zr)과 함께 희토류, 니오븀(Nb) 등의 잠재력이 큰 곳으로 평가된다.

전기차 배터리 음극재로 활용되는 흑연 역시 그린란드 전역에서 그 존재가 보고되고 있으며, 그린란드 남부의 아미트소크(Amitsoq) 프로젝트는 그린록(GreenRoc) 사가 채굴 허가를 신청하며 개발 가능성을 높이고 있다. 전기차에 쓰이는 다른 핵심광물인 구리, 니켈, 코발트(Co), 백금족 금속(PGMs)과 같은 광물들도 풍부하다. 특히 런던 증시에 상장된 80마일(80 Mile) 사는 디스코 – 누수아크(Disko – Nuussuaq) 지역에서 이들

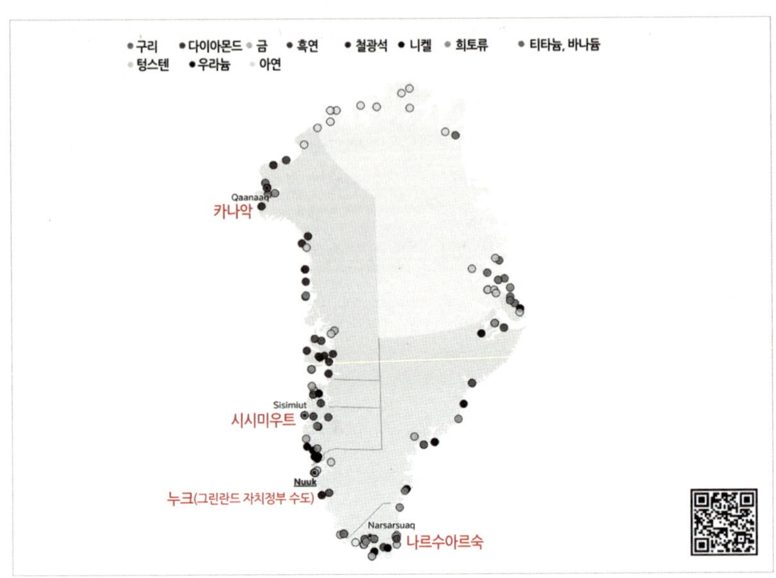

자료 1-5 그린란드의 광물자원 분포[16]

복합 광물 탐사를 진행 중이며, 광물 메이저 기업인 앵글로 아메리칸 (Anglo American) 역시 2019년부터 서부 그린란드에서 니켈 등 핵심광물 탐사권을 확보하여 지질조사를 수행하고 있다. 구리 광상의 경우, 아직 탐사가 제한적으로 이루어졌지만 북동부와 중동부 지역의 잠재력이 높을 것으로 기대된다.

아연(Zn)과 납(Pb)은 주로 북부 지역에 집중되어 있으며, 시트로넨 피오르드(Citronen Fjord) 프로젝트는 세계에서 가장 큰 미개발 아연 자원 중 하나로 알려져 있다. 철광석(Fe) 매장량도 상당하다. 서부의 이수아 (Isua) 지역과 이틸리아르숙(Itilliarsuk) 지역, 그리고 북서부의 라우게 코크 쉬스트(Lauge Koch Kyst) 지역에 주요 광상이 분포한다. 금(Au)의 경우, 남부의 세르밀리가르숙(Sermiligaarsuk) 피오르드 주변이 주요 잠재 지역

핵심광물 공급망 전쟁

으로 꼽히며, 쿠얄레크(Kujalleq) 지역의 날루나크(Mt Nalunaq)산에서는 아마로크 미네랄스(Amaroq Minerals) 사가 최근 금 채굴을 시작했다. 이 외에도 다이아몬드(주로 서부), 티타늄과 바나듐(V)(남서부, 동부, 남부), 그리고 산업적으로 중요한 텅스텐(중동부, 북동부) 등 다양한 광물의 존재와 잠재력이 확인되었다.[17]

또한, 그린란드는 고품질의 회장석(anorthosite)이 풍부한 지역으로, 생산된 회장석은 친환경 알루미나(alumina) 제조원료와 내화 시멘트의 원료로 사용될 수 있다. 그린란드 서부의 화이트 마운틴(White Mountain) 광산에서 캐나다의 아노텍(Anortech)이 생산을 준비하고 있다.

미국의 오랜 그린란드 매입 야망

이처럼 엄청난 잠재력을 지닌 그린란드에 대한 강대국들의 관심, 특히 미국의 관심은 사실 갑작스러운 것이 아니다. 이는 19세기부터 시작되어 20세기를 거쳐 21세기까지 끈질기게 이어져 온, 미국의 '오랜 야망'이라 할 수 있다.

미국의 그린란드에 대한 관심은 미국이 러시아로부터 알래스카를 매입했던 1867년으로 거슬러 올라간다. 당시 국무장관이었던 윌리엄 H. 수어드(William H. Seward)는 알래스카 매입을 주도하며 미국의 팽창을 꿈꿨고, 그린란드와 아이슬란드 역시 "진지하게 고려할 가치가 있다"고 생각했다. 그는 보고서를 통해 그린란드의 풍부한 어족 자원과 광물, 건강한 기후 등을 긍정적으로 묘사하며 잠재적 인수에 대한 여론의 지지를 얻으려 했다. 하지만 당시 앤드루 존슨 대통령의 정치적 입지가 불안정했고, 덴마크령 서인도 제도(현 미국령 버진아일랜드) 매입안이 의회의 지지를 얻지 못하면서 그린란드 매입 제안은 공식화되지 못했다.

미국이 그린란드의 전략적 가치를 실질적으로 인식하게 된 결정적인 계기는 제2차 세계대전이었다. 1940년 나치 독일이 덴마크를 침공하자, 미국은 독일이 북미 대륙으로 진출하는 교두보를 확보하는 것을 막고 연합국의 대서양 보급로를 보호하기 위해 '먼로 독트린'을 북대서양까지 확장 적용했다. 1941년 미국은 덴마크 망명 정부 대사와의 협정을 통해 그린란드에 군대를 주둔시키고, 이곳을 유럽 전선으로 병력과 물자를 이동시키는 중요한 항공모함이자 독일 잠수함의 위협을 감시하는 전략적 요충지로 활용했다. 이때 남부 이비투트(Ivigtut)의 작은 빙정석(cryolite) 광산이 예상치 못한 중요성을 띠게 된다. 빙정석은 알루미늄 제련의 필수적인 융제(flux, 가열 과정에서 용해·유동성을 높이고 불순물을 제거하도록 돕는 물질)였는데, 당시 세계에서 유일하게 이곳에서만 상업적으로 채굴되었다. 항공기 제작에 필수적인 알루미늄 생산을 위해, 이 작은 광산은 연합국의 제공권 장악과 전쟁 승리에 결정적인 기여를 한 셈이다.

전쟁이 끝나고 냉전 시대가 도래하자, 그린란드는 미국과 소련 간의 군사적 대립의 최전선 중 하나가 되었다. 미국은 소련의 폭격기가 북극을 경유해 미국 본토를 공격할 가능성에 대비하여 그린란드 북서부의 툴레(Thule, 현지명 Pituffik)에 거대한 공군기지를 건설했다. 이곳은 탄도미사일 조기경보 시스템(BMEWS)의 핵심 기지이자 핵폭격기의 전진배치 장소로서 기능하며 냉전기 내내 미국의 북극 전략에서 심장부 역할을 수행했다. 이러한 전략적 필요성 때문에 1946년, 미국 정부는 덴마크에 1억 달러의 금괴를 지불하고 그린란드를 통째로 매입하겠다는 공식적인 제안을 하기에 이른다. 덴마크는 재정적으로 어려운 상황이었지만, 국가적 자긍심과 그린란드에 대한 역사적 책임감을 이유로 이 제안을 단호히 거절했다. 그럼에도 불구하고, 미국은 1951년 덴마크와 새로운 방위 협정을 체결하여 툴레 기지를 포함한 그린란드 내 군사 활동의 영구적인 권리를 사실상 확보했으며, 1960년대에는 그린란드 빙상 아래에 핵미사일 기지를 건설하려던 비밀 계획인 프로젝트 아이스웜(Project Iceworm)을 추진하는 등 그린란드를 자국의 안보를 위한 거대한 불침항모로 여겼다.

이처럼 그린란드에 대한 미국의 관심은 그 지정학적·군사적 가치에 오랫동안 뿌리를 두고 있었다. 냉전 종식과 함께 잠시 관심이 수면 아래로 가라앉는 듯했지만, 21세기 들어 중국의 부상과 북극권 자원 경쟁이라는 새로운 변수가 등장하면서 미국의 오랜 야망은 다시 한번 고개를 들게 된다.

그린란드를 둘러싼 열강의 각축전

21세기 들어 '자원'이라는 새로운 변수가 부상하면서 그린란드를 둘러싼 국제적 관심은 다시 뜨거워지기 시작했다. 결정적인 계기는 2009년 그린란드가 국방과 외교를 제외한 거의 모든 분야에서 자치권을 행사하는 자치정부(self-rule government)를 수립한 것이다. 특히 이 조치로 그린란드 자치정부는 지하자원에 대한 소유권과 관리 권한을 확보하게 되었다. 이는 그린란드에게 경제적 자립과 궁극적으로 덴마크로부터의 완전한 독립이라는 오랜 염원을 실현할 수 있는 중요한 발판을 마련해 주었다. 하지만 인구 6만 명 미만의 작은 경제 규모와 열악한 인프라, 부족한 자본과 기술력은 그린란드가 스스로 자원을 개발하는 데 큰 제약이었다. 결국 그린란드의 풍부한 자원을 개발하기 위해서는 막대한 규모의 해외 투자가 필수적이었고, 이는 강대국들에게 그린란드에 영향력을 행사할 수 있는 절호의 기회를 제공했다.

가장 발 빠르게 움직인 것은 중국이었다. 경제 성장에 필요한 자원을 전 세계적으로 확보해 온 중국은 북극권의 잠재력에도 일찍부터 주목했다. 중국은 2013년 스스로를 '근(近)북극 국가'로 선언하고 2018년 '북극 정책 백서'를 발표하며 '빙상 실크로드(Polar Silk Road)'라고 불리우는 북극항로 개척과 자원 개발 참여에 적극적인 의지를 보여왔다.[18] 그린란드에서는 특히 광물자원 개발 프로젝트에 대한 투자에 큰 관심을 보였다. 2015년에는 중국계 기업인 제너럴 니스 그룹(General Nice Group)이 이수아 철광석 프로젝트 인수를 시도했으나 환경 및 경제성 문제로 최종 무산되었고,[19] 2016년에는 폐쇄된 해군기지 매입 시도가, 2018년에는 신공항 건설 프로젝트 참여 시도가 각각 덴마크와 미국의 안보 우려 및 견제로 좌절되었다. 가장 주목받았던 것은 중국 희토류 기업 성허자원(Shenghe Resources)이 크반네펠트 희토류 프로젝트 개발사의 주요 주주로 참여한 사례이다. 비록 이 프로젝트는 후술할 이유로 중단되었지만, 이는 그린란드의 핵심광물, 특히 희토류에 대한 중국의 높은 관심을 명백히 보여주었다. 중국이 전 세계 희토류 가공 시장의 80~90%를 장악하고 있다는 점을 고려하면, 그린란드의 막대한 희토류 원광 확보는 중국의 시장 지배력을 더욱 공고히 할 수 있는 전략적 카드였을 것이다.

중국의 이러한 노골적인 접근은 미국의 강력한 경계와 대응을 불러일으켰다. 미국에게 그린란드는 단순히 자원의 보고일 뿐만 아니라, 북극항로의 통제와 러시아 및 중국의 북극 활동 감시를 위한 지정학적 요충지로서의 가치를 여전히 지니고 있다. 2019년, 도널드 트럼프 당시 대통령이 그린란드를 통째로 구매하겠다는 제안을 한 것은 이러한 미국의 전략적 계산을 극적으로 보여준 사건이었다. 이는 1946년 이후 약 73년 만에 다시 공식화된 매입 시도로, 비록 덴마크와 그린란드 정부의 즉각적인 반발로 외교적 해프닝으로 치부되었지만, 이는 그린란드에 대한 미국의 시각 변화와 중국 견제 의지를 상징적으로 드러냈다. 이후 미국은 2020년 그린란드 수도 누크(Nuuk)에 영사관을 67년 만에 재개설하고, 2024년 트럼프 대통령의 재선 이후 그린란드 매입의 야망을 더욱더 노골적으로 드러내기 시작하였다. 2024년 12월 소셜 미디어를 통해 그린란드의 소유 및 통제가 국가 안보를 위해 '절대적 필수 사항'이라고 선언했으며, 2025년 초에는 덴마크가 이에 저항할 경우 높은 관세를 부과하겠다고 위협하고 덴마크의 주권 자체에 의문을 제기하는 등 압박의 수위를 높였다. 또한, 그의 아들인 도널드 트럼프 주니어의 그린란드 방문, 미 하원에서의 "그린란드를 다시 위대하게(Make Greenland Great Again)" 법안 발의 등 다각적인 공세가 이어졌다. 이러한 미국의 직접적인 움직임은 덴마크와 그린란드 정부의 강력한 반발("그린란드는 판매 대상이 아니다")과 유럽 동맹국들의 우려를 낳았지만, 동시에 그린란드 내부에서는 덴마크로부터의 완전한 독립, 미국과 새로운 관계 설정 등 미래에 대한 복잡하고 현실적인 논의를 촉발시키는 중요한 계기가 되었다.

EU 역시 그린란드에 대한 관심이 크다. EU는 2024년 발효된 핵심

원자재법을 통해 역내 핵심광물 공급망의 자립도와 회복력을 높이는 것을 목표로 하고 있다. 이 법안은 2030년까지 특정 전략 원자재의 역내 채굴, 가공, 재활용 비율 목표치를 설정하고, 단일 제3국 의존도를 65% 미만으로 낮추도록 규정하고 있다. 이러한 목표 달성을 위해 EU는 역외의 안정적인 공급 파트너 확보가 필수적이며, 덴마크의 자치령이자 지리적으로 가까운 그린란드는 매우 매력적인 대안으로 부상했다. EU는 그린란드와의 전략적 파트너십을 강화하고, 자금 지원 등을 통해 그린란드가 환경 및 사회 기준을 준수하며 지속 가능한 방식으로 자원을 개발하도록 유도함으로써, 중국과 러시아 등에 대한 의존도를 줄이고 안정적인 공급선을 확보하려 하고 있다.

그린란드의 딜레마
: 독립의 꿈과 개발의 대가

이처럼 강대국들의 '러브콜'과 압력이 교차하는 가운데, 정작 그린란드 내부에서는 미래를 건 격렬한 논쟁이 벌어지고 있다. 논쟁의 핵심은 자원 개발을 통한 경제적 자립 및 독립 달성이라는 달콤한 가능성과 그 과정에서 필연적으로 수반될 환경 파괴 및 전통 사회 붕괴라는 쓰디쓴 대가 사이의 딜레마다.

이 딜레마를 가장 극명하게 보여준 사례가 바로 앞서 언급한 크반네펠트/쿠안네르수이트(Kuannersuit) 희토류 및 우라늄 프로젝트이다. 세계 최대 규모의 희토류 매장지로 기대를 모았던 이 프로젝트는, 공교롭게도 상당량의 방사성 물질인 우라늄(U)과 토륨(Th)을 부산물(by-product)로 함유하고 있다는 사실 때문에 격렬한 반대에 부딪혔다. 프로젝트 예정지 인근 나르삭(Narsaq) 지역 주민들과 환경 단체들은 채굴 과정에서 발생할 수 있는 방사능 먼지가 피오르드와 목초지를 오염시켜 지역의 주요 산업인 목양과 어업, 그리고 주민들의 건강에 치명적인 위협이 될 것이라고 주장했다. 반면, 개발을 지지하는 측에서는 엄격한 환경 기준 준수를 약속하며 프로젝트가 창출할 막대한 경제적 이익(수천 개의 일자리와 수십억 달러의 세수)이 그린란드의 재정 자립과 덴마크로부터의 완전한 독립을 앞당길 절호의 기회라고 맞섰다.

이 논쟁은 그린란드 정치 지형을 뒤흔들었다. 2021년 4월 치러진 조기 총선에서, 환경 보호와 크반네펠트 프로젝트 반대를 핵심 공약으로 내건 좌파 성향의 이누이트 아타카티기이트(Inuit Ataqatigiit)당이 제1당으로 부상하며 집권에 성공했다. 그리고 새 정부는 그해 12월, 곧바로 우라늄 함량이 일정 기준 이상인 광물의 탐사 및 채굴을 전면 금지하는 법안을 통과시킴으로써 사실상 크반네펠트 프로젝트에 사망 선고를 내렸다. 이는 경제 개발보다 환경 보호와 주민 건강을 우선시하겠다는 그린란드 사회의 중요한 선택을 보여주는 동시에, 핵심광물 개발을 둘러싼 외부의 기대와 압력에 제동을 건 상징적인 사건이었다.

하지만 크반네펠트 프로젝트의 좌초가 그린란드 자원 개발의 완전한 종식을 의미하는 것은 아니다. 이 결정은 개발과 보존 사이에서 그린란드 사회가 겪는 깊은 고뇌를 드러낸다. 한편으로는 혹독한 자연환경 속에서 부족한 인프라와 높은 실업률, 덴마크로부터의 재정 지원에 의존하는 경제 구조를 극복하고 진정한 자립을 이루고자 하는 열망이 존재한다. 다른 한편으로는 수천 년간 이어온 이누이트 원주민의 전통적인 삶의 방식과 청정한 자연환경을 미래 세대에게 물려주어야 한다는 강한 책임감이 있다.

여기에 더해, 자원 개발을 추진하는 과정에서 겪게 될 현실적인 장벽들은 개발의 경제성을 불확실하게 만들고 환경 보호론자들의 주장에 힘을 실어준다. 가령, 10년 이상 걸리는 긴 개발 리드 타임, 도로·항만·전력 등 인프라 부재는 광물자원이 많다고 한들 투자자들이 선뜻 손을 내밀지 못하게 하는 주요 원인이다. 더욱이 북극의 외딴 광산들은 안정적인 전력 공급을 위해 디젤 발전기에 의존할 수밖에 없는 경우가 많다. 이는 또 다른 환경적 딜레마를 야기한다. 그린란드의 사례를 보면, 수도 누크 인근을 제외하면 대규모 발전 시설이 부재하여, 실제 운영되었거나 계획된 광산들 – 화이트 마운틴(400kW 디젤 2기), 이수아(130MW 디젤 계획), 날루나크(Nalunaq) 금광 – 대부분이 디젤 발전에 의존했거나 의존할 계획이었다.[20] 하지만 디젤 발전은 막대한 양의 온실가스를 배출할 뿐만 아니라, 질소산화물, 황산화물 등 대기오염 물질을 발생시켜 청정해야 할 북극 환경에 직접적인 부담을 준다. 결국 그린란드는 '어떤 종류의 자원을, 어떤 방식으로, 어떤 조건 아래에 개발할 것인가'에 대한 어려운 질문에 계속해서 답을 찾아야만 하는 상황이다.

덴마크 정부 역시 이 복잡한 방정식에서 중요한 역할을 맡고 있다. 공식적으로 그린란드의 자치권을 존중하지만, 국방과 외교, 그리고 거시 경제 정책에 대한 최종 권한은 여전히 코펜하겐에 있다. 덴마크는 그린란드의 자원 개발이 지역 경제에 기여하기를 바라면서도, 이것이 강대국 간의 과도한 경쟁을 유발하거나 덴마크의 외교 안보 정책에 부담을 주는 상황은 피하고 싶어 한다. 또한, 그린란드는 공식적으로 EU 회원국은 아니지만, 덴마크 입장에서 EU 회원국으로서 EU의 핵

　　　　　　　　핵심광물 공급망 전쟁

심원자재법 목표 달성에 기여해야 한다는 압박도 받고 있다. 결국 덴마크는 그린란드의 자치권과 개발 열망, 자국의 이익, 그리고 국제 사회의 요구 사이에서 아슬아슬한 줄타기를 해야 하는 입장이다.

그린란드는 단순한 지리적 공간을 넘어 21세기 글로벌 핵심 과제들이 응축된 상징적인 장소가 되었다. 기후 변화는 얼어붙은 땅의 문을 열어젖혔고, 에너지 전환은 그 아래 잠든 자원에 대한 전례 없는 수요를 창출했다. 이 거대한 변화의 소용돌이 속에서, 그린란드 주민들은 과연 경제적 번영과 환경 보전, 그리고 정치적 자립이라는 상충될 수 있는 목표들을 조화롭게 달성하며 자신들의 미래를 스스로 만들어갈 수 있을까? 차가운 얼음 아래, 뜨거운 욕망이 꿈틀대는 땅 그린란드의 이야기는 이제부터가 진짜 시작이다.

광물자원을 둘러싼 지정학 전쟁
: 우크라이나의 검은 흙과 숨겨진 보물

우크라이나는 흔히 유럽의 빵 바구니로 불린다. 비옥한 초르노젬 (chernozem, 흑토)이 국토의 상당 부분을 덮고 있어 세계적인 곡창지대로 명성이 높다. 하지만 우크라이나의 대지는 비단 황금빛 밀 이삭만을 품고 있는 것이 아니다. 그 깊은 땅속에는 현대 산업의 쌀이자 미래 기술의 비타민이라 할 수 있는 막대한 양의 광물자원이 잠들어 있다. 국가의 기반을 이루는 우크라이나 순상지(shield)는 25억 년 이상 된 지구에서 가장 오래되고 안정적인 대륙 지각 중 하나로, 오랜 세월에 걸친 지질학적 과정 속에서 리튬, 흑연, 망간(Mn, 표준용어 '망가니즈'), 티타늄, 희토류 등 다양한 핵심광물이 생성되기에 매우 유리한 조건을 갖추었다. 실제로 EU가 에너지 안보에 필수적이라고 지정한 34개의 핵심광물 중 22개가 우크라이나에 부존되어 있는 것으로 확인될 만큼, 그 잠

재력은 유럽 최고 수준으로 평가받는다.[21]

그러나 이 풍요로운 자원의 잠재력은 독립 이후 우크라이나의 복잡한 정치·경제적 상황과 지정학적 현실 속에서 제대로 빛을 보지 못했다. 구소련 시절의 비효율적인 개발 방식과 낙후된 기술, 독립 이후의 정치적 불안정과 부패, 그리고 무엇보다 러시아와의 끊임없는 긴장과 갈등은 우크라이나의 풍부한 광물이 국가 발전의 온전한 동력으로 작용하는 것을 가로막았다. 2014년 크림반도 강제 병합과 돈바스 지역 분쟁, 그리고 2022년 러시아의 전면적인 침공은 우크라이나의 광물자원을 둘러싼 지정학적 갈등을 극단으로 치닫게 했으며, 자원 부국의 꿈을 송두리째 위협하는 실존적 위기로 다가왔다.

아이러니하게도, 전쟁의 참화는 역설적으로 우크라이나 광물자원의 전략적 중요성을 전 세계에 각인시키는 계기가 되었다. 우크라이나의 광물자원이 단순한 경제적 가능성을 넘어 지정학적 지렛대, 러시아의 전략적 목표물, 미중 간 경쟁의 격전지로서 독자적인 전장이 되었음을 적나라하게 보여준 것이다. 그러나 우크라이나가 자원 부국으로서의 부를 실현하는 길은 소련 시대의 낙후된 개발, 전쟁의 즉각적인 파괴, 그리고 자원 부국에 흔히 따르는 '자원 저주'의 장기적 위험으로 가득 차 있다. 2025년 4월 체결된 미국-우크라이나 광물협정은 이러한 도전에 대응하기 위한 과감하고도 불확실한 설계도로, 가능성을 번영과 전략적 동반자로 전환하려는 시도이다. 이 광물의 부는 전쟁의 시대에 주어진 풍요의 역설이자, 우크라이나의 재건을 이끌 자금원이 될 수도 있고 또 다른 분쟁의 불씨가 될 수도 있는 보물이다.

유럽의 광물 창고, 우크라이나

우크라이나는 지질학적 다양성 덕분에 유럽의 광물 창고라 불릴 만큼 풍부하고 다채로운 자원을 보유하고 있다. 국토 면적은 세계 45위 수준이지만, 확인되거나 잠재력이 높은 광물 매장량은 세계적으로 중요한 위치를 차지한다. 우크라이나 지질조사국 및 국제적인 평가에 따르면, 약 125개의 유망 광상이나 부존이 확인되었으며,[22] 이는 유럽 전체 광물자원 잠재력의 상당 부분을 차지한다.[23] 특히, 일부 광종에서는 세계적인 매장량과 생산량을 기록하며 글로벌 공급망에서 핵심적인 역할을 수행해 왔다.

전통적인 산업의 척추 역할을 하는 광물자원의 경우, 우크라이나의 잠재력은 막대하다. 세계 5~6위권의 철광석 부국으로, 특히 중부 크리비 리흐(Kryvyi Rih) 분지는 유럽 최대 규모를 자랑하며 전쟁 이전 우

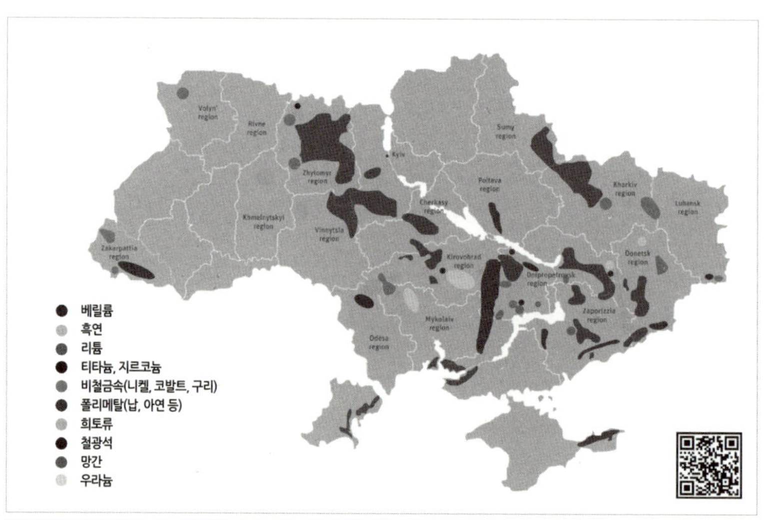

자료 1-6 우크라이나의 광물자원 분포[24]

크라이나를 세계 7위의 철광석 생산국이자 5위의 수출국으로 만들었다. 망간 역시 니코폴(Nikopol) 분지를 중심으로 유럽 1위, 전 세계 매장량의 10% 이상을 보유한 주요 공급국이었다. 또한, 동부 돈바스(Donbas) 지역은 유럽 최대의 석탄 매장지 중 하나로서 우크라이나 중공업과 에너지 산업의 심장 역할을 해왔으나, 2014년 이후 분쟁으로 인해 그 통제력 상실은 국가 경제에 큰 타격을 주었다.

에너지 전환과 첨단기술 시대를 맞아 그 중요성이 더욱 커지고 있는 핵심광물 잠재력 또한 엄청나다. 유럽 전체 매장량의 약 20%를 차지하는 티타늄 강국이며, 전쟁 전 세계 티타늄 정광(concentrate, 선광을 통해 유용 광물의 순도를 높인 고농축 광물) 생산의 5~7%를 차지하는 주요 공급처였다. 배터리 음극재의 필수 소재인 흑연 역시 세계적 수준의 매장량을 자랑하며, 키로보흐라드주의 자발리브스케(Zavalivskiy) 광산은 유럽에서 두 번째로 큰 규모를 가지고 있다. 원자력 발전에 필수적인 우라늄 매장량 역시 상당하여 세계 10위권에 속한다.

무엇보다 미래 성장 잠재력이 큰 차세대 핵심광물의 보고라는 점에서 우크라이나는 더욱 주목받는다. '하얀 석유'라 불리는 리튬은 아직 대규모 생산이 이루어지지는 않았지만, 동부 도네츠크주와 중부 키로보흐라드주 등 최소 3곳 이상에서 유럽 자체 공급망 구축에 기여할 수 있는 경제성 있는 스포듀민(spodumene) 광상이 확인되었다. 배터리 양극재의 핵심 소재인 니켈과 코발트 역시 중부 드니프로강 유역 등에서 채굴 가능한 광상이 확인되었으며, 첨단기술의 비타민이라 불리는 희토류는 동남부 페르가(Perga) 지역을 중심으로 상당량 매장 가능성이 제기되었다. 이 외에도 지르코늄, 갈륨, 게르마늄, 베릴륨(Be) 등 수많은 전략 광물이 우크라이나 땅속 깊이 잠들어 있다고 평가된다.

정말 그 광물이 존재하고
개발이 가능할 것인가?

이처럼 인상적인 광물 목록은 전쟁과 관련된 지정학적 담론에서 중요한 역할을 해온 조 단위 가치 평가를 낳았다. 우크라이나 지질조사국 및 국내 관련 기관들은 국가 전체 광물 자산 가치를 약 15조 달러로 홍보해 왔으며,[25] 이는 언론과 정부 관계자들에 의해 널리 인용되었다. 이 평가는 특히 서방의 지지와 지원을 얻어내는 외교적 수단으로 활용되었다.

이러한 전략적 활용의 대표 사례는 젤렌스키(Zelensky) 대통령과 미 상원의원 린지 그레이엄(Lindsey Graham) 간의 대화에서 확인된다. 이 자리에서 젤렌스키는 우크라이나의 광물 자산 가치를 10~12조 달러로 제시하며, 단순한 지원 요청이 아닌 사업 제안으로서 미국에 어필하였다. 그레이엄은 "우리가 지금 우크라이나를 도우면, 역사상 최고의 사업 파트너가 될 수 있다. 이 자원들이 푸틴이나 중국이 아니라, 우크라이나와 서방이 사용할 수 있다"고 응답했다.[26] 이는 우크라이나가 단순한 원조 수혜국이 아니라 전략적 경제 파트너로 자리매김하려는 노력을 반영하는 담론이었다.

그러나 이러한 외교적 유용성과는 별개로, 수조 달러에 이르는 광물 자산 가치는 과장되었으며 오해의 소지가 있다는 비판도 적지 않다. 이는 매장량(지하에 존재하는 광물)과 가채매장량(현재 기술과 시장 가격에서 경제적 채굴이 가능한 양)의 구분이라는 광업의 기본 개념에서 비롯된다. 우크라이나가 주장하는 자원의 대부분은 전자에 해당하며, 실제 매장량으로는 검증되지 않은 경우가 많다. 또한, 대부분 서구국가가 광물 프로젝트를 평가할 때 사용하는 호주나 캐나다의 기준(예. JORC, NI43 - 101)이 아닌 대부분 구소련 시절의 지질조사와 평가 체계를 기반으로 하고 있어 그 수치를 확정적으로 받아들이는 것도 어렵다.[27]

예를 들어, 우크라이나는 희토류 잠재력을 자랑하지만, 실제 입증된 매장량은 전무하며, 가장 중요한 매장지는 현재 러시아 점령 지역인 아조프(Azov) 근처에 위치한다. 리튬 개발 또한 엄청난 난관이 존재한다. 대표적인 폴로히브스케(Polokhivske) 경암 리튬 매장지를 개발하기 위해서는 최소 8년 이상의 시간과 18억 달러 이상의 투자가 필요하다는 추산이 있다.[28] 한 가지 확실한 사실은 거대한 잠재력과 입증되지 않은 현실 사이의 간극이 어느 정도인지 아직 아무도 모른다는 점이다. 조 단위 수치는 외교적으로 강력한 카드였지만, 그 실현을 위해서는 수십 년의 안정성과 수십억 달러의 민간 투자만이 그 답을 찾아낼 수 있도록 이끌 수 있지 않을까.

저개발의 역사, 소련의 착취에서 독립 이후 정체까지

이처럼 세계적인 수준의 광물자원을 보유하고 있음에도 불구하고, 우크라이나의 광업 부문은 오랫동안 그 잠재력을 충분히 발휘하지 못하는 풍요 속의 빈곤 상태에 머물렀다. 여기에는 복합적인 원인이 작용했다. 구소련 시절의 유산은 양날의 검이었다. 수십 년 동안 우크라이나의 광산은 현지 경제 발전보다는, 중앙에서 계획된 거대한 산업기계 속에서 원자재를 대량 공급하는 역할에 집중되었다. 석탄, 철광석,

망간과 같은 원자재는 소련 전역의 제철소와 제조공장을 가동시키기 위한 연료로 사용되었다. 부가가치가 높은 가공과 후방 산업의 발전은 우크라이나 내에서 우선순위가 아니었다. 이 나라는 규모는 방대하지만 노후화된 인프라와 방대한 지질 데이터만을 물려받았다. 그러나 이러한 자료는 지금의 서방 투자자들이 요구하는 상업적, 환경적 기준에 부합하지 않아 현대적 투자 유치를 위한 기반으로는 부족하다.

1991년 독립 이후 추진된 국영기업 민영화는 종종 불투명하고 불공정하게 진행되어 소수의 올리가르히(oligarch, 신흥 재벌)가 핵심 자원 기업들을 장악하는 결과를 낳았다. 리나트 아흐메토프(Rinat Akhmetov)의 메틴베스트(Metinvest) 그룹(철광석, 석탄), 이호르 콜로모이스키(Ihor Kolomoisky) 그룹(망간 등)과 같은 올리가르히들은 단기적인 이익 극대화에 치중하여 장기적인 기술 개발이나 설비 현대화, 신규 광물 탐사에 대한 투자를 소홀히 하는 경향을 보였다. 광산은 단순히 현금을 창출하는 캐시카우로만 여겨졌고, 국가 경제 전반에 기여하기보다는 부의 편중을 심화시키는 결과를 초래했다.

전면적인 침공이 발생하기 전 몇 년 동안, 우크라이나는 이러한 정체에서 벗어나기 위한 개혁 노력을 본격화하였다. 서방의 자본과 기술이 필요함을 인식한 정부는 2017년 새로운 국가 에너지 전략을 발표하였고, 2021년에는 주요 광물자원에 대한 국제 파트너에게의 허가 절차를 가속화하였다. 이는 러시아에 대한 경제 의존도를 줄이고, 서방 가치사슬에 보다 깊숙이 통합되려는 명확한 지정학적 전환의 신호였다.

이 전략의 가장 대표적인 결실은 2021년 7월 체결된 'EU - 우크라이나 전략적 원자재 및 배터리 파트너십'이었다. 이 협정은 브뤼셀 측이 우크라이나의 광물자원이 유럽의 공급망 다변화 목표에 핵심적임을 인식한 결과였다. 이 파트너십의 목표는 우크라이나의 원자재 및 배터리 가치사슬을 EU와 통합하고, 우크라이나의 광업 규제를 ESG 기준에 부합하도록 정비하며, 공동 투자 프로젝트를 유도하는 것이었다.

그러나 이러한 유망한 시도들은 러시아의 침략으로 반복적으로 좌절되었다. 2014년 크림반도 병합과 돈바스 전쟁은 민영화 초기 시도를 무산시켰고, 2022년의 전면전은 개혁의 재개에 결정적인 타격을 주었다. EU의 2021년 파트너십은 점진적이고 기준 중심의 통합을 위한 토대를 제공했다. 반면, 이후에 등장한 미국과의 광물협정은 전면전에 따른 고위험 고보상의 재정 중심 개입으로, 훨씬 직접적이다.

전쟁이 할퀸 땅속의 가치

러시아의 전면적 침공은 단순한 군사적·정치적 공격이 아니라, 우크라이나의 막대한 광물 자산을 정조준한 체계적인 경제적 참수 전략이라 할 수 있다. 러시아가 점령한 영토를 분석해 보면, 우크라이나 산업 기반 및 전후 경제 재건의 핵심 자원을 목표로 한 의도된 자원 점령 전략이 명확히 드러난다. 여러 독립 평가에 따르면, 러시아는 현재 우크라이나 지하자원의 엄청난 비율을 통제하고 있다.

이 자원 점령의 규모는 실로 방대하다. 2025년 초 기준으로, 러시아군은 우크라이나 석탄 매장량의 약 63%, 망간과 희토류 매장량의 약 절반, 기타 희귀 금속의 약 33%, 천연가스의 약 20%가 포함된 영토를 점령하고 있다. 루한스크, 도네츠크, 자포리자, 크림반도 등 점령 지역에 매장된 광물 자산의 가치는 7.5조 달러 이상으로 추정되며, 이는 우크라이나 전체 추정 광물 가치(약 15조 달러)의 절반 이상에 해당한다.[29] 이들 지역에는 전통 자원뿐 아니라, 향후 핵심광물로 분류되는 미래 지향적 자원도 포함되어 있다. 우크라이나의 3~4대 리튬 매장지 중 2곳이 현재 러시아 점령하에 있으며, 도네츠크주의 셰브첸코(Shevchenko) 인근의 또 다른 주요 리튬 매장지도 최전선 근처에 있어 전면적인 위협에 노출되어 있다. 이 손실은 양적일 뿐 아니라 전략적 손실이기도 하다. 우크라이나의 21세기 산업 비전을 이루기 위한 핵심 재료가 적의 손에 넘어간 것이다.

러시아에 빼앗긴 영토가 아닌 우크라이나 본토의 상황도 열악하기는 마찬가지이다. 우크라이나 중부 키로보흐라드(Kirovohrad)주의 끝자락에 위치한 한적한 자발야(Zavallya) 마을에는 자발리브스키(Zavalivskiy) 천연 인상흑연 광산이 운영 중이다. 갈색과 분홍색의 흙층 아래에는 약 750만 톤의 흑연 광석이 매장되어 있으며, 유럽에서 두 번째로 큰 인상흑연 광산이다. 우크라이나는 2018년만 해도 전 세계에서 8번째로 큰 흑연 생산국이었으나, 2022년 러시아의 침공이 시작되면서 이 광산은 1년간 운영을 중단해야 했다. 우크라이나의 많은 광산회사와 마찬가지로 이 광산은 우크라이나 전쟁이 발발하고 약 3년간 광산 작업 인력의 3분의 1을 잃었으며, 전쟁 전 15,000톤에 달하던 생산량은 1,000톤에도 미치지 못할 정도로 급감했다.[30]

철광석 산업도 사실상 무력화 되었다. 2025년 초, 철광석 수출은 전년 대비 물량 기준 10.2%, 금액 기준으로는 무려 20.9% 감소했다. 메틴베스트(Metinvest)의 인굴레츠 광산(Ingulets Mining)은 2024년 중반 이후 가동이 중단되었고, 크리비리흐 철광석 플랜트(Kryvyi Rih Iron Ore Plant)

　　　　　　　　　　　　　　　　　　　　　핵심광물 공급망 전쟁

는 2025년 3월부터 전면 생산 중단 상태이다. 대형 수출업체인 페렉스포(Ferrexpo)는 펠렛 생산라인 두 개를 폐쇄할 수밖에 없었다.[31]

이러한 산업 마비의 원인은 다층적이다. 업계 지도자들은 핵심 문제로 부가가치세(VAT)의 환급 지연을 지목한다. 정부가 환급을 지연하거나 중단하면서 기업들은 전기료나 임금을 지불할 현금 흐름에 심각한 차질을 겪었다. 동시에 산업용 전기 요금은 두 배로 상승했고, 철도화물 요금도 급등하면서 우크라이나 제품의 글로벌 경쟁력이 급격히 하락하였다. 여기에 더해 철강·광업 분야의 숙련 노동자 중 15~20%가 군에 동원되면서 인력난도 심각하다.[32]

점령지에서의 미래 잠재력 상실과 우크라이나 통제 지역에서의 산업 붕괴라는 양방향 압박은 우크라이나 광물 부문을 붕괴 직전의 상태로 몰아넣었다. 이는 '재건의 역설'을 낳는다. 전후 국가 재건을 위한 자금원이 되어야 할 자원들이, 오히려 전쟁의 직접적 피해자가 되고 있기 때문이다. 우크라이나는 이 자원에 접근하려면 전쟁이 끝나야 하고, 전쟁을 유리하게 끝내려면 이 자원 기반의 경제력이 필요한 상황에 직면해 있다.

바로 이러한 딜레마적 악순환이 우크라이나로 하여금 미국-우크라이나 광물 협정을 단순한 기회가 아니라 재건의 동아줄로 간주하게 만든 핵심 배경이다.

미국의 광물협정과 재건의 청사진

2025년 4월 30일 최종 체결된 미국-우크라이나 광물협정은 전통적인 외교 도구와는 다른 새로운 형태의 외교 수단이었다. 그러나 이 협정은 수개월 간의 긴장된 협상 끝에 도출되었으며, 그 과정에서 내용은 극적으로 변화했다. 트럼프 행정부가 처음 제시한 초안은 우크라이나 관리들과 분석가들 사이에서 광범위하게 불균형적이고 착취적인 조건으로 간주되었으며, 우크라이나를 '가상 식민지(virtual colony)'로 전락시킬 수 있다는 우려를 불러일으켰다. 하지만 격렬하고도 복잡한 외교전을 거친 끝에, 우크라이나 협상단은 이 협정을 식민지식 자원 양도 계약이 아니라, 보다 공정한 전략적 파트너십으로 탈바꿈시키는 데 성공하였다.

비준된 협정은 초기 제안과는 확연히 다른 경제 협력 프레임워크를 담고 있으며, 미국의 전략적 이해와 우크라이나의 주권 보호 간 균형을 담보하는 절충적 구조를 갖추었다. 무엇보다 협정은 우크라이나가 자국 천연자원에 대한 영구적·전면적 소유권을 유지한다는 점을 명확히 한다. 어떠한 광물 자산과 인프라 프로젝트가 협력 대상으로 지정될 지 여부는 오직 우크라이나 정부의 재량에 따라 결정된다.

이러한 협정의 핵심 메커니즘은 미국–우크라이나 재건 투자기금(Reconstruction Investment Fund)의 설립이다. 이 기금은 양국이 50대 50 대등한 지분과 운영권을 가지는 동등한 파트너십으로 운영된다. 특히 중요한 점은 기금의 적용 범위가 협정 체결 이후 새로 발급되는 신규 사업 및 면허에만 국한되고, 기금이 운영 초기 10년간 창출하는 모든 수익은 우크라이나 재건과 신규 프로젝트 개발에 재투자되어야 한다는 것이다. 미국은 미래에 제공될 무기, 탄약 등 지원의 대가로 광물을 요구하는 것이 아니라, 향후 광물자원에 대해 시장 조건에 따라 채굴권을 협상할 수 있다는 조항을 포함시켰다.

이를 통해 미국은 중국에 대한 공급망을 견제할 수 있는 광물자원의 대안 공급국을 육성할 수 있으며, 우크라이나에 장기적으로 경제적인 지분을 두게 되면서 러시아와의 평화협상에 압력을 가할 수 있을 것으로 보인다. 특히, 일부 분석가들은 향후 미국의 자본·기술·인력이 최전선 인근 광산에 진출하게 될 경우, 이는 사실상 군사적 억지력(deterrent)으로 작용할 수 있다고 보고 있다.[33] 그러나 이 협정의 성공은 우크라이나가 생존하고 안정된 상태라는 전제 위에 세워져 있다. 이는 평화를 창출하는 협정이 아니라, 평화가 존재할 때 비로소 작동할 수 있는 협정이다. 그 재정 논리는 전후 안보가 확보된 이후에만 실현 가능하며, 이는 협정이 담고 있는 장기적 도박의 본질을 드러낸다.

잿더미 속 희망과 과제

설령 지속적인 평화가 확보된다고 하더라도, 우크라이나 광물 산업의 재건은 거대한 과업이며, 수십 년의 시간과 수십억 달러 규모의 자본이 필요한 복합적인 장애물을 수반한다. 가장 본질적인 장애물은 군사적 위협 문제이다. 가장 유망한 광물 매장지들은 대체로 동부에 위치하고 있으며, 이 지역은 향후 수년간 고위험 지역으로 남을 가능성이 높다. 이는 광산 개발에 필수적인 장기 민간 투자를 저해하는 주요 요소다. 파괴된 국가 인프라도 문제다. 전쟁은 우크라이나의 전력망을 초토화시켰고, 러시아의 공습으로 발전 용량의 절반 가까이가 파괴 또는 손상되었다. 채굴 산업은 세계 전력 소비의 약 15%를 차지할 정도로 극도의 에너지 집약적 산업이기 때문에, 국가 전력망의 대규모 복구 없이는 새로운 대규모 광산 운영은 실현 불가능하다.

여기에 더해, 지질 정보와 자본 문제도 결정적이다. 이미 앞에서 언급했듯이, 구소련 시기의 지질 데이터는 현재의 투자 결정을 내리기에 부적절하다. 현대적 기법을 적용한 전국 규모의 지질 재탐사 및 매핑 캠페인이 반드시 필요하며, 이를 통해 투자 리스크를 낮추고 민간 자본을 유치할 수 있다. 단, 이 과정은 긴 시간과 천문학적 비용이 요구된다. 업계에 따르면, 대형 리튬 또는 희토류 광산 하나를 개발하는 데는 10년 이상이 소요되며, 투자비는 10억 달러 이상이 필요하다.[34]

무엇보다 중요한 과제는 우크라이나의 광물 개발이 자국민과 환경에 치명적 대가를 치르게 해서는 안 된다는 점이다. 오늘날 전 세계에서 벌어지고 있는 녹색 전환을 위한 광물 확보 경쟁은 많은 지역에서 지역사회의 파괴와 환경 재앙을 초래하는 희생 지대(sacrifice zone)를 낳고 있다. 이를 위해 광산 개발 시 ESG 기준 준수를 선택이 아닌 필수로 여겨야 한다.

우크라이나의 방대한 광물 자산은 양날의 검이다. 이는 전후 국가 재건의 기반이 될 수 있는 잠재력을 지닌 동시에, 지정학적 긴장, 경제적 의존, 제도적 취약성을 낳을 위험도 내포한다. 지하에 묻힌 잠재적 부가 지상에서의 포괄적 번영으로 이어지기까지는 단지 지질학이나 재정이 아닌 거버넌스의 문제가 결정적이다. 이 거대한 도전의 성공은 우크라이나가 얼마나 강력한 의지를 통해 국가 재건을 이끌어 나가느냐에 달려있다. 즉, 우크라이나에 묻힌 많은 광물 너머 자원들을 활용해, 공정하고 현대적이며 주변 국가들과 통합된 새로운 우크라이나 경제를 건설할 여정이 이제 막 시작되고 있다.

경기도 포천시의 관인마그네타이트 광산. 한국의 철광석(바나듐(V) 함유 티탄철석) 산지 중 한 곳이다.

사진: 박준혁

2장

스마트폰에서 전기차까지, 우리 삶을 지배하는 핵심광물

핵심광물 공급망 전쟁

오늘날 우리가 '핵심광물'이라고 부르는 리튬, 코발트, 희토류, 흑연, 갈륨, 게르마 늄과 같은 원소들은 사실 지구상에 처음부터 존재해 왔고, 그중 일부는 이미 특정 산업 분야에서 제한적으로나마 사용되어 왔다. 하지만 이들은 오랫동안 철광석, 구리, 알루미늄(Al), 아연 등과 같이 인류 문명과 산업 발전을 이끌어온 주요 금속 (base metals)이나 벌크 광물(bulk minerals)의 그늘에 가려져 대중적인 주목을 받지 못했던, 말 그대로 잊혀진 원소 또는 조연급 광물에 가까웠다. 그 단적인 예로, 현 재 세계 최대 리튬 생산지 중 하나인 칠레 아타카마 염호를 들 수 있다. 아타카마 염호의 경우 초기 개발의 주된 목적은 배터리용 리튬 확보가 아니라, 염수에서 칼 륨(K, 표준용어 '포타슘')을 추출하여 비료의 원료로 사용하는 것이었다. 당시 리튬 은 상대적으로 큰 주목을 받지 못했던 일종의 부산물에 가까웠다. 심지어 최근에 는 과거 첨단산업의 필수 소재였던 탄탈럼(Ta)을 채굴하다가 경제성 부족으로 버 려졌던 카자흐스탄의 폐광산 주변 페그마타이트 암석에서 상당량의 리튬 매장 가 능성이 새롭게 확인되면서, 이 잊혀진 땅이 차세대 핵심광물의 공급원으로 재조 명받는 일까지 벌어지고 있다. 이들 광물의 연간 생산량이나 시장 규모는 주요 금 속에 비해 매우 작았고, 그 용도 역시 일부 특수 산업이나 첨단기술의 극히 제한 된 분야에 국한되는 경우가 많았다. 따라서 이들 광물을 둘러싼 국제적인 관심이 나 투자, 그리고 공급망 관리 노력 역시 상대적으로 미미할 수밖에 없었다.

하지만 21세기 들어 청정에너지로의 전환과 디지털 혁명이라는 거대한 물결이 밀려오면서, 이 잊혀진 원소들은 하루아침에 미래 산업의 석유이자 기술 패권의 열쇠로 불리며 화려하게 재조명받기 시작했다. 전기차 배터리 없이는 수백만 대의 전기차를 만들 수 없고, 희토류 영구자석 없이는 고성능 전기 모터나 풍력 터빈을 구동할 수 없으며, 갈륨이나 게르마늄 없이는 차세대 반도체와 통신 기술을 구현하기 어렵다는 사실이 명확해졌기 때문이다. 그 결과, 이들 핵심광물에 대한 수요는 과거와는 비교할 수 없을 정도로 폭발적으로 증가하기 시작했고, 각국 정부와 기업들은 뒤늦게 이 '새로운 석유'를 확보하기 위한 치열한 경쟁에 본격 뛰어들었다.

문제는 이러한 갑작스러운 수요 폭증에 비해, 핵심광물의 공급 시스템과 시장은 전혀 준비되어 있지 않았다는 점이다. 철광석이나 구리와 같이 수백 년간 대규모로 채굴되고 거래되어 온 광물들은 이미 선물 거래소, 투명한 가격 지표, 다양한 공급자 및 수요자, 표준화된 거래 규격 등 성숙하고 잘 발달된 글로벌 시장을 가지고 있어, 수요 변화에 비교적 유연하게 대응하며 공급량을 조절할 수 있는 시스템이 갖춰져 있었다. 하지만 대부분의 핵심광물은 과거 수십 년간 수요 자체가 작고 특정 분야에 한정되어 있었기 때문에, 탐사부터 채굴, 가공, 유통에 이르는 공급망 전체가 매우 취약하고 미성숙한 상태로 남아 있다. 새로운 광산을 개발하려는 투자도 부족했고, 복잡하고 환경 부담이 큰 정제·가공 기술은 중국 등 소수 국가에 집중되었으며, 국제적인 거래 시장의 투명성이나 유동성도 매우 낮다. 마치 오랫동안 좁은 시골길만 달리던 마차가 갑자기 8차선 고속도로를 달려야 하는 상황에 놓인 것과 같다.

이러한 수요와 공급 간의 근본적인 미스매치와 시장의 미성숙함은 오늘날 우리가 겪고 있는 핵심광물 공급망 위기의 핵심적인 원인 중 하나이다. 수요는 단기간에 급증하는데, 공급은 앞서 살펴본 긴 리드 타임, 낮은 품위, 자원 민족주의, 환경·ESG 규제 강화 등 수많은 구조적인 제약으로 인해 쉽게 늘어나기 어렵다. 또한, 작고 불투명하며 변동성이 큰 시장은 안정적인 장기 투자를 어렵게 만들고,

지정학적 리스크에 취약하게 노출시킨다. 결국, 과거에는 크게 주목받지 못했던 조연급 광물들이 갑자기 주연으로 떠오르면서, 이들의 공급을 안정적으로 확보하고 시장을 성숙시키는 과정에서 전 세계는 심각한 성장통을 겪고 있는 것이다. 이는 핵심광물 문제가 단순히 특정 광물의 부족 문제를 넘어, 지난 수십 년간 이어져 온 글로벌 공급망의 작동 방식과 시장 구조 자체에 대한 근본적인 성찰과 변화를 요구하고 있음을 시사한다.

이번 장에서는 왜 지금 핵심광물이 이토록 중요해졌는지, 그 수요를 폭발적으로 견인하는 주요 동력들을 세 가지 측면에서 심층적으로 분석하고자 한다. 첫째, 기후 변화 대응과 탄소 중립 목표 달성을 위한 청정에너지 전환 과정에서의 필수적인 역할. 둘째, 반도체, AI, 데이터센터 등 첨단 디지털 산업의 발전에 따른 새로운 수요. 그리고 마지막으로, 전통적인 안보 개념을 넘어 경제안보와 기술 패권 경쟁의 중요한 축이 된 국방 및 첨단 방위 산업에서의 중요성이다. 이 세 가지 동력이 어떻게 핵심광물 수요를 견인하고 있으며, 각 분야별로 어떤 광물들이 특히 주목받고 있는지를 구체적인 사례와 데이터를 통해 살펴볼 것이다.

핵심광물이란 무엇인가?

핵심광물(critical minerals)은 일반적으로 21세기 산업 지형을 바꾸고 있는 탄소중립 실현과 청정에너지 전환(clean energy transition)의 흐름 속에서, 대체가 어려운 핵심적인 역할을 수행하는 광물들을 일컫는 말이다. 이들 광물은 전 세계적으로 수요가 빠르게 증가하고 있지만, 동시에 몇몇 국가에 집중된 매장, 복잡한 생산 공정, 그리고 국제 정세의 불안정성 등으로 인해 공급 측면에서 여러 가지 구조적인 위험을 안고 있다.

예를 들어, 전기차의 배터리 생산에 꼭 필요한 리튬, 니켈, 코발트, 망간, 흑연은 대표적인 핵심광물로 꼽힌다. 풍력발전기의 모터에 들어가는 희토류 또한 중요한 사례이다. 최근에는 이러한 청정에너지 관련 광물을 넘어, 반도체, 인공지능, 5G 통신 등 첨단기술의 기반이 되는 갈륨, 게르마늄, 인듐과 같은 희소금속, 그리고 항공우주나 국방 산업의 경쟁력을 좌우하는 티타늄, 텅스텐 등까지 핵심광물의 범위가 넓어지고 있는 추세다.

이처럼 다양한 광물이 핵심광물이라는 하나의 이름 아래 묶이는 데에는 두 가지 중요한 공통점이 있다. 첫 번째는, 이들 광물이 한 나라의 산업 기반과 경제안보에 지대한 영향을 미친다는 점이다. 단순히 생산 비용을 낮추는 차원을 넘어, 특정 광물의 공급이 끊기면 관련 산업 전체가 큰 타격을 입을 수 있으며, 이는 곧 국가 경제에도 영향을 줄 수 있다. 대체 가능한 소재를 단기간 내에 찾기 어려운 특성상, 이들 광물은 국가 차원에서 전략적으로 관리해야 할 대상이 된다.

두 번째는, 이들 광물의 공급망이 구조적으로 취약하다는 점이다. 예를 들어 특정 지역에 매장량이 집중되어 있거나, 채굴은 여러 나라에서 이뤄지더라도 정제나 가공 과정이 일부 국가에 편중되어 있는 경우가 많다. 게다가 자원 보유국의 정치적 불안정이나 외교적 긴장 상황은 공급 중단의 위험을 더욱 키운다.

핵심광물에 속하는 광물의 종류는 고정된 것이 아니다. 시대적 변화와 요구에 따라, 그리고 각국의 산업 구조와 수요, 광물 생산 역량에 따라 중요도와 범위 역시 달라진다. 과학기술의 진보와 에너지·산업 정책의 변화는 글로벌 수요에 직접적인 영향을 미치기 때문에, 무엇이 핵심광물인가에 대한 논의는 앞으로도 계속 진화할 것이다.

시대에 따라 변화하는 핵심광물

'핵심광물'이라는 용어는 21세기 들어 첨단기술과 에너지 전환의 중요성이 부각되면서 널리 사용되기 시작했지만, 그 개념 자체는 인류 문명의 여명기부터 존재해 왔다. 특정 시대의 기술적 한계를 돌파하고, 사회 구조를 근본적으로 바꾸며, 국가의 흥망성쇠를 좌우했던 특별한 자원, 즉 그 시대의 핵심광물은 항상 존재해 왔다. 핵심광물의 목록은 고정불변의 진리가 아니라, 당대의 기술 수준, 경제 구조, 지정학적 야망, 그리고 정책적 목표가 투영된 것과 같다. 인류가 걸어온 길을 되짚어보면, 문명의 발전은 곧 새로운 핵심광물을 발견하고 제련하며 활용하는 능력의 역사와 다르지 않음을 알 수 있다. 청동기부터 인공지능에 이르기까지, 시대의 흐름에 따라 핵심광물의 정의가 어떻게 변화해 왔으며, 기술과 정책이 그 변화를 어떻게 견인했는지 살펴보는 것은 현재 우리가 직면한 자원 전쟁의 본질을 이해하는 중요한 실마리를 제공한다.

인류가 처음으로 '전략 자원(strategic resources)'의 개념을 체감한 것은 청동기 시대의 개막과 함께였다. 인류는 구리라는 광물에 주석(Sn)이나 아연을 섞으면 무르고 가공하기 쉬웠던 자연동(native copper)과는 비교할 수 없이 단단하고 예리한 합금, 즉 청동(bronze)으로 변모한다는 혁신적인 사실을 발견했다. 이 야금 기술의 발견은 석기 시대를 종결짓고 인류 문명을 새로운 차원으로 이끌었다. 청동으로 만든 무기는 이전의 그 어떤 무기보다 강력했으며, 정교한 도구는 농업 생산성과 공예 기술을 비약적으로 발전시켰다. 이 시대의 핵심광물은 단연코 구리와 주석이었다. 문제는 이 두 광물의 분포가 매우 불균일했다는 점이다. 구리 광산과 주석 광산은 지리적으로 멀리 떨어져 있는 경우가 많았고, 따라서 이 두 자원을 안정적으로 확보하고, 이를 운송하며, 합금 기술을 독점하는 국가는 주변 부족이나 도시국가를 압도하는 군사력과 경제력을 가질 수 있었다. 고대 히타이트 제국이나 지중해의 미케네 문명은 청동기 생산과 무역로 장악을 통해 강력한 세력을 구축했다. 자원의 확보와 통제가 곧 국가의 권력이 되는 최초의 지정학적 구도가 바로 이 청동기 시대에 형성된 것이다.

그러나 청동의 시대는 철(Fe)이라는 새로운 핵심광물의 등장으로 막을 내렸다. 철광석은 구리나 주석보다 지구상에 훨씬 풍부하게 존재했지만, 녹는점이 훨씬 높아 이를 제련하여 유용한 도구로 만들기까지는 더 높은 수준의 기술력이 필요했다. 철은 청동보다 훨씬 단단하고 내구성이 뛰어났으며, 무엇보다 원료가 풍부하여 대량 생산이 가능했다. 이는 곧 무기와 농기구의 민주화를 의미했다. 소수 엘리트의 전유물이었던 청동검과 달리, 강력한 철제 무기는 더 많은 병사들을 무장시킬 수 있게 하여 로마 제국과 같은 거대 제국의 탄생을 가능하게 했다. 철제 쟁기와 낫은 농업 생산량을 폭발적으로 증가시켜 더 많은 인구를 부양할 수 있는 기반을 마련했다. 이 시대에 철은 국가의 군사력과 경제력 그 자체였으며, 제철 기술의 수준과 철의 생산량은 국력을 가늠하는 가장 중요한 척도가 되었다.

시간이 흘러 18세기, 인류는 또 한 번의 거대한 변혁을 맞이한다. 바로 산업혁명이다. 이 거대한 변화의 심장에는 석탄이라는 새로운 핵심 에너지 자원이 있었다. 제임스 와트가 증기기관을 개량하면서, 석탄은 이전 시대의 그 어떤 동력원보다 강력하고 지속적인 에너지를 제공하게 되었다. 석탄은 공장의 기계를 돌리고, 기차를 달리게 했으며, 거대한 증기선을 움직였다. 철과 석탄의 결합은 현대 산업 사회의 모든 것을 가능하게 했다. 철도, 교량, 거대 건축물, 그리고 강력한 군함에 이르기까지, 모든 것이 석탄으로 얻은 에너지와 철로 만들어졌다.

이 시기 영국의 패권은 막강한 해군력뿐만 아니라, 자국 내에 풍부하게 매장된 석탄과 철광석, 그리고 이를 효율적으로 활용하는 산업 기술력에 기반을 두고 있었다. 석탄과 철은 단순한 자원을 넘어, 제국주의 시대 국가의 산업 경쟁력과 군사적 우위를 보장하는 가장 중요한 전략 자산으로 자리매김했다.

20세기에 들어서면서 핵심광물의 개념은 더욱 복잡하고 치밀해졌다. 두 차례의 세계대전과 이어진 냉전은 특정 광물의 전략적 가치를 극적으로 끌어올렸다. 이전 시대의 전쟁이 병력의 수와 기본적인 무기에 의해 좌우되었다면, 20세기의 전쟁은 곧 산업 기술의 총력전이었다. 이 기술 전쟁의 승패를 가른 것은 바로 강철의 성능을 비약적으로 향상시키는 합금용 금속들이었다. 텅스텐은 포탄이 적의 장갑(armor)을 꿰뚫을 수 있도록 단단한 탄심을 만드는 데 필수적이었고, 크롬(Cr)과 니켈은 녹슬지 않고 충격에 강한 장갑판과 엔진 부품을 만드는 데 사용되었다. 몰리브덴과 바나듐은 고온에서도 견디는 강력한 강철을 만드는 데 기여했다. 이들 합금 금속은 비록 소량만 사용되었지만, 전차, 전투기, 군함, 대포 등 모든 핵심 무기체계의 성능을 결정짓는 핵심적인 역할을 수행했다. 각국은 이들 광물을 '전략 원자재(strategic materials)'로 지정하고, 안정적인 공급망 확보에 사활을 걸었다. 제2차 세계대전 직전인 1939년, 미국이 전략 및 핵심물자 비축법(Strategic and Critical Materials Stock Piling Act)을 제정하여 정부 차원에서 주요 광물의 비축을 시작한 것은 이러한 시대적 배경을 명확히 보여준다. 자원의 확보가 곧 전쟁의 승패와 직결된다는 인식이 국가 정책으로 구체화된 것이다.

제2차 세계대전이 끝나고 시작된 냉전은 인류 역사상 가장 강력하고 위험한 핵심광물, 바로 우라늄을 역사의 전면에 등장시켰다. 핵분열 기술의 발견은 원자폭탄이라는 궁극의 무기를 탄생시켰고, 우라늄은 이 무기의 유일한 원료였다. 미국과 소련을 중심으로 한 양대 진영의 대립 속에서, 우라늄 확보는 단순한 군사적 우위를 넘어 국가의 생존과 직결되는 최우선 과제가 되었다. 각국 정부는 우라늄 광산의 탐사, 채굴, 농축, 그리고 무기화에 이르는 전 과정을 철저한 국가 통제 하에 두었다. 우라늄은 시장에서 자유롭게 거래되는 상품이 아니라, 극도의 보안 속에서 관리되는 최고의 전략물자였다. 이후 원자력 발전이 평화적 이용의 길을 열었지만, 핵 확산에 대한 우려와 함께 우라늄의 전략적 가치는 여전히 강력하게 유지되었다. 우라늄의 시대는 단일 광물이 전 세계의 지정학적 질서를 좌우할 수 있음을 보여준 극적인 사례였다.

냉전이 종식되고 21세기에 들어서면서 핵심광물의 패권은 다시 한 번 이동하기 시작했다. 새로운 동력은 바로 디지털 혁명과 기후 변화에 대응하기 위한 전 지구적 노력, 즉 탈탄소 전환이었다. 먼저, 1990년대부터 본격화된 IT 기술의 발전은 새로운 유형의 핵심광물을 요구했다. 컴퓨터, 스마트폰, 인터넷 등 디지털 기술의 핵심은 소형화, 경량화, 그리고 고성능화였다. 이를 가능하게 한 것이 바로 희토류 원소였다. 네오디뮴과 디스프로슘은 작지만 강력한 영구자석을 만드는 데 필수적이었고, 이는 하드디스크 드라이브의 소형화, 스피커의 성능 향상, 그리고 각종 정밀 모터의 핵심 부품이 되었다. 이트륨과 유로퓸(Eu)은 브라운관과 LCD 스크린의 선명한 색상을 구현하는 데 사용되었다. 또한, 반도체 웨이퍼의 원료가 되는 갈륨, 통신용 광섬유에 쓰이는 게르마늄, 스마트폰의 작은 콘덴서에 필수적인 탄탈럼 등 과거에는 주목받지 못했던 희소금속들이 첨단산업의 명운을 좌우하는 핵심 소재로 급부상했다. 2010년, 세계 희토류 공급의 90% 이상을 장악하고 있던 중국이 일본과의 외교적 마찰을 이유로 희토류 수출을 제한하자 전 세계 IT 및 자동차 업계가 패닉에 빠졌던 사건은 새로운 시대의 자원 안보가 과거와는 다른 차원의 문제임을 명확히 보여주었다.

그리고 지금, 인류는 기후 변화라는 거대한 위기에 대응하기 위해 에너지 시스템을 근본적으로 바꾸는 탈탄소 전환의 시대를 맞이하고 있다. 이 거대한 전환의 중심에는 바로 전기차와 재생에너지가 있으며, 이 두 가지 기술을 구현하기 위한 새로운 핵심광물, 즉 배터리 금속이 패권 경쟁의 중심으로 떠올랐다. 전기차의 심장이자 전력망의 안정성을 책임질 ESS의 핵심인 리튬이온 배터리를 만들기 위해서는 리튬, 코발트, 니켈, 망간, 그리고 흑연이 절대적으로 필요하다. 파리기후협약(Paris Agreement) 이후 세계 각국이 2050년 탄소 중립을 선언하고 내연기관차 판매 금지 시점을 앞다투어 발표하면서, 이들 배터리 금속에 대한 수요는 그야말로 폭발적으로 증가하고 있다. 이는 특정 기업의 기술 개발에 따른 수요 변화가 아닌, 전 지구적인 정책 목표에 의해 견인되는 거대하고 예측 가능한 수요라는 점에서 과거와는 다른 양상을 띤다.

미국의 변덕에 널뛰는 수요

이러한 현대 핵심광물 수요의 지형을 형성하는 데 있어 가장 강력한 영향력을 행사하는 국가는 단연 미국이다. 세계 최대 경제 대국이자 기술 선도국인 미국의 정책 방향, 특히 행정부의 교체에 따른 정책 기조의 변화는 전 세계 핵심광물 시장에 직접적인 파급 효과를 미친다. 오바마 행정부 시절, 녹색 성장(green growth)과 파리기후협약 가입이라는 강력한 의지를 통해 청정에너지 기술 개발을 강조했고, 이는 리튬, 코발트, 희토류 등 미래 에너지 기술에 필요한 광물에 대한 초기 수요를 창출하는 신호탄 역할을 했다. 2010년 중국의 희토류 수출 제한 사태에 대응하여 2011년 미국 에너지부(DOE)가 '핵심 원자재 전략(Critical Materials Strategy)' 보고서를 발표한 것은 이 시기부터 핵심광물 문제가 정책 의제로 본격 다루어지기 시작했음을 보여준다.

트럼프 1기 행정부에 들어서면서 정책의 무게중심은 에너지 우위(energy dominance)와 중국에 대한 견제를 포함한 국가 안보로 이동했다. 특히, 파리협약을 탈퇴하면서 배터리에 필요한 광물들에 대한 수요 전망이 대폭 감소하였다. 핵심광물은 청정에너지 소재보다는 중국의 영향력에 대응하고 국방 및 산업 공급망의 취약점을 보완하기 위한 국가 안보 자산으로 재정의되었다. 이 시기 발표된 다수의 행정명령은 미국 내 핵심광물 생산을 장려하고, 중국에 대한 의존도를 낮추기 위한 공급망 재편의 필요성을 강력하게 제기했다.

그리고 바이든 행정부가 출범하면서, 기후 변화 대응이 다시 최우선 국정 과제로 부상했고, 이는 미국의 파리협약 재가입과 IRA라는 강력하고 구체적인 정책 도구로 구체화되었다. IRA는 단순히 전기차 보급을 장려하는 것을 넘어, 배터리 부품과 핵심광물의 조달처를 미국 또는 미국과 FTA를 체결한 국가로 제한하는 매우 구체적인 규정을 포함하고 있다. 이는 전 세계 배터리 및 자동차 기업들이 기존의 중국 중심 공급망에서 벗어나 북미 중심의 새로운 공급망을 구축하도록 강제하는 강력한 유인으로 작용하였으며, 동맹국 중심의 새로운 공급망 블록을 형성하고 중국의 독점적 지위에 대응하려는 지정학적 의도가 반영된 것이었다.

트럼프 2기 행정부는 시작부터 파리협약을 탈퇴하고 반(反)기후정책을 내세우기 시작했다. 청정에너지 전환이라는 명분보다는 중국과의 패권 경쟁 및 국방·산업 안보를 위한 자국 내 생산과 공급망 강화에 더욱 초점이 맞춰지고 있으며, 이는 동맹국과의 협력 방식에도 또 다른 변화를 가져오고 있다. 이처럼 미국의 행정부가 바뀔 때마다 그 정책적 드라이브의 성격과 방향이 다소 급격하게 변화하며, 이는 전 세계 수요를 이끌고 글로벌 기업들의 투자 전략을 좌우하는 가장 중요한 변수가 되고 있다.

향후 핵심광물은 어떤 방향으로 흘러갈까? 세계는 수소 경제 시대를 준비하며 백금(Pt), 이리듐(Ir)과 같은 희귀한 백금족 금속들을 주목할 가능성이 있으며, 인공지능과 양자컴퓨터의 시대는 우리가 아직 예측하지 못하는 새로운 소재를 핵심광물의 반열에 올려놓을지도 모른다. 우리는 장기적으로 단순히 현재의 핵심광물인 배터리 금속을 확보하는 것을 넘어, 미래 기술 지형의 변화를 예측하고 내일의 핵심광물을 선점하기 위한 통찰력과 유연성을 갖추어야 하지 않을까.

각국의 핵심광물 정의

핵심광물은 국제적으로 통일된 단일 목록이 존재하는 개념이 아니다. 그 목록은 각국의 산업 구조와 자원 수요, 그리고 국내 생산 역량

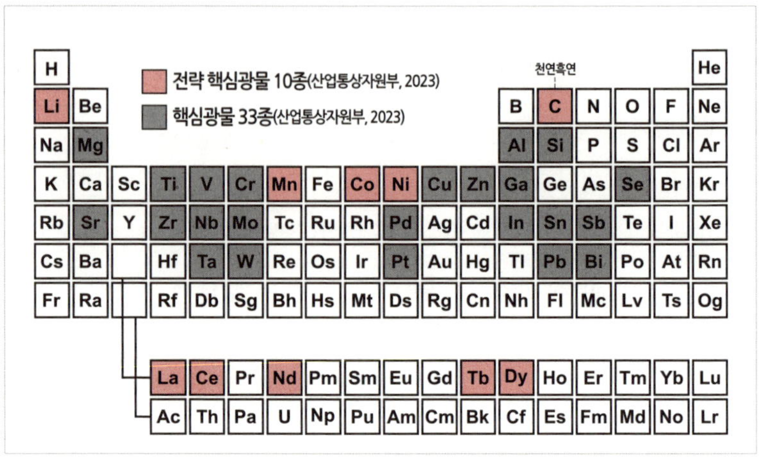

자료 2-1 한국의 핵심광물 지정 현황

과 지정학적 입장에 따라 다르게 정의되고 끊임없이 변화하는 상대적인 개념이다. 이 때문에 주요 국가들은 저마다의 기준으로 자국 경제와 안보에 필수적인 핵심광물 목록을 직접 공표하고, 이를 중심으로 자원 확보 및 공급망 안정화 정책을 집중적으로 추진하고 있다.

먼저 자원 빈국인 우리나라의 경우, 자동차, 철강, 반도체, 중공업이 국내 경제에서 차지하는 비중이 매우 크다. 이러한 산업 구조를 반영하여 당시 산업통상자원부는 2023년 〈핵심광물 확보 전략〉을 통해 총 33종의 핵심광물을 선정했다. 특히 이 중에서도 향후 시장 전망과 국내 산업의 중요도를 고려하여 리튬, 니켈, 코발트, 망간, 흑연 등 배터리 원료 5종과 희토류 5종을 더한 총 10종을 '전략 핵심광물'로 별도 분류하고, 이들 자원의 안정적 공급망 구축을 최우선 과제로 삼고 있다. 이는 전기차 배터리, 전력망, 풍력·태양광 발전, 수소 연료전지 등 한국의 미래 주력산업과 직접적으로 연결되어 있기 때문이다. 한

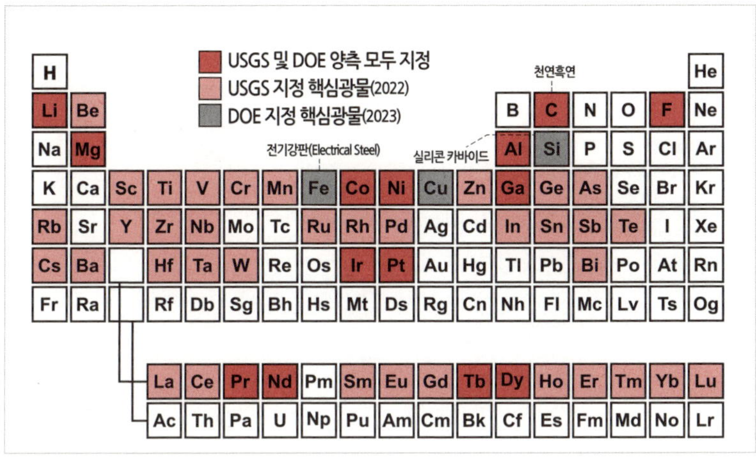

자료 2-2 미국의 핵심광물 지정 현황

국은 자원 부족이라는 구조적 한계를 극복하기 위해 해외 자원개발 투자, 특정국 의존도를 낮추기 위한 공급망 다변화, 폐배터리 등에서 자원을 추출하는 재활용 기술 확보에 정책적 역량을 집중하고 있다.

미국은 핵심광물 확보를 단순한 산업 문제를 넘어 국가 안보의 문제로 간주하며 강력한 정책을 추진하고 있다. 2022년 개정된 목록을 통해 총 50종의 방대한 핵심광물을 발표했는데, 이는 2018년 35종에서 대폭 확대된 수치로, 청정에너지 전환뿐만 아니라 국방·항공·우주 산업과 같은 국가 전략 산업의 모든 측면을 고려한 결과이다. 다만, 미국의 경우 에너지부가 발표하는 에너지 분야 핵심 원자재 목록과 내무부 산하 지질조사국(USGS)이 발표하는 전반적인 핵심광물 목록이 대부분 일치하나 일부 광물에서 차이를 보이기도 한다.

EU 또한 2023년 '핵심원자재법(Critical Raw Materials Act, CRMA)' 초안을 발표하며 34종의 핵심원자재(critical raw materials)를 지정했다. EU는

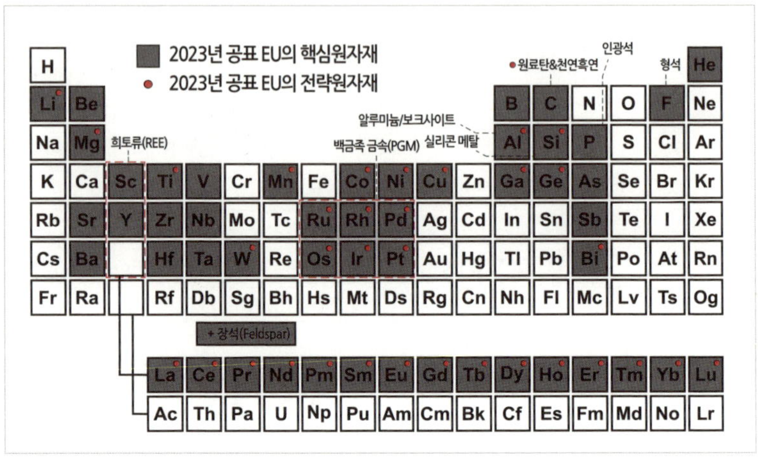

자료 2-3 EU의 핵심원자재 지정 현황

필요한 자원의 98% 이상을 역외 수입에 의존하는 극단적인 공급 취약 구조를 가지고 있으며, 특히 러시아-우크라이나 전쟁 이후 에너지뿐만 아니라 원자재 공급망 다변화의 필요성을 더욱 강조하고 있다. EU는 34종의 핵심원료 중에서도 리튬, 희토류, 망간, 흑연 등 17종을 전략 원자재(strategic raw materials)로 분류하고, 2030년까지 역내 채굴, 가공, 재활용 비율을 구체적인 수치로 목표화하여 공급망의 자립도를 높이는 데 주력하고 있다.

세계적인 자원 부국인 캐나다는 공급국으로서의 역할을 자임하며 적극적인 행보를 보이고 있다. 2021년 31종의 목록을 시작으로, 2024년 기준 총 34종의 핵심광물을 지정하고 있다. 캐나다는 자국에 풍부하게 매장된 리튬, 니켈, 코발트, 흑연, 희토류 등을 바탕으로, 미국 및 EU와의 공급망 연계를 강화하고, ESG 기준을 준수하는 책임 있는 공급자임을 내세우고 있다. 이를 통해 글로벌 기업들의 투자를 유치하고, 단순 채굴을 넘어 정·제련 및 가공 산업까지 육성하여 자국의 핵심광물 산업을 글로벌 가치사슬의 핵심으로 키우려는 전략을 추진 중이다.

호주 역시 캐나다와 마찬가지로 세계적인 자원 부국으로서, 안정적인 공급자 역할을 목표로 하고 있다. 2024년 기준 31종의 핵심광물 목록을 관리하고 있는 호주는 리튬, 코발트, 희토류 등 막대한 매장량을 바탕으로, 과거의 파서 파는(dig and ship) 방식에서 벗어나 자국 내에서 부가가치를 높이는 가공 및 정제 산업 육성에 박차를 가하고 있다. 특히 미국, 일본, 한국 등 핵심 동맹국들과의 기술 및 투자 협력을 강화하며, 중국 중심의 공급망에서 벗어나고자 하는 서방 국가들에게 가장 신뢰할 수 있는 대안 공급처로 자리매김하고 있다.

반면, 자원 빈국이자 첨단 제조업 강국인 일본의 시각은 또 다르다. 일본은 경제 안전 보장이라는 큰 틀 아래, 2023년 기준 35종의 중요 광물을 지정하여 관리하고 있다. 일본의 목록은 자국의 주력 산업인 자동차(특히 하이브리드 및 전기차), 고성능 모터, 로봇, 전자부품 산업에 필수적인 희토류, 리튬, 코발트 등에 철저히 초점이 맞춰져 있다. 일본은 정부 기관인 석유천연가스·금속광물자원기구(JOGMEC)를 통해 해외 광산에 대한 지분 투자를 지원하고, 안정적인 장기 도입 계약을 체결하며, 도시광산으로 불리는 재활용 기술과 대체 소재 개발 연구에 막대한 투자를 하는 등 공급망의 모든 단계에서 위험을 분산시키기 위한 치밀하고 입체적인 전략을 구사하고 있다.

이처럼 각국의 입장과 전략에는 분명한 차이가 있지만, 그들이 공통적으로 주목하고 중요하게 여기는 광물들은 놀라울 정도로 일치한다. 특히 리튬, 니켈, 코발트, 망간, 흑연 등 배터리 5대 핵심 소재와 희토류, 백금족 금속은 소개된 모든 국가의 목록에 빠짐없이 포함되어 있다. 이는 이들 자원이 전기차, 배터리, 수소 연료전지, 반도체, 그리고 고효율 영구자석 등 미래 산업의 향방을 결정지을 가장 중요한 기반 소재임을 명백히 보여주는 증거라 할 수 있다.

핵심광물의 특수성

핵심광물의 공급 위험성을 이야기하면, "석유나 천연가스 같은 에너지 자원의 공급 위험성에 비해 미미한 것이 아닌가?"라는 반론이 제기될 수 있다. 세계는 1970년대 두 차례의 석유 파동(oil shocks)을 겪으며 특정 자원의 공급 중단이 세계 경제에 얼마나 치명적인 충격을 주는지 명확히 목격했다. 그 이후, 인류는 그 값비싼 교훈을 통해 지난 50여 년간 IEA 창설, 전략비축유(SPR) 제도 도입, 선물 시장을 통한 위기관리 등 정교한 국제 공조 및 위기 대응 시스템을 구축해 왔다. 마찬가지로 광물 공급에서의 위험성을 완화하기 위해 이러한 석유 시장의 위기 대응 메커니즘을 그대로 적용하고자 했으나, 실제로는 그것이 어렵다는 데 한계가 있다. 최근 몇 년간 여러 국가와 기관들이 유사한 안전장치를 마련하기 위해 꾸준히 노력하고 있으나, 그 과정은 생각보다 훨씬 더 복잡하고 더디게 진행되고 있다.

이는 핵심광물이 우리에게 익숙한 철광석, 석회석과 같은 일반 산업 광물이나 석유, 천연가스와 같은 에너지 자원과는 본질적으로 다른, 고유의 특수성을 지니고 있기 때문이다. 핵심광물 공급망이 가진 복잡성과 취약성은 바로 이 특수성에서 비롯되며, 이는 크게 다섯 가지 측면에서 뚜렷하게 나타난다. 이러한 특수성을 이해하는 것은 핵심광물 공급망의 취약성을 제대로 파악하고 효과적인 대응 전략을 수립하기 위한 가장 중요한 첫걸음이다.

1. 지리적 편재성

핵심광물의 가장 두드러진 특징 중 하나는 경제적으로 채굴 가능한 매장량이 지질학적 요인으로 인해 특정 국가나 지역에 국한되어 분포한다는 점이다. 이는 단순히 매장량의 불균형을 넘어, 글로벌 공급망 전체가 소수 국가의 정치·경제적 상황에 좌우되는 구조적 취약점을 야기한다. 예를 들어, 전기차 배터리의 필수 원료인 리튬의 경우, 세계 매장량의 절반 이상이 남미의 '리튬 삼각지대'라 불리는 칠레, 아르헨티나, 볼리비아에 집중되어 있다. 또 다른 배터리 핵심 소재인 코발트는 전 세계 공급량의 약 70%를 콩고민주공화국 단 한 국가에 의존하고 있으며, 미래 수소 경제의 심장으로 불리는 백금족 금속은 남아프리카공화국이 전 세계 생산량의 70~80%를 차지한다. 반도체와 영구자석의 비타민으로 불리는 희토류는 매장량 자체는 여러 곳에 분포하지만, 분리·정제 기술을 독점한 중국이 전 세계 생산량의 90% 이상을 장악하며 사실상의 공급 독점 체제를 구축하고 있다. 이처럼 특정 국가에 공급망이 지나치게 의존하게 될 경우, 해당 국가의 정책 변경, 내전, 외교적·지정학적 갈등이 발생했을 때 이는 곧바로 전 세계적인 공급 차질로 이어질 수 있어 '자원의 무기화' 가능성이 상존한다. 반면, 철광석이나 석회석, 석유·가스와 같은 자원들은 비록 특정 지역에 대규모 유전이나 광산이 존재하기는 하지만, 상대적으로 다양한 대륙과 국가에서 폭넓게 생산되어 공급 안정성이 비교적 높은 편이다.

2. 품목의 다양성

핵심광물의 범주는 매우 넓고 다양하여, 마치 각기 다른 전문 분야를 가진 의사들처럼 각자의 역할과 특성이 뚜렷하다. IEA나 미국, EU 등 주요국은 자국의 산업 구조와 기술 발전, 그리고 전략적 우선순위에 따라 적게는 20여 종에서 많게는 50종 이상의 광물을 핵심광물 목록에 포함시켜 관리하고 있다. 이 목록에는 배터리 소재로 쓰이는 리튬, 니켈, 코발트, 망간, 흑연뿐만 아니라, 전기모터의 성능을 좌우하는 희토류 영구자석, 반도체 웨이퍼와 통신용 광섬유 제조에 필수적인 갈륨과 게르마늄, 그리고 항공우주 및 방위산업용 특수 합금에 사용되는 텅스텐, 니오븀 등 다양한 광물들이 포함된다. 각각의 광물은 물리적·화학적 특성이 상이하고, 쓰임새와 처리 기술이 모두 다르기 때문에, 산업 전반에 걸쳐 획일적인 전략이 아닌 각 품목의 특성을 고려한 복합적인 맞춤형 공급 전략이 반드시 필요하다. 이는 마치 종합병원에서 각 과의 전문의가 협진해야 하는 것과 같다. 반면, 일반 광물이나 에너지 자원의 경우, 철광석, 원유, 천연가스, 석탄 등 그 종류가 상대적으로 한정적이며, 특정 자원에 대한 대체재를 찾거나 다른 에너지원으로 전환하는 것도 비교적 용이한 편이다.

3. 공급의 희귀성

일부 핵심광물은 독립된 광산에서 주력으로 생산되는 것이 아니라, 다른 주력 광물의 제련 과정에서 소량만 함께 추출되는 부산물이라는 독특한 특징을 가진다. 이 때문에 공급량이 해당 핵심광물 자체의 수요가 아닌, 주력 광물의 시장 상황에 따라 결정되는 공급의 비탄력성 문제가 발생한다. 예를 들어, 반도체와 LED에 사용되는 갈륨과 인듐은 각각 알루미늄과 아연 제련 과정의 부산물로 얻어지며, 태양광 패널에 쓰이는 텔루륨은 구리 제련 과정에서, 스칸듐은 티타늄이나 우라늄 가공 과정에서 소량 회수된다. 코발트 역시 대부분 구리나 니켈 광산의 부산물로 생산된다. 따라서 아무리 갈륨이나 텔루륨의 수요가 급증하더라도, 주력 금속인 알루미늄이나 구리의 생산량이 늘지 않으면 갈륨과 텔루륨의 공급량을 인위적으로 늘리기 매우 어렵다. 심지어 일부 광물은 상업적 생산 시장 자체가 거의 형성되지 않아 연구용이나 특수 목적으로만 소량 거래되기도 한다. 이러한 희귀성과 부산물로서의 특성은 안정적인 수급 예측을 어렵게 만들고, 가격 형성 메커니즘 또한 매우 불안정하게 만든다. 반면, 철광석, 구리, 석유와 같은 자원은 그 자체의 수요와 공급에 따라 생산량이 결정되는 독립적인 시장 구조를 갖추고 있어, 대규모 생산을 통한 안정적인 공급이 가능하다.

4. 높은 기술적 복잡성

핵심광물은 광물의 종류와 광석의 형태에 따라 탐사, 채굴, 선광, 제련, 정제에 이르는 전 과정에서 각기 다른 고도의 맞춤형 기술을 요구한다. 이는 보이지 않는 강력한 기술적 진입장벽으로 작용한다. 예를 들어, 희토류는 17개 원소가 광석 안에 함께 혼합된 형태로 존재하는데, 이들은 화학적 성질이 매우 유사하여 서로를 분리해 고순도로 정제하는 데 수백 단계의 복잡한 화학적 공정과 고도의 기술력이 요구된다. 리튬 역시 아르헨티나 염호에서 소금물을 증발시켜 얻는 방식과 호주 경암형 광산에서 돌을 깨고 제련하는 방식은 기술, 비용, 기간 측면에서 완전히 다른 접근법을 필요로 한다. 배터리용 고순도 니켈 역시 모든 니켈 광석에서 생산할 수 있는 것이 아니라, 특정 유형의 광석을 고온·고압의 산으로 처리하는 복잡한 습식 제련(High‑Pressure Acid Leaching, HPAL) 기술이 필요하다. 이러한 기술적 복잡성은 특정 국가나 소수 기업이 전체 공급망을 장악하는 원인이 되기도 한다. 반면, 석유나 천연가스와 같은 에너지 자원의 경우, 시추 및 정제 기술이 오랜 기간 발전을 거듭하며 상당 부분 표준화되어 있어 기술 접근성이 상대적으로 높은 편이다.

5. 극심한 가격 변동성

핵심광물 시장은 석유나 구리처럼 거대한 국제 상품거래소에서 투명하게 거래되는 '광장 시장'과는 달리, 소수의 전문가들만이 참여하는 비공개적인 '골목 시장'과 유사한 특성을 보인다. 대부분의 핵심광물은 시장 전체의 거래 규모가 작고, 공개된 거래소 없이 소수의 생산자와 수요자 간의 장기 계약이나 비공식적인 거래를 통해 가격이 결정된다. 이 때문에 공신력 있는 표준 가격이 존재하지 않으며, 시장 참여자들은 가격 평가 기관이 제공하는 제한된 정보에 의존해야 한다. 이러한 시장 구조는 수요 급증이나 지정학적 리스크, 특정 국가의 수출 규제와 같은 외부 충격에 매우 취약하여, 가격이 짧은 기간에 수십 배씩 폭등하거나 폭락하는 극심한 변동성을 보인다. 2010년 중국의 희토류 수출 제한 조치로 인한 가격 폭등 사태나, 2021년부터 2023년까지 이어진 리튬 가격의 폭등과 이어진 폭락 사태는 이러한 특성을 잘 보여주는 사례이다. 반면, 철광석이나 석유는 국제적으로 거래 규모가 매우 크고, 선물(futures)·옵션(options) 시장이 발달하여 가격 변동 위험을 관리할 수 있는 수단이 존재하며, 가격 변동 폭 역시 핵심광물에 비해 상대적으로 예측 가능한 범위 내에서 움직이는 경향이 있다.

 핵심광물 공급망 전쟁

새로운 시대의 에너지 원천, 광물자원

인류가 직면한 가장 시급하고 중대한 과제 중 하나는 바로 기후 변화 대응이다. 지구 평균 온도 상승을 산업화 이전 대비 1.5℃ 이내로 억제하기 위한 파리협정 목표 달성과 2050년 탄소 중립(net-zero) 실현은 더 이상 선택이 아닌 필수 과제가 되었다. 이를 위한 가장 확실하고 실행 가능한 경로는 화석연료에 대한 의존도를 급격히 줄이고, 태양광, 풍력 등 재생에너지를 중심으로 에너지 시스템을 전환하는 것이다. 그러나 이 위대한 에너지 대전환은 역설적으로 또 다른 도전을 우리에게 안겨주고 있다. 바로 청정에너지 기술 구현에 필수적인 막대한 양의 금속과 광물, 즉 핵심광물의 안정적인 확보 문제이다.

IEA의 분석에 따르면, 청정에너지 기술은 전통적인 화석연료 기반 기술보다 훨씬 더 많은 광물을 필요로 한다. 예를 들어, 동일한 발전

	구리	코발트	니켈	리튬	희토류	크롬	아연	백금족	알루미늄
태양광	●	○	○	○	○	○	○	○	●
풍력	●	○	◐	○	●	◐	◐	○	◐
수력	◐	○	○	○	○	◐	◐	○	◐
태양열	◐	○	◐	○	○	●	◐	○	●
바이오매스	●	○	○	○	○	○	◐	○	◐
지열	○	○	●	○	○	●	○	○	○
원자력	◐	○	◐	○	○	◐	○	○	○
전력망	●	○	○	○	○	○	○	○	●
전기차 및 배터리	●	●	●	●	●	○	○	○	●
수소	○	○	●	○	◐	○	○	●	◐

● 높음　◐ 중간　○ 낮음

자료 2-4 청정에너지 전환에 필요한 다양한 광물들과 그 중요도[1]

용량(capacity)을 기준으로 할 때, 육상 풍력 발전소는 천연가스 발전소보다 9배 더 많은 광물자원을 투입해야 한다. 전기자동차(EV) 역시 내연기관 자동차보다 6배 더 많은 핵심광물을 필요로 한다. 실제로 2010년대 전 세계 신규 발전 설비에서 재생에너지 비중이 증가하면서, 발전 설비 용량당 평균 광물 투입량은 이전 10년 대비 50%나 증가했다. 이는 에너지 전환이 가속화될수록 핵심광물 수요 역시 기하급수적으로 증가할 수밖에 없음을 명확히 보여준다.

2050년까지 탄소 중립을 달성하기 위해서는 전 세계적으로 재생에너지 발전 설비와 전기차 보급을 현재보다 훨씬 더 빠른 속도로 확대해야 한다. 이는 곧 핵심광물 수요의 폭발적인 증가로 이어진다. IEA는 2024년 〈글로벌 핵심광물 전망(Global Critical Minerals Outlook)〉 보고서에서, 각국 정부가 현재 약속한 정책들을 이행하는 시나리오(STEPS)만으로도 2030년까지 핵심광물 수요가 현재의 2배로 증가할 것으로 예측했다. 만약 보다 야심찬 기후 목표를 달성하는 시나리오(APS, NZE)를 따른다면, 2030년까지 수요는 2배 이상~3배 가까이 증가하고, 2050

년에는 현재 수준의 3~3.5배 이상(연간 약 4천만 톤)으로 급증할 것으로 전망했다.[2] 이는 인류가 이전에 경험해보지 못한 규모의 광물 수요 증가이다. 그렇다면 구체적으로 어떤 청정에너지 기술들이 이러한 수요를 견인하고 있을까?

도로 위 혁명
: 전기차와 배터리는 핵심광물의 블랙홀

청정에너지 전환이라는 거대한 흐름 속에서 핵심광물 수요를 폭발적으로 견인하는 가장 강력하고 가시적인 동력은 의심할 여지 없이 전기자동차의 확산이다. 도로 위를 달리는 자동차들이 내연기관에서 전동화 모터와 배터리로 심장을 바꾸는 도로 위 혁명은 단순한 교통수단의 변화를 넘어, 전 지구적인 자원 수요 지형을 근본적으로 뒤흔들고 있다. 특히, 전기차의 핵심 부품인 고용량 배터리는 마치 블랙홀처럼 특정 핵심광물을 빨아들이며 전례 없는 수요 증가를 촉발하고 있다.

최근 몇 년간 전기차 시장의 성장은 그야말로 눈부셨다. 2023년 한 해 동안 전 세계에서 판매된 전기차(승용차 기준, 이륜/삼륜차 제외)는 약 1,400만 대에 육박하며, 이는 전년 대비 35%나 성장한 수치이다. 불과 5년 전인 2018년과 비교하면 6배 이상 증가한 규모이며, 2023년 전 세계 신차 판매량 중에서 전기차가 차지하는 비중은 18%에 달했다. 2018년 그 비중이 단 2%에 불과했다는 점을 고려하면 그 성장 속도가 얼마나 가파른지 실감할 수 있다. 이러한 성장은 여전히 중국, 유럽, 미국이라는 3대 거대 시장이 주도하고 있으며, 이들 지역이 전

세계 전기차 판매량의 약 95%를 차지한다.[3]

하지만, 2023년 하반기부터 일부 주요 시장에서는 전기차 판매 증가율이 눈에 띄게 둔화되는 양상이 나타나고 있다. 이는 기술 수용 주기 이론에서 초기 수용자(early adopters) 시장이 포화 상태에 이르고 주류 시장(early majority)으로 넘어가기 전 일시적으로 성장이 정체되는 캐즘(chasm) 현상과 유사하다는 분석이 지배적이다. 이러한 전기차 캐즘의 원인으로는 여러 요인이 복합적으로 지목되는데, 우선 높은 초기 구매 비용에 따른 소비심리 위축이 있다. 배터리 가격 하락에도 불구하고 전기차는 여전히 동급 내연기관차보다 비싸다는 인식이 강하며, 고금리 상황과 경기 둔화 우려는 소비자들이 선뜻 고가의 전기차 구매를 결정하기 어렵게 만든다. 또한 충전 인프라 부족 및 충전 시간에 대한 불안감으로 인해, 특히 아파트 등 공동 주택 거주 비율이 높거나 장거리 주행이 잦은 환경에서는 충전의 불편함이 여전히 큰 구매 장벽으로 작용한다. 독일 등 일부 국가에서의 보조금 축소 또는 폐지 역시 시장 성장세 둔화에 직접적인 영향을 미쳤다. 그리고 내연기관차에 비해 아직은 소비자들이 만족할 만큼 다양한 가격대의 매력적인 전기차 모델이 부족하다는 지적도 있다. 최근 발생하는 전기차 화재 또한 구매를 망설이게 하는 주요 원인 중 하나로 꼽힌다.

이러한 캐즘 현상은 특히 플러그인 하이브리드(PHEV) 및 주행거리 연장 전기차(EREV)의 판매 증가로 일부 나타나고 있다. 완전한 전기차로 넘어가기에는 부담을 느끼는 소비자들이 내연기관의 편리함과 전기차의 친환경성(및 보조금 혜택) 사이에서 절충안을 찾는 것이다. 중국과 미국 시장에서 배터리 전기차(BEV)보다 PHEV/EREV 판매 증가율이 훨씬 높게 나타난 것은 이러한 경향을 반영한다.

그러나 현재의 캐즘 현상을 전기차 시대의 종말이나 후퇴로 해석하는 것은 성급한 판단이다. 이는 폭발적인 초기 성장 이후 주류 시장으로 확산되는 과정에서 나타나는 자연스러운 성장통 또는 일시적 숨 고르기 국면으로 보는 것이 타당하다. 전기차로의 전환을 이끄는 근본적인 동력들은 여전히 강력하게 작동하고 있기 때문이다. 전 세계적인 탄소 배출 규제는 지속적으로 강화되고 있으며, 주요 도시들은 내연기관차 운행 제한을 확대하고 있다. 배터리 기술은 끊임없이 발전하여 에너지 밀도는 높아지고 가격은 점차 하락하는 추세이며, 이는 전기차의 주행거리 불안감을 해소하고 가격 경쟁력을 높이는 방향으로 작용할 것이다. 또한, 완성차 업체들은 더욱 다양하고 매력적인 전기차 신모델들을 경쟁적으로 출시하고 있으며, 각국 정부와 민간 기업의 투자 확대로 충전 인프라 역시 꾸준히 개선되고 있다. 소비자들의 인식 변화와 친환경 가치에 대한 선호도 증가 역시 장기적인 전기차 확산의 중요한 동력이다.

따라서 현재의 성장 둔화는 일시적인 조정 국면일 가능성이 높으며, 중장기적으로 전기차 판매량과 시장 점유율은 다시 가파른 성장 궤도에 올라설 것이라는 전망이 지배적이다. IEA 역시 이러한 관점에서, 단기적인 시장 변동에도 불구하고 2030년, 2040년, 2050년을 향해 갈수록 전기차 보급률이 급격히 증가할 것이라는 예측을 유지하고 있다. 결국, 캐즘을 성공적으로 극복하고 나면 전기차는 거스를 수 없는 대세로서 도로 위를 지배하게 될 것이다.

광물 집약도: 전기차 vs. 내연기관차

전기차의 확산이 왜 핵심광물 수요의 블랙홀이 되는지를 이해하기 위해서는 기존 내연기관 자동차와의 근본적인 차이를 살펴볼 필요가 있다. 바로 광물 집약도(mineral intensity)의 차이이다. IEA의 분석에 따르면, 평균적인 전기자동차 한 대를 만드는 데 필요한 핵심광물의 양은 동급의 내연기관 자동차보다 약 6배 더 많다.

이러한 엄청난 차이는 주로 대용량 배터리 때문이다. 내연기관차에는 시동 및 전장용으로 소형 납축전지가 사용되는 것이 전부지만, 전기차에는 수백 킬로그램에 달하는 리튬이온 배터리 팩이 탑재된다. 이 배터리 팩 안에는 앞서 언급했듯이 다량의 핵심광물이 농축되어 있다. 배터리 종류 및 용량에 따라 편차는 크지만 구체적으로 살펴보면, 75kWh의 배터리 용량을 가지는 일반적인 중형 전기차 배터리(NMC622)를 기준으로 할 때 다음과 같은 양의 광물이 사용된다.

- **리튬(Li):** 약 8〜10kg(리튬 금속 기준)
- **니켈(Ni):** 약 30〜50kg
- **코발트(Co):** 약 10〜15kg
- **망간(Mn):** 약 20〜30kg
- **흑연(C):** 음극재에 약 60〜70kg
- **구리(Cu):** 배터리 내부 집전체, 배선 및 모터 권선 등에 약 50〜60kg 내외
- **알루미늄(Al):** 배터리 케이스, 차체 경량화 등에 상당량 사용
- **희토류(REE):** 고성능 영구자석 모터(PMSM)에 수백 그램에서 1kg 이상 사용
- **기타:** 인(P), 아연(Zn) 등이 추가적으로 사용

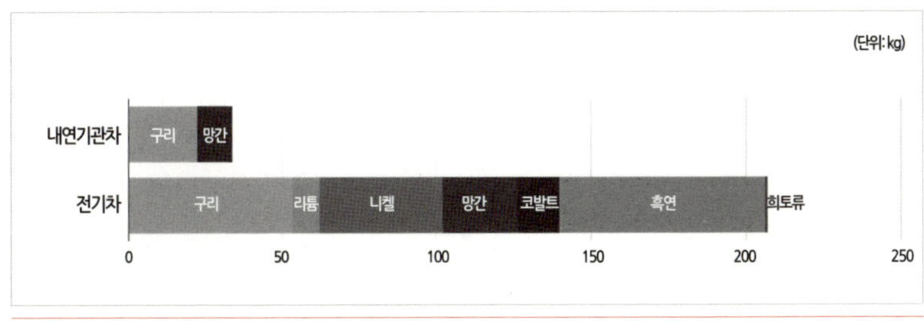

자료 2-5 전기차와 내연기관차의 배터리 함량 비교[4]

반면, 내연기관 자동차에는 이러한 배터리 광물들이 거의 사용되지 않는다. 대신 백금, 팔라듐(Pd), 로듐(Rh) 등 백금족 금속이 배기가스 정화용 촉매 변환기에 소량 사용될 뿐이다. 따라서 자동차 산업의 패러다임이 내연기관에서 전기차로 전환된다는 것은 단순히 동력원이 바뀌는 것을 넘어, 필요로 하는 핵심 자원의 종류와 양 자체가 근본적으로 변화하고 폭발적으로 증가함을 의미한다.

배터리 수요 폭증과
핵심광물의 운명

전기차 판매의 기하급수적인 증가는 곧바로 배터리 수요의 폭발적인 증가로 이어진다. IEA는 다양한 시나리오 분석을 통해 이러한 추세를 명확히 보여준다. 현재의 정책 기조가 유지되는 시나리오(STEPS)만 가정하더라도, 2023년 약 1테라와트시(TWh) 미만이었던 전 세계 배터리 수요(EV, ESS, 휴대용 기기 등 포함)는 2030년까지 3.8TWh로 4배 이상 증가하고, 2050년에는 9TWh로 10배 가까이 늘어날 것

으로 예측된다. 만약 각국이 약속한 기후 목표를 달성하는 시나리오
(APS)나 2050 탄소 중립 시나리오(NZE)를 따른다면, 그 수요는 더욱
가파르게 증가하여 2030년에는 4.4~6TWh(4~7배 증가), 2050년에는
12~13TWh(14~15배 증가)에 달할 것으로 전망된다. 이는 상상하기 어
려운 규모의 성장이다.[5]

특히 주목할 점은, 배터리 수요 증가율이 전기차 판매 증가율을 상
회할 수 있다는 것이다. 이는 간헐적인 재생에너지 발전을 보완하기
위한 ESS 시장의 급성장과 물류 및 운송 부문의 탈탄소화를 위한 전기
트럭 보급 확대 때문이다. 전기 트럭은 승용차보다 훨씬 더 큰 용량의
배터리를 필요로 하며, 그 수요는 2030년까지 시나리오에 따라 현재
의 18배에서 23배까지 증가할 것으로 예상된다.[6] ESS 시장 역시 전력
망 안정화와 분산 전원 확대에 따라 폭발적인 성장이 예고되어 있다.

이처럼 연간 테라와트시 단위로 증가하는 배터리 수요는 앞서 언급
한 핵심 배터리 광물, 즉 리튬, 니켈, 코발트, 망간, 흑연 등에 대한 수
요를 직접적으로 견인하는 가장 강력한 엔진이다. 이는 해당 광물들의
탐사, 채굴, 정제, 가공 등 공급망 전반에 걸쳐 엄청난 규모의 투자와
생산 능력 확충이 필요함을 의미하며, 공급이 수요 증가 속도를 따라
가지 못할 경우 심각한 수급 불균형과 가격 급등, 나아가 전기차 전환
속도 자체를 제약할 수 있는 공급망 리스크가 현실화될 수 있음을 경
고한다.

설상가상으로, 배터리 기술은 정체되어 있지 않고 끊임없이 진화하고 있다. 이는 특정 핵심광물의 장기 수요 예측을 더욱 어렵게 만드는 중요한 변수이다. 현재 개발되고 있거나 상용화가 임박한 새로운 배터리 기술들은 기존 리튬이온 배터리의 한계(가격, 안정성, 에너지 밀도, 충전 속도 등)를 극복하려는 시도이지만, 동시에 요구하는 핵심광물의 종류와 양을 크게 변화시킬 수 있다.

가장 뚜렷한 변화는 LFP(리튬인산철) 배터리의 부상이다. LFP 배터리는 에너지 밀도는 NCM(니켈·코발트·망간계 양극재)/NCA(니켈·코발트·알루미늄계 양극재) 등 삼원계 배터리보다 낮지만, 가격이 저렴하고 안정성이 높으며 코발트와 니켈을 사용하지 않는다는 장점 때문에 주로 중국 시장의 중저가 전기차를 중심으로 점유율을 빠르게 높여가고 있다. 최근에는 에너지 밀도를 개선한 LMFP(리튬망간인산철) 기술 개발도 활발하다. 이러한 LFP/LMFP 배터리의 확산은 니켈과 코발트 수요 증가세를 둔화시키는 요인이 되는 반면, 기존에는 크게 주목받지 못했던 인(P)과 철, 그리고 망간의 중요성을 새롭게 부각시키고 있다.

리튬 가격 급등과 자원 편재성에 대한 우려 속에서 나트륨 이온(sodium-ion) 배터리 역시 유력한 차세대 기술로 주목받고 있다. 리튬 대신 훨씬 풍부하고 저렴한 나트륨을 사용하며 코발트와 니켈도 필요 없다는 장점이 있지만, 에너지 밀도가 낮고 아직 상용화 초기 단계라는 한계가 있다. 만약 나트륨 이온 배터리가 저가형 전기차나 ESS 시장에서 일정 부분 점유율을 확보한다면, 리튬과 흑연 수요를 일부 대체하고 나트륨(Na, 표준용어 '소듐')과 하드 카본(hard carbon)이라는 새로운 소재 수요를 창출할 것이다.

음극재 분야에서는 에너지 밀도 향상을 위해 기존 흑연에 실리콘(Si)을 첨가하는 기술(SiOx, Si-C 등)이 점차 확대 적용되고 있으며, 장기적으로는 실리콘 함량을 50% 이상으로 높이거나 아예 실리콘만 사용하는 실리콘 음극재 개발도 진행 중이다. 이는 장기적으로 흑연 수요를 크게 줄이는 대신 실리콘 수요를 폭발적으로 늘릴 잠재력을 가지고 있다. 다만, 실리콘 음극재는 아직 충방전 시 부피 팽창 문제와 높은 생산 비용 등의 기술적 과제를 안고 있어 단기간 내 흑연을 대체하기는 어려울 것으로 보인다.

궁극적인 게임 체인저로 불리는 전고체 배터리(all-solid-state battery, ASSB)는 액체 전해질 대신 고체 전해질을 사용하여 안정성을 획기적으로 높이고 에너지 밀도를 극대화할 수 있을 것으로 기대된다. 하지만 황화물계, 산화물계, 폴리머계 등 다양한 종류의 고체 전해질 개발과 대량 생산 기술 확보, 그리고 리튬 금속(Li-metal) 음극 적용 등 해결해야 할 기술적 난제가 산적해 있어 본격적인 상용화는 2030년대 중반 이후에나 가능할 것으로 예상된다. 만약 전고체 배터리가 상용화된다면, 기존 배터리 소재(특히 흑연 음극재, 분리막, 액체 전해질) 수요는 크게 변화하고, 고체 전해질에 사용될 수 있는 지르코늄, 란타넘(La) 등 새로운 핵심광물의 중요성이 부각될 수 있다.

이처럼 급변하는 배터리 기술 환경은 특정 핵심광물에 대한 수요를 예측하고 안정적인 공급망을 구축하는 것을 매우 어렵게 만든다. 오늘 각광받는 광물이 내일은 기술 변화로 인해 중요도가 떨어질 수도 있고, 반대로 지금은 주목받지 못하는 광물이 미래의 핵심 소재로 떠오를 수도 있다. 따라서 핵심광물 공급망 전략을 수립하고 이행하는 과정에서는 이러한 기술 변화의 나비 효과를 면밀히 주시하고, 불확실성에 유연하게 대응할 수 있는 적응력과 통찰력이 그 어느 때보다 중요하게 요구된다. 단순히 현재의 수요와 공급만을 고려하는 단기적인 접근 방식으로는 미래의 경쟁에서 살아남기 어려울 것이다.

전력망과 에너지 저장 장치

태양광, 풍력 등 재생에너지 발전 비중이 높아지고 전기차 보급이 확대되면서, 기존의 전력 시스템 역시 근본적인 변화를 요구받고 있다. 특히, 간헐성(intermittency)이 큰 재생에너지원을 안정적으로 전력망에 통합하고, 늘어나는 전력 수요(특히 전기차 충전)를 감당하기 위해서는 대대적인 전력망 현대화 및 확충이 필수적이다. IEA는 각국의 기후 목표 달성을 위해 2040년까지 전 세계적으로 총 8,000만 킬로미터 이상의 송배전망을 신설 또는 교체해야 할 것으로 추산했는데, 이는 현재 전 세계 전력망 길이 전체와 맞먹는 엄청난 규모이다.[7]

이러한 전력망 투자는 막대한 양의 구리와 알루미늄 수요를 유발한다. 구리는 높은 전도성으로 인해 발전소, 변전소, 고압 송전선, 저압 배전선, 변압기 등 전력 시스템 전반에 걸쳐 핵심적인 전선 및 부품 소재로 사용된다. 알루미늄은 구리보다 전도성은 낮지만 가볍고 저렴하여 가공 송전선 등에 널리 쓰인다. 향후 수십 년간 이어질 전력망 투자는 종종 간과되기 쉽지만, 구리와 알루미늄 수요를 견인하는 가장 강력하고 꾸준한 동력 중 하나가 될 것이다.

또한, 재생에너지의 간헐성을 보완하고 전력망의 안정성을 높이기 위해 에너지 저장 장치(ESS)의 역할이 중요해지고 있다. 현재는 리튬이온 배터리가 ESS 시장을 주도하고 있으며, 특히 LFP 배터리가 장주기 저장 및 안전성 측면에서 선호되는 경향이 있다. 향후 나트륨 이온 배터리나 플로우 배터리(바나듐 등 사용) 등 다른 기술이 부상할 수도 있지만, 어쨌든 대규모 ESS 보급 확대는 리튬, 인, 철, 나트륨, 바나듐, 아연 등 관련 핵심광물의 수요를 크게 증가시키는 또 다른 요인이 된다. IEA는 ESS용 배터리 수요 증가율이 전기차용 배터리 수요 증가율을 능가할 수도 있다고 전망한다.

태양광 발전의 눈부신 성장

청정에너지 기술 중 가장 극적인 성장세를 보이는 분야는 단연 태양광 발전이다. 2023년 한 해에만 전 세계적으로 신규 설치된 태양광 발전 용량은 약 420기가와트(GW)에 달하며, 이는 전년 대비 무려 85%나 증가한 수치이다. 이는 2023년 전 세계 신규 재생에너지 설비 증가량의 4분의 3을 차지하는 압도적인 규모이다. 이러한 성장은 특히 중국이 주도하고 있다. 중국은 2023년에만 전 세계 신규 태양광 설치량의 62%를 차지했으며, 이는 2022년 전 세계 설치량 전체와 맞먹는 엄청난 규모이다. 중앙 정부의 보조금 단계적 폐지에도 불구하고 이러한 성장을 기록했다는 점은 중국 태양광 시장의 저력을 보여준다.

EU 역시 러시아의 우크라이나 침공 이후 에너지 안보 강화 및 탈(脫)러시아 가스 정책의 일환으로 재생에너지 보급을 가속화하면서,

2023년 태양광 신규 설치량이 전년 대비 25% 증가한 52GW로 사상 최고치를 기록했다. 이는 2021년 대비 두 배 증가한 수치이다. 미국 또한 2022년 공급망 문제로 주춤했던 설치량이 2023년에는 IRA의 세제 혜택과 주정부 지원에 힘입어 전년 대비 50% 증가하며 반등에 성공했다. 반면, 인도는 2023년 신규 설치량이 12GW로 전년 대비 3분의 1 감소했지만, 연간 50GW 규모의 재생에너지 용량 입찰 계획을 발표하며 향후 가파른 성장을 예고하고 있다.[8]

이처럼 전 세계적인 태양광 발전 용량의 폭발적인 증가는 관련 핵심 광물 수요를 크게 견인한다. 태양광 패널 생산의 가장 기본이 되는 소재는 실리콘이다. 모래에서 추출한 규소(Si)를 고순도로 정제하여 만든 폴리실리콘은 결정질 실리콘 태양전지(현재 시장의 95% 이상 차지)의 핵심 원료이다. 문제는 이 고순도 폴리실리콘 생산 공정 역시 중국이 전 세계 생산 능력의 80% 이상을 장악하고 있다는 점이다. 따라서 태양광 패널 수요 증가는 필연적으로 중국산 폴리실리콘에 대한 의존도를 높이는 결과를 낳는다. 또한, 태양전지에서 생성된 전기를 모으고 외부로 전달하는 전극과 배선에는 막대한 양의 구리와 은(Ag)(특히 전면 전극 페이스트)이 사용되며, 패널 프레임과 지지 구조물에는 알루미늄과 철강이 필수적이다. 일부 박막형 태양전지 기술(CIGS, CdTe 등)에는 인듐, 갈륨, 셀레늄(Se), 텔루륨, 카드뮴(Cd) 등이 소량 사용되지만, 이들 역시 기술 발전에 따라 수요가 증가할 잠재력이 있다. 수백 GW 단위로 설치되는 태양광 발전 용량을 감안할 때, 여기에 투입되는 실리콘, 구리, 알루미늄, 은 등의 총량은 상상을 초월하는 규모가 될 것이다.

바람을 길들이는 거인,
풍력발전

풍력발전 역시 청정에너지 전환의 중요한 축이다. 2023년 전 세계 신규 풍력발전 설치 용량은 약 117GW, 전년 대비 60% 급증하며 2020년의 기록을 경신했다. 이 중 85% 이상이 육상 풍력이며, 중국은 2023년 한 해에만 전년 대비 두 배 가까운 육상 풍력 설비를 설치하며 전 세계 신규 설치량의 60% 이상을 차지하는 압도적인 모습을 보였다.

특히 주목해야 할 분야는 해상 풍력이다. 2022년 잠시 주춤했던 해상 풍력 설치량은 2023년 다시 회복세를 보였지만, 중국을 제외한 지역에서는 여러 도전에 직면해 있다. 최근 몇 년 사이 투자 비용이 20% 이상 급증했으며, 이로 인해 2023년 미국과 영국에서는 총 15GW 규모의 해상 풍력 프로젝트가 취소되거나 연기되는 사태가 발생했다. 그럼에도 불구하고, 장기적으로 해상 풍력은 대규모 청정에너지 공급원으로 큰 잠재력을 가지고 있다.

풍력발전, 특히 터빈의 대형화 및 고성능화 추세는 특정 핵심광물에 대한 수요를 크게 증가시킨다. 가장 대표적인 것이 희토류 영구자석에 사용되는 희토류 원소이다. 특히, 기어박스 없이 발전기와 터빈 블레이드를 직접 연결하여 효율을 높이고 무게를 줄이는 직접 구동(direct drive) 방식의 대형 풍력 터빈(주로 해상 풍력에 사용)에는 네오디뮴, 프라세오디뮴, 그리고 고온 안정성 확보를 위한 디스프로슘, 터븀을 포함하는 강력한 네오디뮴 – 철 – 붕소(NdFeB) 자석이 필수적으로 사용된다. 대형 해상 풍력 터빈 1기당 수백 킬로그램에서 톤 단위의 희토류 자석이 필요할 수 있으며, 풍력발전 목표 달성을 위해서는 이들 희토류 수

 핵심광물 공급망 전쟁

요가 폭발적으로 증가할 수밖에 없다.

이 외에도 풍력발전소 건설 및 운영에는 막대한 양의 다른 광물자원이 필요하다. 발전기 내부와 전력망 연결을 위한 케이블, 변압기 등에는 엄청난 양의 구리와 알루미늄이 사용된다. 수십 미터에서 100미터 이상에 달하는 거대한 타워와 기초 구조물 건설에는 막대한 양의 철강과 콘크리트가 필요하며, 부식 방지를 위해 아연 도금이 활용된다. 거대한 블레이드(날개) 제작에는 유리 섬유(fiberglass)나 탄소 섬유(carbon fiber)와 같은 복합 소재가 사용되는데, 이는 간접적으로 석유화학 산업과도 연결된다. 풍력발전이 청정에너지원으로 각광받지만, 그 기반 시설 자체가 상당한 양의 광물자원을 집약적으로 요구하는 산업임을 알 수 있다.

미래 에너지의 씨앗, 수소 경제

장기적인 탄소 중립 달성을 위해 그린 수소(재생에너지로 생산한 수소)의 역할에 대한 기대감이 커지면서, 물을 전기 분해하여 수소를 생산하는 전해조(electrolyser) 시장도 빠르게 성장하고 있다. 2023년 전 세계 전해조 설치 용량은 1.3GW에 도달했으며, 그중 600메가와트(MW)가 2023년 한 해에 설치되었다. 특히 중국은 2020년 10% 미만이었던 글로벌 점유율을 2021년부터 빠르게 높여 2023년 말에는 650MW 이상, 전 세계 설치 용량의 거의 절반을 차지하는 선두 주자로 부상했다. 이는 중국 개발사들이 100MW급 이상의 대규모 프로젝트를 추진하며 규모를 키운 덕분이다. 반면, 한때 시장을 주도했던 EU나 미국은 수요 불확실성, 규제 명확성 부족, 인플레이션 등으로 인해 상대적으로 더딘 성장세를 보이고 있다.

전해조 기술 역시 종류에 따라 요구하는 핵심광물이 다르다. 현재 주로 사용되는 알칼라인(alkaline) 전해조는 니켈 등을 필요로 하며, 효율이 높은 PEM(양성자 교환막) 전해조는 촉매로 백금과 이리듐 등 고가의 백금족 금속을 사용한다. 고온에서 작동하는 SOEC(고체 산화물 전해조) 기술은 지르코늄 등을 필요로 할 수 있다. 현재 전해조 시장 규모는 다른 청정에너지 분야에 비해 작지만, 각국의 수소 경제 육성 정책이 본격화될 경우 관련 핵심광물, 특히 백금족 금속과 니켈 수요가 급증할 잠재력이 있다.

에너지 전환이 촉발한
거대한 광물 수요의 파도

기후 변화 대응과 2050년 탄소 중립 목표 달성을 위한 전 세계적인 청정에너지 전환 노력은 태양광, 풍력, 전기차, 배터리, 전력망, 그리고 수소 경제에 이르기까지 광범위한 기술 분야의 폭발적인 성장을 견인하고 있다. 그리고 이러한 기술들은 하나같이 막대한 양의 다양한 핵심광물을 그 기반으로 요구한다. IEA의 분석처럼, 에너지 전환 시나리오 하에서 핵심광물 수요는 2030년까지 현재의 2배에서 3배, 2050년까지는 3배에서 3.5배 이상 증가할 것으로 예상된다. 이는 인류 역사상 유례없는 규모의 특정 자원에 대한 수요 집중 현상이다. 바

   핵심광물 공급망 전쟁

로 이 에너지 전환이 촉발한 거대한 광물 수요의 파도가 오늘날 핵심 광물이 단순한 산업 원자재를 넘어 국가 경제안보와 지정학적 경쟁의 핵심 요소로 부상하게 된 가장 근본적인 이유이다.

DX와 AI 혁명
: 반도체와 데이터센터가 삼킨 광물

청정에너지 전환이 핵심광물 수요를 견인하는 가장 거대한 물결이라면, 그에 못지않게 중요하고 빠르게 성장하는 또 다른 동력은 바로 디지털 전환(digital transformation, DX)과 AI 혁명이다. 5G를 넘어 6G로 향하는 초고속 통신, 모든 사물이 연결되는 사물인터넷(IoT), 클라우드 컴퓨팅의 확산, 그리고 최근 우리 사회 모든 영역을 뒤흔들고 있는 생성형 AI의 등장은 인류의 삶과 산업 구조를 근본적으로 변화시키고 있다. 이러한 혁신의 중심에는 이전 시대와는 비교할 수 없을 정도로 복잡하고 강력한 연산 능력을 갖춘 첨단 반도체 칩, 그리고 이 모든 데이터를 저장하고 처리하는 대규모 데이터센터가 자리 잡고 있다.

문제는 이 거대한 디지털 인프라를 구축하고 운영하는 데에도 막대한 양의 특정 핵심광물이 필수적으로 소요된다는 점이다. 종종 에너지 전환에 가려 그 중요성이 간과되기도 하지만, 디지털 시대를 뒷받침하는 광물자원의 안정적인 확보 역시 미래 산업 경쟁력과 국가 안보를 좌우하는 핵심 과제로 부상하고 있다. 더욱이, AI와 데이터센터의 폭발적인 성장은 엄청난 전력 소비를 유발하며, 이는 다시 청정에너지 전환을 가속화하고 관련 광물 수요를 증대시키는 수요의 피드백 루프(feedback loop)를 형성한다는 점에서 그 파급력은 더욱 크다.

현대 기술의 뇌, 반도체와 핵심광물

반도체 칩은 현대 문명을 지탱하는 가장 중요한 기술 중 하나이다. 스마트폰, 컴퓨터, 자동차에서부터 가전제품, 의료기기, 산업 설비, 그리고 최첨단 무기체계에 이르기까지 반도체가 들어가지 않는 전자기기를 찾아보기 어렵다. 특히 AI 시대를 맞아 고성능 연산을 위한 그래픽 처리 장치(GPU), 신경망 처리 장치(NPU), 고대역폭 메모리(HBM) 등 첨단 반도체 수요는 폭발적으로 증가하고 있다.

이처럼 작지만 강력한 반도체 칩 하나를 만들기 위해서는 수백 단계의 복잡하고 정밀한 공정이 필요하며, 이 과정에는 다양한 종류의 핵심광물과 소재가 필수적으로 사용된다.[9]

■ **실리콘(Si):** 모든 반도체의 가장 기본적인 재료인 웨이퍼의 원료이다. 지구상에 풍부하게 존재하지만, 반도체용으로 사용되기 위해서는 불순물이 거의 없는 초고순도(9N 또는 11N 이상) 폴리실리콘으로 정제되어야 한다. 또한 이 초고순도

폴리실리콘 잉곳(ingot)을 녹여 단결정(single crystal)으로 성장시키는 과정에는 5N 순도의 천연 석영(quartz) 도가니가 필수적인데, 이는 특정 지역(예. 미국 스프루스 파인 광산)에서만 제한적으로 생산되어 또 다른 공급망 병목 지점으로 작용하기도 한다.

- **갈륨(Ga), 게르마늄(Ge), 비소(As):** 실리콘보다 전자 이동 속도가 빠르거나 특정 광학적 특성을 지닌 화합물 반도체 제조에 필수적이다. 갈륨비소(GaAs), 질화갈륨(GaN), 인화인듐(InP), 실리콘게르마늄(SiGe) 등은 5G/6G 통신용 고주파(RF) 칩, 전기차 및 신재생에너지용 전력 반도체, 고효율 LED, 레이저 다이오드, 적외선 센서 등 다양한 첨단 분야에 활용된다. 특히 중국이 전 세계 갈륨, 게르마늄 생산의 대부분을 차지하고 있어, 2023년 중국의 수출 통제 조치는 관련 산업계에 큰 충격을 주었다.

- **인듐(In):** 인화인듐, 인듐비소(InAs) 등 화합물 반도체 소재로 사용될 뿐만 아니라, 산화인듐주석(Indium−Tin Oxide, ITO) 형태로 스마트폰, TV, 모니터 등 디스플레이 패널의 투명 전극 제조에 없어서는 안 될 핵심 소재이다. 인듐 역시 주석과 함께 중국의 생산 및 정제 비중이 매우 높다.

- **탄탈럼(Ta):** 높은 유전율과 안정성 덕분에 스마트폰, 노트북 등 전자기기에 사용되는 고성능 소형 커패시터(capacitor, 전기를 잠시 저장했다가 필요할 때 방출하는 전자 부품) 제조에 필수적이다. 또한 반도체 칩 내부 배선 공정에서 확산 방지막(barrier layer) 소재로도 활용된다. 주원료인 콜탄(coltan)이 콩고민주공화국 등 분쟁 지역에서 주로 생산되어 분쟁 광물(conflict mineral) 이슈와 연관되어 있으며, 공급망 위험이 높은 광물로 꼽힌다.

- **코발트(Co), 텅스텐(W):** 반도체 칩 내부의 미세 회로를 연결하는 금속 배선(metallization) 및 접점(contact) 형성 공정에서 사용된다. 특히 코발트는 차세대 미세 공정에서 구리 배선을 대체하거나 보완할 소재로 주목받고 있으며, 텅스텐은 높은 내열성과 내마모성(wear resistance, 표면이 마모되지 않는 특성)이 요구되는 부위에 활용된다.

- **희토류 원소(REE):** 특정 희토류 원소들은 반도체 제조 공정에서도 중요한 역할을 한다. 세륨(Ce) 산화물은 웨이퍼 표면을 화학적·기계적으로 연마(chemical mechanical polishing, CMP)하여 평탄화시키는 공정의 핵심 연마재로 사용된다. 란타넘 등 일부 희토류는 차세대 반도체의 게이트 절연막 소재(high-k)로 연구되고 있으며, 어븀(Er)은 광통신용 실리콘 포토닉스 소자에, 유로퓸, 이트륨, 가돌리늄 등은 디스플레이용 형광체 소재로 활용된다.

- **백금족 금속(PGMs):** 백금, 팔라듐, 루테늄(Ru) 등은 특정 반도체 공정에서의 촉매나 전극 소재, 또는 특수 센서 등에 소량이지만 필수적으로 사용될 수 있다.

- **불소(F):** 반도체 제조 공정의 핵심인 식각(etching)과 세정(cleaning) 공정에서 없어서는 안 될 존재이다. 원료 광물인 형석(fluorspar)에서 추출된 불화수소(HF)는 산화막 제거 및 웨이퍼 세정에 사용되며, 사플루오로메탄(CF_4), 육불화황(SF_6), 삼불화질소(NF_3) 등 다양한 불소 기반 가스들은 플라즈마 식각 공정에서 특정 막을 정밀하게 깎아내어 미세 회로 패턴을 구현하는 데 핵심적인 역할을 한다. 일본의 수출 규제 조치(2019년) 대상 품목에 불화수소가 포함되었던 것은 그 전략적 중요성을 잘 보여준다.

반도체 기술은 나노미터(nm) 단위의 초미세 공정으로 끊임없이 발전하고 있으며, 칩의 성능 향상과 소형화, 저전력화를 위해서는 더욱 새롭고 다양한 소재의 개발과 적용이 요구된다. 이는 곧 기존 핵심광물의 수요 증가뿐만 아니라, 과거에는 주목받지 못했던 새로운 광물이 미래의 핵심 소재로 부상할 가능성을 의미한다. 따라서 첨단 반도체 기술 패권을 확보하기 위한 경쟁은 필연적으로 관련 핵심광물 및 소재 확보 경쟁으로 이어질 수밖에 없다.

AI 시대의 불가피한 대가
: 데이터센터와 전력 소비

AI, 특히 챗GPT와 같은 거대 언어 모델(LLM)의 등장은 전 세계적으로 AI 기술 개발 및 도입 경쟁을 촉발시켰다. 이러한 AI 모델을 학습시키고 운영하며, 클라우드 컴퓨팅, 빅데이터 분석, 온라인 동영상 서비스(OTT), 사물인터넷 등 방대한 디지털 서비스를 제공하기 위해서는 필연적으로 대규모 데이터센터 인프라가 요구된다. 데이터센터는 수많은 서버, 스토리지, 네트워크 장비들이 24시간 365일 안정적으로 가동되어야 하는 현대 디지털 사회의 심장과 같은 시설이다.

문제는 이러한 데이터센터가 엄청난 양의 핵심광물을 소비하는 하마라는 점이다. 또한, 데이터센터를 구성하는 하드웨어는 그 자체가 바로 첨단기술의 집약체이며, 여기에는 다양한 핵심광물이 필수적으로 사용된다.

- **반도체:** 데이터센터의 핵심인 서버에는 고성능 중앙처리장치(CPU), AI 연산을 가속하는 그래픽처리장치(GPU) 또는 신경망처리장치(NPU), 대용량 D램(DRAM) 및 낸드 플래시(NAND flash) 메모리, 그리고 데이터를 주고받는 네트워크 칩(이더넷 스위치 등)이 집약적으로 사용된다. AI 모델 학습 및 추론 서버에는 특히 최첨단 GPU와 HBM이 대량으로 필요하며, 이는 앞서 언급한 다양한 반도체용 핵심광물(실리콘, 갈륨, 게르마늄, 탄탈럼, 코발트, 텅스텐, 희토류 원소 등)의 수요를 폭발적으로 증가시키는 주요 요인이다.

- **연결성:** 수많은 서버와 스토리지, 네트워크 장비를 연결하고 외부 인터넷망과 접속하기 위해서는 막대한 양의 케이블이 필요하다. 데이터센터 내부 및 외부 통신망 구축에는 높은 전도성과 신뢰성을 가진 구리 케이블과 대용량 데이터 전송을 위한 광섬유 케이블(고순도 이산화규소(SiO_2) 및 게르마늄 등이 원료)이 핵심적인 역할을 한다.

- **전력 공급 및 냉각:** 데이터센터는 엄청난 양의 전력을 소비하며 동시에 막대한 열을 발생시킨다. 안정적인 전력 분배를 위한 고용량 버스바(busbar, 고전류를 분배하는 금속 도체)나 배선에는 구리가 필수적이며, 서버 및 각종 장비에서 발생하는 열을 효과적으로 식히기 위한 히트 싱크(heat sink)나 냉각 시스템에는 알루미늄이나 구리, 그리고 액침 냉각 등 특수한 냉각 기술에 관련 소재들이 사용된다.

- **데이터 저장 장치:** 클라우드 서비스와 빅데이터 저장을 위해서는 하드 디스크 드라이브(HDD)나 솔리드 스테이트 드라이브(SSD) 형태의 대규모 스토리지가 필요하다. 특히 비용 효율성이 중요한 대용량 저장에는 여전히 HDD가 많이 사용

되는데, HDD의 핵심 부품인 읽기/쓰기 헤드 구동부에는 희토류 영구자석(네오디뮴, 프라세오디뮴, 디스프로슘 등)이 사용된다. SSD의 기반이 되는 낸드 플래시 메모리 역시 반도체 핵심광물을 필요로 한다.

더욱 심각하게 고려해야 할 문제는, 이러한 데이터센터, 특히 AI 연산을 수행하는 데이터센터가 엄청난 양의 전력을 소비한다는 사실이다. 최신 AI 모델을 학습시키는 데는 수십, 수백 메가와트시(MWh)의 전력이 소모되며, 대규모 데이터센터 하나의 연간 전력 소비량은 중소 도시 전체의 소비량과 맞먹는 수준에 이르기도 한다. IEA 등 여러 기관에서는 향후 AI 기술 확산과 데이터센터 증설로 인해 전 세계 전력 소비량이 급증할 것으로 예측하고 있으며, 일부에서는 2020년대 후반에는 데이터센터 전력 소비량이 전 세계 총 전력 소비량의 상당 부분(5~10% 이상)을 차지할 수도 있다는 전망까지 내놓고 있다.[10]

이는 디지털 전환과 에너지 전환 간의 복잡한 피드백 루프를 형성한다. 즉, AI와 데이터센터 확산이라는 디지털 전환의 흐름이 엄청난 전력 수요 증가를 유발하고, 이 늘어난 전력 수요를 감당하기 위해 (특히 탄소 중립 목표를 달성하려면) 태양광, 풍력 등 재생에너지 발전 설비와 이를 뒷받침할 전력망 및 ESS를 더욱 대규모로 확충해야만 하는 상황이 되는 것이다. 결국, 디지털 기술 발전이 역설적으로 에너지 전환용 핵심광물의 수요를 더욱 증폭시키는 결과를 낳게 된다. 따라서 미래 핵심광물 수요를 예측하고 관련 정책을 수립할 때는 에너지 전환 부문뿐만 아니라, 반도체, AI, 데이터센터 등 첨단 디지털 산업의 발전 추세와 그로 인한 직간접적인 전력 수요 증가 효과까지 종합적으로 고려해야만 전체 그림을 제대로 파악할 수 있다.

국방·안보와
첨단기술 패권의 광물

핵심광물의 중요성은 단순히 경제적 효율성이나 산업 경쟁력의 차원을 넘어, 국가의 존립과 직결된 국방 및 안보 역량, 그리고 미래 기술 지형을 결정짓는 첨단기술 패권의 문제로 직결된다. 2021년 6월, 로이드 오스틴(Lloyd J. Austin III) 미 국방장관이 행정명령 14017호에 따른 전략 및 핵심 재료 100일 검토 보고서를 발표하며 강조했듯이, "전략 및 핵심 재료는 우리 국방과 경제 번영에 필수적이며, 미국이 신흥 기술을 개발하고 유지할 수 있게 한다. 또한 우리의 전투 능력을 향상시키고, 안정적인 일자리를 지원하며, 동맹 및 파트너십을 강화한다."[11] 그의 발언은 현대 국가에게 핵심광물 확보가 더 이상 선택이 아닌 생존의 문제임을 명확히 보여준다. 과거 강철과 석유가 전쟁의 승패를 갈랐다면, 21세기의 안보는 특수한 물성을 지닌 핵심광물과 이

를 기반으로 한 첨단 소재 기술 확보 능력에 의해 좌우될 것이기 때문이다.[12]

따라서 핵심광물 공급망에 대한 안정적인 접근과 통제력은 국가 안보의 보이지 않는 방패이자, 때로는 기술적 우위를 통한 날카로운 창으로 작용한다. 특정 핵심광물의 공급이 잠재적 적대국이나 정치적으로 불안정한 지역에 의해 좌우될 경우, 이는 자국의 첨단 무기체계 생산 차질, 군사적 준비 태세 약화, 그리고 궁극적으로는 국제 사회에서의 협상력 저하 및 안보 위협 증대로 이어질 수 있다. 특히 미국과 중국 간의 전략적 경쟁이 심화되면서, 양국은 국방 및 첨단기술 분야에서 상대방의 약점을 파고들거나 자국의 우위를 확보하기 위한 수단으로서 핵심광물 공급망을 더욱 중요하게 인식하고 관련 정책을 강화하고 있다.

현대 국방·항공우주 기술의 필수 요소
: 첨단 소재의 요구

스텔스 전투기, 극초음속 미사일, 인공위성 기반 감시정찰 시스템, 첨단 레이더 및 전자전(electronic warfare, EW) 장비, 정밀 유도 무기 등 현대 및 미래 전장을 지배할 무기체계들은 극한의 작전 환경(초고속, 초고온, 극저온, 강력한 전자기파 및 방사선 노출 등)에서도 최고의 성능과 신뢰성을 발휘해야 한다. 이를 위해서는 전통적인 금속이나 소재로는 구현할 수 없는 특별한 물리적, 화학적, 전기적, 광학적 특성을 지닌 핵심광물 기반의 첨단 소재가 필수적으로 요구된다.

이러한 중요성을 인식하여, 북대서양조약기구(NATO) 역시 동맹 차원의 국방력 유지와 기술적 우위 확보를 위해 핵심광물 공급망 안정화 노력에 나서고 있다. NATO 국방장관들은 2024년 6월, 동맹의 억제력과 방위력에 영향을 미칠 수 있는 공급망 교란으로부터 보호하기 위한 로드맵을 승인했으며, 그 후속 조치의 일환으로 2024년 12월, NATO 산업자문그룹(NIAG)의 검토를 거쳐 12개의 NATO 국방 핵심 원자재(NATO Defence Critical Raw Materials) 목록을 최초로 발표했다. 이 목록에는 알루미늄, 베릴륨, 코발트, 갈륨, 게르마늄, 흑연, 리튬, 망간, 백금, 희토류 원소, 티타늄, 텅스텐이 포함되었다. NATO는 이들 12개 원자재가 동맹의 첨단 국방 시스템 및 장비 제조에 필수적이며, 이들의 안정적인 공급 확보가 NATO의 기술적 우위와 작전 준비 태세를 유지하는 데 중요하다고 강조했다. 이는 핵심광물 문제가 개별 국가를 넘어 군사 동맹 차원의 공동 대응 과제로 부상했음을 보여준다.

NATO가 선정한 광물들을 포함하여, 현대 국방 및 항공우주 분야에서 핵심적인 역할을 수행하는 주요 광물과 그 용도는 다음과 같이 구체화될 수 있다.

고성능 구조재 및 엔진 소재

티타늄 합금은 가벼우면서도 강철에 버금가는 강도, 탁월한 내열성(약 600℃까지) 및 내부식성 덕분에 F-35와 같은 최신 전투기, 스텔스 폭격기, 군용 수송기의 동체, 날개, 랜딩기어 등 핵심 구조물과 제트 엔진의 압축기 블레이드 및 디스크, 미사일 동체, 잠수함 선체 등 극한의 성능이 요구되는 부위에 광범위하게 사용된다. 니켈 및 코발트 기반 초합금의 경우 제트 엔진의 터빈 블레이드, 연소기, 애프터버너

등 1,000℃ 이상의 초고온과 극심한 응력을 견뎌야 하는 핫 섹션 부품 제작에 필수적이다. 니켈과 코발트는 이러한 초합금의 고온 강도와 내산화성, 크리프(creep) 특성을 결정짓는 핵심 물질이다.

알루미늄 합금은 경량화가 핵심인 항공기 및 미사일 동체, 구조물 등에 널리 사용된다. 특히 스칸듐을 첨가한 고강도 알루미늄 합금은 전투기의 성능 향상에 기여할 수 있다.

베릴륨은 초경량, 고강성, 우수한 열적 특성으로 인해 인공위성의 정밀 광학계(거울, 망원경 구조물), 미사일 및 우주 발사체의 관성 항법 장치, 고성능 전투기의 브레이크 시스템, 핵무기 부품(중성자 반사 및 감속재) 등 대체 불가능한 역할을 수행한다.

첨단 전자·센서·통신 시스템

갈륨, 비소, 게르마늄, 인듐은 갈륨비소와 질화갈륨 기반 화합물 반도체를 구성하는 핵심 원소다. 이 반도체는 전투기, 군함, 조기경보기 등의 핵심인 AESA(능동형 전자주사식 위상배열) 레이더 시스템, 적의 레이더나 통신을 교란하는 전자전 장비, 군용 위성 통신 시스템 등에서 고주파, 고출력 성능을 구현하는 데 필수적이다. 게르마늄은 적외선(IR) 탐지 분야에서 핵심적인 역할을 한다. 야간 투시경, 열화상 조준경, 미사일 탐색기의 렌즈와 센서는 게르마늄의 적외선 투과 특성 없이는 제작이 어렵다. 인듐 기반 화합물 반도체(InP, InAs) 역시 특수 센서나 통신용 레이저에 활용된다.

탄탈럼은 극한의 환경에서도 높은 신뢰성을 유지해야 하는 군용 항공전자장비, 미사일 유도 시스템, 암호화 통신 장비 등에 사용되는 고신뢰성 커패시터의 핵심 소재이다.

실리콘의 경우 모든 전자 시스템의 기반인 반도체 칩의 핵심 소재이다. 특히 우주 공간이나 핵전쟁 환경 등 극한의 방사선 환경에서도 작동해야 하는 군용 시스템에는 내방사선(radiation-hardened) 처리된 특수 실리콘 칩이 요구된다. 특히, 국방 및 항공우주 분야에서 요구되는 극한의 성능과 신뢰성 기준을 충족시키기 위해, 전통적인 실리콘 기반 반도체의 한계를 뛰어넘는 와이드 밴드갭(wide bandgap, WBG) 반도체 소재의 중요성이 급격히 부각되고 있다. 그 대표 주자 중 하나가 바로 실리콘 카바이드(SiC)이다. SiC는 실리콘에 비해 약 3배 넓은 밴드갭 에너지를 가지며, 이는 곧 훨씬 높은 전압(10배 이상의 항복 전압 특성)과 고온(300℃ 이상)에서도 안정적으로 작동할 수 있음을 의미한다. 또한, 열전도율이 실리콘보다 3배 이상 높아 발생한 열을 효과적으로 방출할 수 있으며, 전자 포화 속도가 빨라 더 높은 주파수에서 스위칭(switching) 동작이 가능하다. 이러한 탁월한 물리적 특성은 국방 시스템의 핵심인 고성능 전력 반도체(power electronics) 분야에서 혁신적인 변화를 가능하게 한다. SiC 전력 반도체(MOSFET, 다이오드 등)를 사용하면, 동일한 전력 용량을 기준으로 기존 실리콘 기반 시스템보다 크기와 무게를 획기적으로 줄이면서, 에너지 변환 효율은 높이고, 열 관리는 용이하게 만들 수 있다. 이는 공간, 중량, 전력 효율, 그리고 비용(SWaP–C: Size, Weight, Power, and Cost)이 극도로 중요한 군용 플랫폼에 최적화된 솔루션을 제공한다. 예를 들어, 전투기나 군함에 탑재되는 AESA 레이더 시스템의 송수신 모듈 전원부에 SiC를 적용하면 더 높은 출력과 해상도를 구현하면서도 시스템 크기와 냉각 부담을 줄일 수 있다. 강력한 전파를 방사해야 하는 전자전 재밍(jamming, 전파교란) 시스템이나 미래 무기로 개발 중인 지향성 에너지 무기(DEW, 레이저/고출력 마이크로파) 역시 SiC 기반 전력 변환 장치를 통해 소형화, 고출력화, 고효율화를 달성할 수 있다.[14]

SiC의 놀라운 물성은 반도체 소자뿐만 아니라, 첨단 방탄 소재 분야에서도 그 가치를 인정받고 있다. SiC 세라믹은 모스 경도 9 이상으로 다이아몬드에 버금가는 매우 높은 경도를 가지면서도, 강철이나 다른 금속 장갑재에 비해 무게가 훨씬 가볍다는 장점을 지닌다. 이러한 특성 덕분에 SiC는 총탄이나 파편 등 고속의 관통자에 대한 우수한 방호력을 제공한다. SiC 세라믹 판(Plate)은 날아오는 탄자를 효과적으로 파쇄하거나 변형시켜 운동 에너지를 급격히 분산시키며, 주로 아라미드(케블라 등)나 초고분자량 폴리에틸렌(UHMWPE)과 같은 후면 재료와 결합된 복합 장갑(composite armor) 형태로 사용되어 잔여 에너지를 흡수하고 병사나 장비의 피해를 최소화한다. 이는 병사 개개인이 착용하는 방탄복의 세라믹 방탄판(SAPI/ESAPI plate)이나, 전투 차량, 장갑차, 헬리콥터, 항공기 조종석 등 무게 제한이 중요하면서도 높은 수준의 방호력이 요구되는 플랫폼의 장갑 타일(armor tile)로 널리 적용되고 있다. SiC 세라믹 장갑은 동일한 방호 수준을 기준으로 기존의 금속 장갑보다 훨씬 가볍기 때문에, 병사의 기동성을 향상시키고 차량의 연비를 개선하며 탑재 중량을 늘리는 데 크게 기여한다.

정밀 유도·표적 식별·통제 시스템

희토류는 현대 정밀 유도 무기의 눈과 손발 역할을 수행하는 데 필수적이다. 네오디뮴, 프라세오디뮴, 디스프로슘, 터븀 등을 포함하는 고성능 영구자석(NdFeB)은 미사일의 방향 제어 날개를 빠르고 정밀하게 움직이는 액추에이터(actuator), 전투기의 표적 지시 포드(targeting pod) 내부의 광학계 구동 모터, 드론의 카메라 짐벌 안정화 모터, 잠수함의 소음 없는 추진 모터 등에 광범위하게 사용된다. 미국 전략국제문제연구소(CSIS) 분석에 따르면 F-35 전투기 한 대에 약 417킬로그램, 버지니아급 잠수함에는 약 4,200킬로그램의 희토류가 사용될 정도로 그 중요성이 크다.[15] 또한 이트륨, 유로퓸, 가돌리늄 등은 레이저 거리 측정기 및 표적 지시기, 군용 특수 디스플레이 등에 활용된다.

탄약 및 방호 시스템

텅스텐은 매우 높은 밀도와 경도를 가져 탱크나 장갑차의 장갑을 관통하는 날개안정분리철갑탄(APFSDS)의 핵심 관통자 소재로 사용된다.

안티모니는 전략적으로 매우 중요하지만, 종종 간과되는 금속(metalloid)이다. 가장 중요한 군사적 용도는 납을 경화시켜 총탄과 포탄 파편의 성능을 향상시키는 것이다. 또한, 군복, 텐트, 차량 내부 등에 사용되는 난연제(flame retardant)의 핵심 성분이기도 하다. 문제는 안티모니 공급망이 극도로 취약하다는 점이다. 전 세계 채굴 생산량의 87%를 중국, 러시아, 타지키스탄 3개국이 통제하고 있으며, 특히 최근 군사적 수요 급증으로 연간 필요량(약 12만 톤)이 실제 생산량(약 8만 톤)을 크게 초과하는 심각한 공급 부족 상태에 직면해 있다.[16] 이러한 상황에서 최대 생산국인 중국이 2023년 12월 안티모니에 대한 수출 통제 조치를 시행하면서 공급망 불안정성은 더욱 증폭되었다. 이는 서방 국가들의 탄약 생산 능력과 군사적 준비 태세에 직접적인 위협이 되는 째깍거리는 시한폭탄과 같다는 평가가 나온다. 호주 등지에서 신규 광산 개발(예. 라보토 리소스의 그로브힐 프로젝트)이 추진되고 있지만, 단기적으로 공급 부족을 해소하기는 어려운 실정이다.

기타

이 외에도 리튬과 망간은 군용 통신 장비, 야간 투시경, 드론 등에 사용되는 고성능 배터리의 핵심 소재이며, 흑연은 배터리 음극재 외에도 잠수함 선체 등 특수 분야에서 소음 감소 및 스텔스 성능 향상을 위해 활용될 수 있다. 베릴륨은 핵무기 부품 및 위성 등에, 백금은 연료 전지 및 특수 촉매 등에, 알루미늄은 경량 구조물에, 갈륨과 게르마늄은 첨단 센서 및 반도체에 사용된다. 이처럼 NATO가 선정한 12개 핵심 원자재는 현대 국방 기술 전반에 걸쳐 필수적인 역할을 수행하고 있다.[17]

지정학적 경쟁과 기술 패권
: 광물 공급망이라는 전쟁터

이처럼 현대 국방·안보 시스템이 특정 핵심광물에 깊이 의존하게 되면서, 이들 광물의 공급망에 대한 안정적인 접근과 통제력 확보는 단순한 경제 문제를 넘어 국가의 군사적 우위 및 지정학적 영향력과 직결되는 핵심적인 전략 과제가 되었다. 특히, 특정 광물의 생산이나 가공이 잠재적인 경쟁국이나 적대국에 의해 독점되거나 과점되어 있을 경우, 이는 국가 안보에 치명적인 약점이 될 수 있다.

로이드 오스틴 미 국방장관은 2021년 발언에서 "미국의 전략 및 핵심 재료 공급망 상당 부분이 해외로 이전되었으며, 이는 정상적인 비교 우위나 지질학적 운명의 결과일 수도 있지만, 다른 국가들이 시장 점유율을 확보하기 위해 의도적으로 개입할 수 있다"라고 밝힌 바 있다. 여기서 '다른 국가들'이라 함은 명백히 중국을 겨냥한 발언으로 해석된다. 그는 이어 "전략 및 핵심 재료의 글로벌 공급망이 중국에 집중되는 것은 공급망 교란의 위험과 함께, 강제 노동 사용을 포함한 정치화된 무역 관행의 위험을 초래한다"고 경고했다. 즉, 미국 국방 수장 스스로가 중국 중심의 핵심광물 공급망이 지닌 심각한 안보적 취약성을 공식적으로 인정한 것이다.[18]

이러한 문제의식은 NATO 차원에서도 공유되고 있다.[19] 2024년 NATO가 국방 핵심 원자재 목록을 발표하고 공급망 보호 로드맵을 채택한 것은, 동맹 차원에서 중국 및 러시아 등에 대한 의존도를 낮추고 공급망의 회복력과 기술적 우위를 확보하려는 공동의 위기감과 의지를 반영한다. NATO의 목록에 포함된 12개 원자재(알루미늄, 베릴륨, 코발트, 갈륨, 게르마늄, 흑연, 리튬, 망간, 백금, 희토류, 티타늄, 텅스텐)는 개별 회원국들의 국방력 유지뿐만 아니라, 동맹 전체의 집단 방위 및 억제력 유지에 필수적인 요소들이다.

이에 따라 미국은 국방 및 첨단기술 공급망 안정을 위해 총력을 기울이고 있다. 로이드 오스틴 국방장관이 2021년 강조했던 범정부적 접근(whole - of - government approach) 기조 하에, 국방물자생산법(DPA) Title III 프로그램을 통해 자국 내 희토류 분리·정제 시설(MP 머티리얼스, 라이너스 USA), 티타늄 스펀지 생산, 베릴륨 확보 등 국방 핵심광물 생산 프로젝트에 수억 달러 규모의 자금을 직접 지원하고 있다.[20] 국방물자비축(National Defense Stockpile) 프로그램 역시 변화하는 안보 위협과 기술 수요에 맞춰 비축 품목과 목표량을 재검토하고 조정하고 있다. 외교적으로는 핵심광물안보파트너십(MSP)을 통해 동맹 및 우방국들과 공동으로 중국 외 지역의 유망 프로젝트를 발굴하고 투자하며, 오커스(AUKUS, 호주 - 영국 - 미국 안보 동맹) 등 안보 협의체 틀 안에서도 핵심광물 공급망 협력을 논의하는 등 다각적인 노력을 기울이고 있다. 러시아의 우크라이나 침공 이후 러시아산 핵심광물(티타늄, 팔라듐, 니켈 등)에 대한 의존도를 낮추려는 노력 역시 이러한 큰 틀 안에서 진행되고 있다.

현대 국가의 국방력과 안보는 더 이상 눈에 보이는 병력이나 무기의 수량만으로 결정되지 않는다. 오히려 스텔스 전투기의 비행 능력을 가능하게 하는 티타늄 합금, 미사일을 정확히 목표물로 유도하는 희토류 자석, 적의 움직임을 감지하는 첨단 센서의 소재가 되는 갈륨과 게르마늄 등, 보이지 않는 곳에서 첨단기술을 뒷받침하는 핵심광물의 확보 능력이 국가 안보의 근간을 이루고 있다. 따라서 이러한 국방 핵심광물의 안정적이고 신뢰할 수 있는 공급망을 확보하고 유지하는 것은, 경제적 번영을 넘어 국가의 생존과 직결된 과제이다. 향후 각국이 발표하는 핵심광물 리스트와 관련 정책들은 이러한 국방 및 안보적 고려를 더욱 깊이 반영하게 될 것으로 보인다.

돌에서 배터리까지, 공급망 해부

우리가 매일 사용하는 수많은 제품들, 손안의 스마트폰부터 도로 위의 전기차, 심지어 식탁 위의 음식까지… 이 모든 것들은 어느 한 곳에서 뚝딱 만들어지는 것이 아니다. 원재료가 채굴되고, 가공되어 부품이 되고, 여러 부품이 모여 완제품이 되어, 복잡한 물류 네트워크를 통해 최종 소비자의 손에 도달하기까지 수많은 과정과 참여자들이 얽혀있는 거대한 흐름이 존재한다. 이를 우리는 공급망(supply chain) 또는 가치사슬(value chain)이라고 부른다.

공급망은 단순히 물건이 이동하는 경로만을 의미하지 않는다. 그 안에는 원재료의 탐색부터 최종 소비자의 만족에 이르기까지, 제품과 서비스가 가치를 더하며 흘러가는 모든 활동, 즉 물적 흐름(physical flow)뿐만 아니라, 관련된 정보의 흐름(information flow)과 자금의 흐름(financial flow)까지 포함하는 복합적이고 유기적인 시스템이다. 마치 수많은 실핏줄이 모여 동맥과 정맥을 이루고 우리 몸 전체의 생명 활동을 유지하듯, 공급망은 현대 경제 시스템의 근간을 이루는 핵심적인 혈관과도 같다.

이 복잡한 흐름을 보다 체계적으로 이해하고 분석하기 위해, 일반적으로 공급망을 상류(upstream), 중류(midstream), 하류(downstream)의 세 단계로 구분하여 설명한다.

상류는 제품 생산에 필요한 가장 기본적인 원재료를 얻는 단계를 의미한다. 광물을 채굴하거나, 농작물을 재배하고, 원유를 시추하는 등의 활동이 여기에 해당한다.

중류는 상류에서 얻은 원재료를 가공하여 중간재나 부품 형태로 만드는 단계이다. 원유를 정제하여 휘발유나 플라스틱 원료를 만들거나, 철광석을 녹여 강철 코일을 생산하고, 원목을 가공하여 합판을 만드는 과정 등이 포함된다. 이 단계는 종종 높은 기술력과 대규모 설비 투자를 요구하며, 부가가치를 창출하는 핵심적인 역할을 수행한다.

하류는 중류에서 생산된 중간재나 부품을 조립하여 최종 소비자가 사용하는 완제품을 만들고, 이를 유통, 판매, 서비스하는 단계이다. 자동차 조립 공장, 스마트폰 제조 라인, 그리고 백화점이나 온라인 쇼핑몰 등이 하류 단계에 속한다.

하지만 여기서 중요한 점은 이러한 상류, 중류, 하류의 구분은 절대적인 것이 아니라 상대적인 개념이라는 것이다. 어떤 산업이나 기업의 관점에서 보느냐에 따라 동일한 활동이 다른 단계로 해석될 수 있다. 예를 들어, 리튬 광산을 운영하는 기업에게 배터리 소재(양극재, 음극재) 생산 기업은 하류 고객이지만, 최종 전기차를 만드는 기업의 관점에서 보면 배터리 소재 기업이나 배터리 셀 제조 기업은 모두 상류 공급자에 해당한다. 또 다른 예로, 철광석을 채굴하는 광산 회사에게 제철소는 하류 고객이지만, 이 제철소에서 생산된 강판을 사용하는 자동차 회사나 건설 회사에게 제철소는 상류 공급자가 된다. 이처럼 공급망 단계의 상대성을 이해하는 것은 특정 산업의 구조를 분석하고, 잠재적인 병목 지점을 파악하며, 효과적인 공급망 관리 전략이나 산업 정책을 수립하는 데 있어 매우 중요하다. 각 행위자의 위치와 관점에 따라 공급망의 위험 요소와 기회 요인이 다르게 인식될 수 있기 때문이다.

광물 공급망 A to Z

광물의 공급망은 단순한 선형적 과정이 아닌, 각 단계가 유기적으로 연결되고 상호 영향을 미치는 복잡한 네트워크이다. 각 단계는 고유한 기술적 전문성, 막대한 자본 투자, 그리고 잠재적 위험 요인을 내포하고 있다. 공급망 전체의 안정성과 효율성을 이해하기 위해서는 상류(upstream), 중류(midstream), 하류(downstream), 그리고 재자원화(recycling) 단계로 나누어 각 과정의 특성을 심층적으로 살펴볼 필요가 있다.

상류 단계, 지구 깊숙한 곳에서
원석을 캐내기까지(탐사 → 채굴 → 선광)

핵심광물 공급망의 여정은 지구 깊숙한 곳에 잠들어 있는 광물을 찾아내는 탐사(exploration) 활동에서 시작된다. 이는 첨단 과학기술과 막대한 자본, 그리고 약간의 (많으면 더욱 좋은) 운이 필요한 과정이다. 지질학자들과 탐사 전문가들은 위성 영상 분석, 항공 자력/방사능 탐사, 토양, 암석, 하천 퇴적물 등의 화학 성분을 분석하는 지표 지질조사(geological survey) 및 지구화학적 탐사(geochemical survey) 등을 통해 광물 부존 가능성이 높은 유망 지역(prospect)을 선별한다. 이후, 선정된 지역에서는 중력(gravity) 탐사, 자력(magnetic) 탐사, 전기 비저항(resistivity) 탐사 등 정밀 물리탐사를 통해 지하 구조를 파악하고, 최종적으로 시추(drilling)를 통해 암석 코어(core) 샘플을 채취하여 광체의 정확한 위치, 규모, 형태, 그리고 가장 중요한 품위(grade, 광석 내 유용 광물의 함량 비율)를 확인한다. 이 과정에서 얻어진 데이터를 바탕으로 3차원 광체 모델링(orebody modeling)과 매장량/가채매장량(resources/reserves) 평가가 이루어지

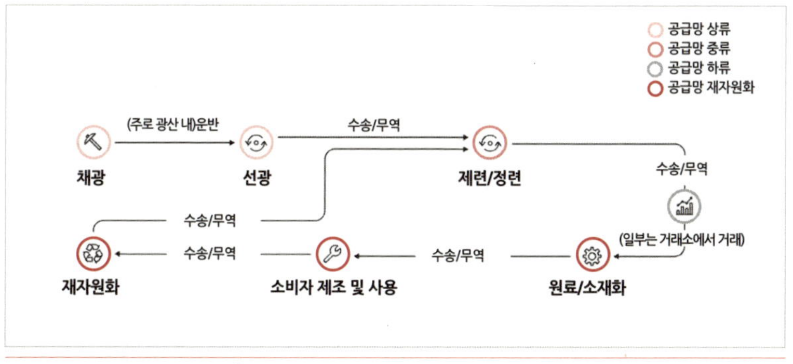

자료 3-1 핵심광물 공급망 구조[1]

며, 이는 후속 개발 및 투자 결정의 핵심 근거가 된다. 탐사 과정은 통상 수년에서 길게는 10년 이상 소요되며, 성공 확률이 낮아 대표적인 고위험 – 고수익(high risk – high return) 투자 분야로 꼽힌다. 경제성 평가(feasibility study, FS)를 통과하고 환경 영향 평가 및 각종 인허가를 획득해야 비로소 실제 채굴 단계로 넘어갈 수 있다.

채굴 혹은 채광(mining)은 확인된 광체(orebody)를 실제로 파내는 작업이다. 광상(deposit)이 지표면 근처에 넓게 분포하는 경우(예. 호주의 철광석, 인도네시아의 니켈 라테라이트, 일부 리튬 경암 광상)에는 표토를 걷어내고 직접 파 내려가는 노천 채굴(surface mining) 방식이 주로 사용되며, 광맥이 지하 깊은 곳에 있거나 맥상(vein) 형태로 존재하는 경우(예. 일부 구리, 아연, 금, 우라늄 광산)에는 수직 갱도나 경사 갱도를 통해 지하로 접근하는 지하 채굴(underground mining) 방식이 적용된다. 칠레의 염호 리튬처럼 소금물(brine)에 녹아 있는 경우에는 염수를 펌핑하여 증발시키는 염수 추출 방식이 사용된다. 어떤 방식이든 채굴 과정에서는 막대한 양의 토사와 폐석(waste rock)이 발생하며, 지하수 관리, 분진 발생 억제, 지반 안정성 확보, 그리고 채굴 종료 후의 광산 복구(mine reclamation) 등 다양한 기술적·환경적 과제를 수반한다.

광산에서 채굴된 원광석(raw ore)은 대부분 목표 광물의 함량이 낮고(예. 구리 원광석 0.5~2% 구리(Cu), 리튬 스포듀민 원광석 1~2% 산화리튬(Li_2O)) 다양한 불순물(맥석, gangue)과 섞여 있기 때문에, 후속 제련 공정의 효율성을 높이고 운송 비용을 절감하기 위해 반드시 선광(beneficiation 또는 mineral processing) 과정을 거쳐야 한다. 선광은 물리적 또는 화학적 방법을 이용하여 원광석에서 유용 광물을 선별하고 농축시키는 작업이다. 먼저, 파쇄(crushing)와 분쇄(grinding) 공정을 통해 원광석을 잘게 부수어 유용 광물 입자를 맥석으로부터 분리(liberation)시킨다. 이후, 광물의 물리적 특성 차이(비중, 자성, 전도성 등)를 이용하여 선별하거나(예. 철광석의 자력 선별, 금의 비중 선별), 광물 표면의 화학적 특성 차이를 이용하여 특정 광물만 선택적으로 부착시켜 분리하는 부유 선별(froth flotation) 방법(구리, 납, 아연 황화광물 선별에 주로 사용) 등을 적용한다. 경우에 따라서는 화학 용액을 사용하여 특정 광물만 녹여내는 침출(leaching) 공정(예. 저품위 산화구리광, 금광석)을 사용하기도 한다. 이러한 선광 과정을 거치면, 초기 원광석보다 유용 광물 함량이 훨씬 높은 정광(concentrate)(예. 구리 정광 25~30% Cu, 스포듀민 정광 약 6% Li_2O)이나 중간 생성물(예. 산화광 침출액)이 생산되며, 이것이 중류 단계로 넘어가는 주요 원료가 된다. 상류 단계는 이처럼 자원의 발견에서 활용 가능한 원료 생산까지를 포괄하며, 전체 공급망의 시작점이자 기반이 된다.

중류 단계, 순도를 높이고 형태를 바꾸는 연금술(제련 → 정제 → 소재화)

중류 단계는 상류에서 생산된 정광이나 중간 원료를 화학적·물리적 제련(smelting) 및 정제(refining) 공정을 통해 더욱 가공하여, 하류 산업에서 요구하는 특정 화학적 조성과 높은 순도를 가진 중간 소재(intermediate materials) 형태로 변환시키는 핵심적인 단계이다. 이 단계는 종종 핵심광물 공급망 전체에서 가장 높은 기술적 장벽과 막대한 자본 투자를 요구하며, 특정 국가(특히 중국)에 생산 능력이 집중되어 있는 대표적인 병목 구간이기도 하다.

중류 단계의 핵심 공정은 크게 건식 제련(pyrometallurgy)과 습식 제련(hydrometallurgy)으로 나눌 수 있다.

건식 제련

고온의 열을 이용하여 광석이나 정광을 녹여 금속을 분리·회수하는 방법이다. 철광석을 용광로에서 녹여 선철을 만드는 제선 공정, 구리·니켈·납 정광을 용융시켜 조금속(crude metal)을 만드는 제련 공정이 대표적이다. 고온 유지를 위해 막대한 에너지가 소모되며, 주로 석탄 등 화석연료를 사용한다. 이산화황(SO_2) 등 대기오염 물질과 슬래그(slag, 찌꺼기)와 같은 부산물이 다량 발생한다.

습식 제련

물이나 산, 염기 등의 화학 용액을 이용하여 광석이나 정광에서 원하는 금속 성분을 선택적으로 녹여낸 후, 화학적 침전, 용매 추출(solvent extraction, SX), 이온 교환, 전기 분해 채취(electrowinning, EW) 등의 방법을 통해 금속을 회수하거나 고순도 화합물을 만드는 방법이다. 금이나 우라늄 제련, 산화된 구리나 니켈 광석 처리, 그리고 염호나 경암형 리튬 자원에서 리튬 화합물을 생산하는 데 널리 사용된다. 건식 제련에 비해 상대적으로 낮은 온도에서 공정이 진행되지만, 다량의 화학 약품과 용수를 사용하기 때문에 폐수 처리가 중요한 환경 문제로 부각된다.

경우에 따라서는 전기 제련(electrometallurgy) 방식도 사용된다. 알루미늄(보크사이트→알루미나→전기 분해)이나 마그네슘(돌로마이트/염수→산화마그네슘/염화마그네슘→전기 분해) 생산이 대표적이며, 구리나 아연 등의 최종 정제 단계에서도 전기 분해(electrorefining)가 활용된다. 이는 매우 높은 순도의 금속을 얻을 수 있지만, 막대한 전력을 소비하는 단점이 있다.

특히 첨단산업 분야에서 요구하는 핵심광물 소재는 단순히 금속을 추출하는 것을 넘어, 극도로 높은 순도(purity)를 요구하는 경우가 많다. 예를 들어, 배터리용 리튬 화합물(탄산리튬, 수산화리튬)은 99.5% 이상의 순도가 필요하며, 니켈 및 코발트 황산염 역시 99.9% 수준의 고순도가 요구된다. 반도체용 실리콘 웨이퍼는 최소 9N(99.9999999%) 이상의 초고순도를 필요로 한다. 이러한 고순도 소재를 생산하기 위해서는 여러 단계의 복잡한 정제 공정(예. 재결정, 증류, 이온 교환, 용매 추출, 전해 정련, 반도체의 경우 존 리파이닝(zone refining) 등)을 거쳐야 하며, 이는 고도의 기술력과 엄격한 품질 관리를 필요로 한다.

또한, 증류 단계는 단순히 순도를 높이는 것을 넘어, 원료의 화학적 형태를 변환시키는 과정이기도 하다. 호주 등지에서 생산된 리튬 정광인 스포듀민($LiAlSi_2O_6$)은 그 자체로는 배터리에 사용할 수 없으며, 이를 황산 침출, 소성 등의 복잡한 화학 공정을 거쳐 최종적으로 배터리 양극재 합성에 사용되는 수산화리튬($LiOH$)이나 탄산리튬(Li_2CO_3) 형태로 전환해야 한다. 자발리브스케 등에서 생산된 플레이크 흑연 정광 역시, 분쇄, 불순물 제거(고온 또는 화학 처리), 그리고 입자를 둥글게 만드는 구형화(spheroidization) 공정을 거쳐야만 배터리 음극재로 사용될 수 있는 고순도 구형흑연(SPG)이 된다. 희토류 역시 채굴된 혼합 정광 상태에서는 사용할 수 없으며, 매우 복잡하고 환경 부담이 큰 용매 추출(solvent extraction) 공정을 통해 17개 희토류 원소를 개별적으로 분리하고 고순도 산화물이나 금속 형태로 정제해야만 자석이나 촉매 등으로 활용될 수 있다.

이처럼 중류 단계는 높은 기술적 장벽, 막대한 자본 투자, 상당한 에너지 소비 및 환경적 부담을 특징으로 한다. 그리고 바로 이 단계에서 중국이 희토류 분리·정제, 흑연 구상화 및 정제, 마그네슘 제련, 갈륨·게르마늄 생산 등 다수 핵심광물 분야에서 압도적인 글로벌 시장 점유율을 확보하고 있다. 이는 서방 국가들이 공급망을 재편하는 데 있어 가장 큰 어려움으로 작용하는 핵심적인 병목 지점이다.

하류 단계, 첨단 부품과 최종 제품의 탄생

하류 단계는 중류에서 생산된 고순도 금속, 화학물, 소재 등을 이용하여 특정 기능을 수행하는 부품(components)을 만들고, 이를 다시 조립하여 우리가 일상에서 사용하거나 산업 현장에서 활용되는 최종 제품(end products)을 생산하는, 가치사슬의 마지막 단계이다. 이 단계는 일반적으로 가장 높은 부가가치가 창출되며, 기술 혁신과 시장 경쟁이 가장 치열하게 일어나는 영역이다.

핵심광물 소재는 하류 단계에서 다양한 형태의 핵심 부품으로 변신한다. 예를 들어, 배터리 산업에서는 중류 단계에서 생산된 수산화리튬, 황산니켈, 황산코발트, 황산망간 등을 전구체(precursor) 합성 공정을 거쳐 NCM, NCA, LFP 등 다양한 종류의 양극 활물질(cathode active material)로 만들고, 고순도 구형흑연과 바인더 등을 혼합하여 음극 활물질(anode material)을 제조한다. 이들은 분리막, 전해액과 함께 배터리 셀(cell)과 팩(pack)으로 조립된다. 희토류 분야에서는 분리·정제된 네오디뮴, 프라세오디뮴, 디스프로슘, 터븀 등을 철, 붕소(B)와 합금하여 강력한 네오디뮴 영구자석을 생산한다. 반도체 산업에서는 초고순도 실리콘 잉곳을 얇게 잘라 웨이퍼를 만들고, 갈륨비소나 질화갈륨 같은 화합물 반도체 소재를 가공한다. 티타늄이나 니켈, 코발트, 니오븀, 탄탈럼 등은 다양한 특수 합금(superalloys) 형태로 가공되어 항공기 엔진 부품이나 고강도 구조물에 사용된다.

이렇게 만들어진 핵심 부품들은 다시 최종 제품 생산라인으로 이동한다. 배터리 팩은 전기자동차나 ESS에 탑재되고, 희토류 자석은 전기차 모터, 풍력발전기 터빈, HDD, 스마트폰, 에어컨 컴프레서, 각종 센서 및 군사용 정밀 유도 무기 등에 사용된다. 실리콘 웨이퍼는 복잡한 포토리소그래피(photolithography), 식각(etching), 증착(deposition), 이온 주입(ion implantation) 등의 공정을 거쳐 반도체 칩으로 탄생하며, 이는 스마트폰, 컴퓨터, AI 서버, 자동차 등 모든 전자기기의 두뇌 역할을 수행한다.

하류 단계는 한국(배터리, 반도체), 일본(전자부품, 소재), 대만(반도체 파운드리), 미국 및 유럽(자동차, 항공우주, 국방) 등 주로 선진 기술과 자본력을 갖춘 국가들에 의해 주도되는 경향이 있다. 이 단계의 기업들은 글로벌 시장에서의 치열한 경쟁 속에서 살아남기 위해 지속적인 연구개발(R&D) 투자를 통한 기술 혁신, 엄격한 품질 관리(quality control, QC), 효율적인 생산 공정 관리(process management, PM), 그리고 강력한 브랜드 및 마케팅 역량을 필요로 한다. 하지만 동시에, 하류 단계의 생산 활동은 안정적인 부품 및 소재 확보, 즉 상류 및 중류 공급망의 안정성에 절대적으로 의존한다. 중류 단계에서의 핵심 소재 공급 차질(예. 중국의 수출 통제)이나 상류 단계에서의 원료 부족(예. 특정 광산의 파업 또는 폐쇄)은 즉각적으로 하류 단계의 생산라인 중단으로 이어질 수 있으며, 이는 2020

년대 초반 전 세계 자동차 산업을 강타했던 반도체 부족 사태에서 명확히 드러났다. 따라서 하류 단계 기업들에게도 공급망 위험 관리는 핵심적인 경영 과제가 된다.

공급망 위기, 요소수 사태가 남긴 교훈

공급망의 중요성은 평소에는 마치 공기처럼 잘 느껴지지 않지만, 특정 지점에서 발생하는 작은 교란이 연쇄적인 파급 효과를 일으켜 산업 전반, 고용, 물가, 그리고 우리가 매일 사용하는 필수품의 가용성에까지 심대한 영향을 미칠 수 있다는 점에서 그 진가가 드러난다. 위기 상황이 발생하면 그 중요성은 즉각적으로, 그리고 때로는 매우 고통스럽게 부각된다. 지난 수십 년간 효율성 극대화를 목표로 발전해 온 린(lean) 생산 방식이나 적시생산(Just-in-Time) 시스템은 재고 비용을 줄이고 생산성을 높이는 데 크게 기여했지만, 동시에 예기치 않은 외부 충격에 대한 완충 능력(buffer capacity)을 약화시켜 공급망 전체의 시스템적 위험을 증가시키는 결과를 초래하기도 했다. 최소한의 재고와 여유 생산 능력만을 유지하는 이러한 시스템은, 특정 부품이나 원자재 공급에 작은 문제만 발생해도 전체 생산라인이 멈춰 서거나 시장에서 해당 제품이 사라지는 상황으로 매우 빠르게 이어질 수 있음을 의미한다.

더욱이, 글로벌화가 심화되면서 공급망은 점점 더 복잡하게 여러 국가와 수많은 단계를 거쳐 길게 늘어지는 형태가 되었다. 이는 자연스럽게 공급망 전체의 투명성을 낮추고, 잠재적 위험에 대한 선제적 관리를 더욱 어렵게 만들었다. 마치 거대한 그물처럼 얽히고설킨 현재의 구조 속에서, 최종 제품 생산자나 소비자는 자신과 직접적으로 연결되지 않은 공급망의 더 깊숙한 단계, 예를 들어 3차·4차 협력업체나 원자재 공급처에서 발생하는 문제를 사전에 감지하고 대비하기란 거의 불가능에 가깝다. 바로 이러한 구조적 취약점이 최근 몇 년간 우리가 경험한 공급망 위기의 근본적인 배경 중 하나이다.

중국의 석탄 부족이 한국의 화물차를 멈춰 세우다

그렇다면 공급망이 취약할 경우 우리 실생활에 어떤 일이 벌어질 수 있을까? 2021년 한국에서 발생하여 전국을 혼란에 빠뜨렸던 요소수 부족 사태는 특정 품목의 공급망 붕괴가 국가 경제와 사회 전반에 얼마나 빠르고 심각한 영향을 미칠 수 있는지를 극명하게 보여준 대표적인 사례다. 이 사태는 단일 공급원에 대한 과도한 의존과 글로벌 공급망의 복잡한 상호연결성이 얼마나 큰 위험을 내포하고 있는지를 우리 사회에 뼈저리게 각인시켰다.

2021년 한국의 요소수 대란은 근본적으로 중국의 요소 수출 급감으로 인해 촉발되었다. 중국은 2021년 10월 11일부로 요소에 대한 수출

검사를 의무화했고, 10월 15일부터는 사실상 수출을 통제하기 시작했는데, 이는 자국 내 요소 공급 안정화를 위한 조치였다. 당시 중국이 이러한 조치를 취하게 된 배경에는 자국 내 석탄 부족 문제가 자리 잡고 있었다. 중국에서 요소는 주로 석탄을 원자재로 생산되는 합성 암모니아를 통해 제조되는데, 여러 요인이 복합적으로 작용하여 석탄 공급에 큰 차질이 발생했던 것이다. 우선, 중국 정부의 강력한 탄소 배출 저감 정책과 대기질 개선 목표는 석탄 생산량 감축으로 이어졌다. 또한, 2020년부터 시작된 호주와의 무역분쟁으로 인한 호주산 고품질 석탄 수입 금지 조치는 주요 발전용 및 산업용 석탄 공급원에 큰 공백을 만들었다. 여기에 코로나19 이후 글로벌 제조업 경기 회복과 여름철 냉방 전력 수요 증가로 중국 내 석탄 소비량이 급증했고, 설상가상으로 주요 석탄 생산지인 산시성 등에서 2021년 10월 기록적인 대홍수가 발생하여 석탄 채굴 및 운송에 심각한 타격을 주었다. 국제 천연가스 가격 급등으로 중국 내 석탄 발전의 가격 경쟁력이 상대적으로 높아진 것도 석탄 수요를 더욱 부추기는 요인이었다. 이러한 복합적인 상황에 직면하자 중국 당국은 자국 내 에너지 안보와 식량 안보(요소는 비료의 핵심 원자재이기도 하다)를 최우선으로 고려하여 요소 수출을 제한하는 조치를 취하게 된 것이다.[2]

문제는 당시 한국이 산업용 요소, 특히 차량용 요소수 원자재의 거의 대부분을 중국 단 한 나라에 의존하고 있었다는 점이다. 이는 2011년 국내 요소 생산 공장들이 중국산 저가 요소와의 가격 경쟁에서 밀려 모두 문을 닫으면서, 요소 전량을 수입에 의존하게 된 구조적인 취약성에서 비롯되었다. 단기적인 경제적 효율성과 비용 절감을 최우선으로 추구하는 과정에서, 특정 필수 원자재의 해외 의존도가 위험 수

준까지 심화된 것이다.[3]

중국발 요소 공급 중단은 즉각적으로 국내 물류 시스템에 치명적인 타격을 주었다. 전국 화물 운송의 중추인 대형 트럭들이 요소수 부족으로 운행 중단 위기에 직면했고, 굴삭기, 크레인, 덤프트럭 등 디젤 연료를 사용하는 중장비 운행이 어려워지면서 공사가 중단될 위기에 처했으며, 디젤 발전기나 농기계에 의존하는 다른 산업 분야와 농촌 지역도 타격을 입었다. 심지어 대중교통 수단인 시내·외 버스, 소방차와 구급차 같은 긴급 차량, 그리고 쓰레기 수거 차량 등 공공 서비스 운영마저 위협받는 일촉즉발의 상황에 이르렀다. 시중에서는 요소수 가격이 평소의 10배 가까이 폭등하며 사재기와 매점매석 현상까지 나타났고, 사회 전체가 큰 혼란에 빠졌다. 한국 정부는 부랴부랴 긴급 대응으로 호주에서 군 수송기를 동원해 요소수 27톤을 긴급 공수하였고, 외교 채널을 총동원해 해외 물량 확보에 나서는 등 비상 수단을 총동원하고 나서야 비로소 한 달여 만에 위기 상황을 겨우 진정시킬 수 있었다. 만약 요소수 부족 사태가 장기화되어 국내 물류 시스템이 마비되었을 경우, 현대경제연구원은 하루 최대 3,360억 원의 막대한 경제적 손실이 발생할 수 있다고 분석하기도 했다.[4]

한국의 요소수 사태는 특정 국가, 특히 해당 국가의 국내 정책 변화나 내부 사정에 의해 공급이 쉽게 좌우될 수 있는 취약한 공급원에 대한 과도한 의존이 얼마나 큰 국가적 위험을 내포하는지를 명확히 보여주었다. 이 사건을 계기로 수입선 다변화는 더 이상 선택이 아닌 필수라는 인식이 확산되었다. 실제로 위기 이후 한국 정부와 기업들은 요소 수입선을 적극적으로 다변화하여, 2024년에는 베트남(53.1%), 중국(27.1%), 일본(8.8%) 등으로 공급처를 분산시키는 성과를 보이기도 했다.[5] 하지만 여전히 소수의 특정 국가에 수입을 의존하는 구조가 완전히 해소된 것은 아니며, 이번 사태를 통해 국가 기간산업과 안보에 직결되는 핵심 품목에 대해서는 일정 수준의 국내 생산 기반을 유지하거나 최소한의 비축 물량을 확보해야 한다는 사회적 공감대가 형성되었다. 단기적인 비용 효율성 때문에 포기했던 핵심 소재의 국내 생산 능력 확보에 대한 논의가 다시 활발해졌으며, 공급망 안정화를 위한 특별 지원 기금 조성 등 정부 차원의 대책도 마련되었다. 즉, 과거의 단기적 비용 효율성만을 추구하던 전략에서 벗어나, 장기적인 공급망 회복탄력성과 국가 경제안보를 함께 고려하는 균형 잡힌 접근 방식이 그 어느 때보다 중요해지고 있는 시점이다.

이러한 요소수 사태의 교훈은 단순히 특정 화학제품 부족 문제를 넘어, 중국의 석탄 기반 에너지 정책과 산업 구조, 그리고 한국의 디젤 의존적인 물류 시스템 전반에 걸쳐 상호 연결된 취약성을 드러냈다는 점에서 더욱 큰 의미를 가진다. 중국의 국내 석탄 수급 상황이 요소 생산에 직접적인 영향을 미쳤고, 이것이 다시 바다 건너 한국의 물류 대동맥을 마비시킬 뻔했던 것이다. 이는 공급망 위험 관리가 단순히 직계 공급업체 관리를 넘어, 주요 공급국의 지정학적 상황, 국내 정책 환경, 심지어 기상 이변과 같은 예상치 못한 변수까지 종합적으로 고려해야 하는 복잡한 과제임을 보여준다. 또한, 요소수와 같이 평소에는 비교적 저렴하고 대량으로 사용되어 그 중요성이 간과되기 쉬운 일상적인 품목조차도, 공급망이 막힐 경우 국가 안보를 심각하게 위협할 수 있는 숨겨진 핵심 품목이 될 수 있다는 점도 중요한 시사점이다. 이러한 품목의 가치는 평소에는 잘 드러나지 않지만, 부재 시 그 파급 효과는 상상을 초월할 수 있다.

핵심광물 공급망 위기가 불러올 나비 효과

한국의 요소수 사태와 유사하게, 특정 광물자원의 공급망 불안정은 이미 전 세계적으로 다양한 산업에 걸쳐 영향을 미치고 있다. 요소수는 그나마 단기간의 극심한 혼란을 겪었지만, 화학적으로 생산 가능하고 대체 공급선을 찾을 수 있으며, 비록 시간이 걸리더라도 국내 생산 기반을 다시 구축할 여지가 있는 품목이었다. 하지만 희토류나 코발트, 흑연과 같이 특정 국가가 생산 및 가공 과정의 대부분을 독점하고 있고, 단기간 내에 대체 공급선을 찾거나 국내 생산 시설을 마련하는 것이 거의 불가능한 핵심광물들의 경우, 공급망 위기가 현실화될 경우에 그 충격과 파급 효과는 요소수 사태와는 비교할 수 없을 정도로 심각하고 장기적일 수 있다.

기존의 자유무역 질서가 재편되고 지정학적 긴장이 고조되면서 핵심광물을 둘러싼 공급망 위기가 더욱 심화되고 있는 지금, 이 보이지 않는 전쟁에 제대로 대비하지 못한다면 그 결과는 참혹할 것이다. 핵

구분	요소수	핵심광물
용도	디젤차량, 중장비, 화물운송에 필수	전자장비, 배터리, 산업원료, 국방 등
해외 의존도	전량 해외 의존	전량 해외 의존
주 수입국	중국 99%	중국 60~90%
부족 시 대체 수입루트	대체로 다양	매우 한정
국내 생산 가능 여부	기술적으로 가능 (경제성 문제로 현재 생산 중단)	불가 (극히 일부 제련소 부산물로 산출)
공급망 리스크	중간	높음
문제시 민간 해결 능력	어려움, 외교적 접근 필요	어려움, 외교적 접근 필요
피해 예상액	3,000억/원 (출처: 현대경제연구소)	???

자료 3-2 요소수와 핵심광물 공급망의 비교

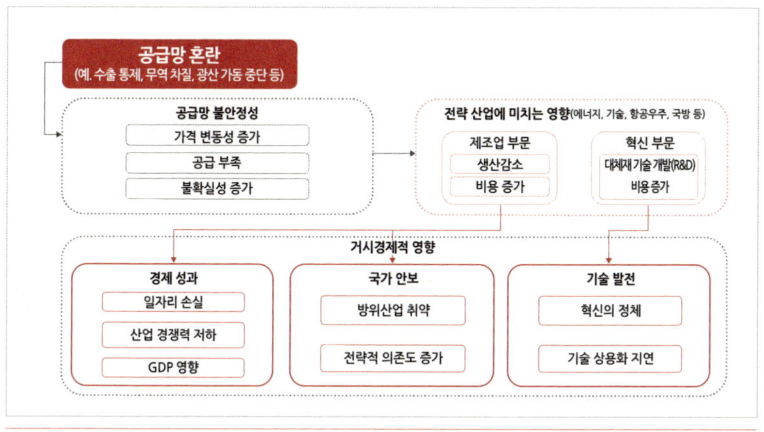

자료 3-3 전략 산업과 하류 산업에 대한 핵심광물 공급 혼란의 영향[6]

심광물 공급망의 붕괴는 단순히 원자재 수급의 문제를 넘어, 산업과 국가 경제 전반을 뒤흔드는 연쇄적인 충격으로 이어진다. 공급망에 균열이 생기는 순간, 일차적으로 가격 변동성이 심화되고 가용성이 급감하며 미래에 대한 불확실성이 증대된다. 이는 곧장 에너지, 기술, 항공우주, 국방과 같은 국가 전략 산업에 직접적인 타격을 가한다. 제조업체들은 원자재 가격 급등으로 생산 비용이 증가하고, 물량 확보의 어려움으로 생산 자체가 감소하는 이중고를 겪게 되며, 장기적으로는 미래 기술 개발에 투입되어야 할 R&D 자원이 공급이 막힌 광물을 대체하기 위한 연구에 소모되면서 혁신의 발목을 잡히게 된다.

이러한 산업계의 충격은 거시 경제와 국가 안보 차원의 위기로 빠르게 확산된다. 기업의 생산 차질과 경쟁력 약화는 일자리 감소와 GDP 하락으로 직결되며, 더욱 심각하게는 국가 안보의 근간을 흔든다. 특정 국가에 대한 광물 의존은 국방 산업의 기반을 취약하게 만들고, 전략적 종속 관계를 심화시켜 외교적 협상력을 약화시킨다. 결국, 혁신에 필요한 자원이 공급 문제 해결에 소모되면서 기술 발전이 지연되고, 이는 장기적으로 한 국가의 기술 리더십 상실이라는 돌이킬 수 없는 결과로 귀결될 수 있다.

위기의 징후, 핵심도 평가와 리스크 진단

핵심광물의 공급망은 지리적 편재성, 시장의 불투명성, 지정학적 갈등 등 수많은 위험에 노출되어 있다. 단순히 어떤 광물이 중요한지 나열하는 것을 넘어, 이 보이지 않는 위험들을 어떻게 체계적으로 식별하고, 측정하며, 우선순위를 정할 것인가에 대한 방법론이 중요해진다. 이것이 바로 '핵심도 평가(criticality assessment)'가 필요한 이유이며, 모든 공급망 위기관리 전략은 바로 이 평가에서부터 시작된다.

핵심도 평가는 특정 광물이 한 국가나 경제권에 얼마나 중요한지, 그리고 그 공급망이 얼마나 취약한지를 종합적으로 분석하여 리스크를 정량화하는 체계적인 심사 도구이다. 이 평가는 정책 입안자와 산업계가 공급망의 약한 고리를 정확히 이해하고, 선제적으로 대응하며, 한정된 자원을 가장 시급한 곳에 집중할 수 있도록 돕는 나침반과 같은 역할을 한다. 또한, 평가 결과는 신규 광산 탐사, 제련 시설 건설, 무역 협정, 그리고 재활용 산업 육성 등 국가의 지속 가능한 자원 관리 정책 전반의 방향을 설정하는 데 핵심적인 근거 자료로 활용된다. 나아가 잠재적인 성장 분야와 신흥 시장을 명확히 보여줌으로써 민간 투자를 유치하고, 국가 간 기술 교류 및 정책 조율을 위한 협력의 장을 여는 역할도 수행한다. 결국 핵심도 평가는 공급망의 현재 상태를 진

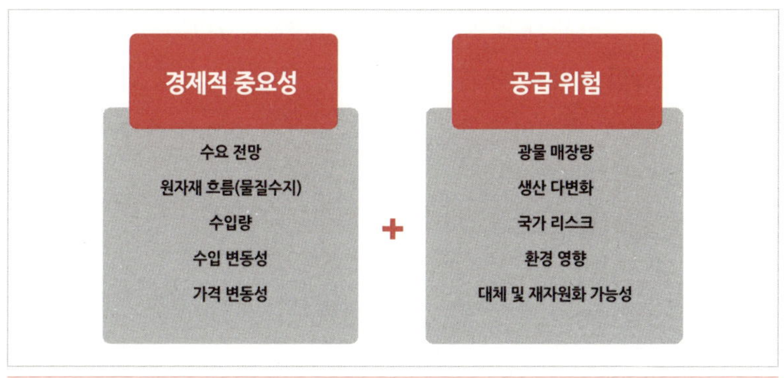

자료 3-4 핵심도 평가의 두 가지 축

단하는 건강검진이자, 미래의 위기에 대비하기 위한 전략 설계도인 셈이다.

전 세계적으로 다양한 평가 방법론이 존재하지만, 대부분의 핵심도 평가는 두 가지 큰 축을 중심으로 이루어진다. 바로 '경제적 중요성(economic importance)'과 '공급 위험(supply risk)'이다. 어떤 광물이 이 두 가지 기준을 모두 충족시켜 미리 정해진 위험 문턱을 넘어설 때, 비로소 '핵심광물'이라는 꼬리표가 붙게 된다.

첫 번째 축인 경제적 중요성은 특정 광물이 한 국가의 경제와 핵심 산업에 얼마나 필수적인지를 평가하는 척도이다. 이는 단순히 해당 광물 자체의 시장 가치를 의미하는 것을 넘어선다. 오히려 그 광물이 없어졌을 때 발생할 수 있는 파급 효과, 즉 하류 산업에 대한 의존도를 측정하는 것에 가깝다. 예를 들어, 스마트폰 한 대에 들어가는 희토류의 가격은 미미할 수 있지만, 만약 그 희토류의 공급이 중단되면 수십억 달러 규모의 스마트폰 산업 전체가 멈춰 설 수 있다. 이처럼 경제적 중요성은 국내총생산(GDP) 기여도, 고용에 미치는 영향, 특정 산업에서의 활용률, 그리고 대체 불가능성 등을 통해 종합적으로 평가된다.

두 번째 축인 공급 위험은 해당 광물의 공급망이 중단될 가능성이 얼마나 높은지를 측정한다. 아무리 경제적으로 중요한 광물이라도 전 세계 여러 곳에서 풍부하게 생산되고 안정적으로 거래된다면 공급 위험은 낮다. 공급 위험을 평가하는 데에는 다양한 지표가 사용되는데, 가장 대표적인 것이 바로 지리적 공급 집중도이다. 특정 광물의 채굴이나 정제·제련 과정이 소수의 국가, 특히 상위 3개국에 얼마나 집중되어 있는지를 분석하는 것이다. 여기에 더해, 해당 국가들의 정치적 안정성, 부패 수준, 무역 정책 등 거버넌스 지수를 평가하는 지정학적 위험 분석이 동반된다. 또한, 수입 의존도가 얼마나 높은지, 단기간에 다른 물질로 대체할 수 있는지(대체 가능성, substitutability), 그리고 재자원화를 통해 얼마나 공급을 보충할 수 있는지(재자원화율) 등도 공급 위험을 결정하는 중요한 요소로 고려된다.

이 두 축을 기준으로 가로축에는 공급 위험, 세로축에는 경제적 중요도를 놓고 각 광물의 위치를 표시하는 '핵심도 매트릭스(criticality matrix)'는 평가 결과를 직관적으로 보여주는 대표적인 방법이다. 이 매트릭스에서 두 가지 기준 모두 높은 오른쪽 상단 영역에 위치하는 광물들이 바로 집중적인 관리가 필요한 핵심광물로 분류되는 것이다.

동상이몽 속 공통의 목표
: 주요국의 핵심도 평가 방법론 비교

핵심광물의 중요성을 평가하고 그 위험도를 측정하는 데 있어 전 세

 핵심광물 공급망 전쟁

계적으로 통용되는 단일한 정답은 존재하지 않는다. 각 국가나 경제권은 저마다 처한 지정학적 위치, 산업 구조의 특성, 그리고 정책적 목표와 활용 가능한 데이터 수준에 따라 고유한 평가 방법과 지표를 사용한다. 이는 각국의 핵심광물 목록이 왜 다른지를 설명해 주는 근본적인 이유이자, 자원 안보를 향한 세계 각국의 동상이몽을 엿볼 수 있는 흥미로운 지점이다.

가장 대표적인 사례인 EU와 미국의 평가 방법론은 거대 경제권이 공급망의 취약성을 얼마나 체계적으로 분석하는지 잘 보여준다. 먼저, 2023년 핵심원자재법을 통해 34종의 핵심 원자재를 지정한 EU의 방법론은 마치 정밀한 종합 건강검진과 같다. 자원의 98% 이상을 역외 수입에 의존하는 EU는 경제적 중요성과 공급 위험이라는 두 축을 기반으로, 각 원자재가 EU 역내 산업의 부가가치에 얼마나 기여하는지를 계산하고, 다른 물질로 대체될 가능성이 얼마나 낮은지를 따져 경제적 중요도를 평가한다. 또한, 글로벌 생산 집중도나 공급국의 거버넌스 수준을 통해 1차적인 공급 위험을 산출한 뒤, 대체 가능성과 수명 종료 후 재자원화 투입률(EOL-RIR)이라는 두 가지 완충 요소를 적용해 최종 위험도를 보정한다. 이는 경제적 가치와 공급 구조를 정량화하면서도, 위기 대응 능력을 명시적으로 계산에 반영하는 매우 정교하고 투명한 시스템이다.

미국은 핵심광물 확보를 국가 안보의 문제로 간주하며, 내무부 산하 지질조사국(USGS)을 중심으로 공급 위험을 식별하는 다각적인 평가 방법론을 사용한다.[7] USGS의 방법론은 크게 세 가지 핵심 위험 요소를 중심으로 구성된다. 첫째, 광물 생산이 정치적으로 불안정하거나 비우호적인 국가에 집중될수록 위험도가 높아지는 공급 중단 잠재력(DP),

둘째, 공급 중단 시 미국 경제와 산업이 받을 충격의 정도를 측정하는
경제적 취약성(EV), 그리고 셋째, 수입 의존도를 평가하는 무역 노출
도(TE)이다. 특히 USGS는 미국 내 생산이 단 하나의 기업에 전적으로
의존할 경우, 다른 지표와 상관없이 자동으로 높은 위험 등급을 부여
하는 단일 실패 지점(single point of failure)이라는 독특한 기준을 적용하여
공급망의 숨겨진 취약점까지 파악하고자 한다. 이처럼 미국은 국가 안
보의 관점에서 발생 가능한 모든 시나리오를 고려하여 50종의 방대한
핵심광물 목록을 관리하고 있다.

한편, 자원이 거의 나지 않지만 세계적인 첨단 제조업을 이끌어가
는 일본과 한국의 평가는 수입국의 절박함이 묻어난다. 일본의 신에너
지·산업기술종합개발기구(NEDO)는 공급 위험과 더불어 시장 가격 변
동성과 같은 수요 위험을 동시에 평가하며, 재활용이나 사용상의 제약
등 매우 실용적이고 산업 지향적인 지표들을 활용한다. 이는 안정적인
자원 공급을 바탕으로 제조업 경쟁력을 유지하려는 일본의 치밀한 정
책 목표를 반영한다. 우리나라 역시 2023년 산업통상자원부의 〈핵심
광물 확보 전략〉을 통해 고유의 평가 체계를 운영한다. 경제적 중요성
을 평가할 때 수입 의존도, 미래 수요 확대 가능성, 그리고 반도체·배
터리 같은 고부가가치 산업의 중요도와 탄소 중립 기여도까지 종합적
으로 고려한다. 또한 공급 위험을 측정하는 데에는 자원의 편재성뿐만
아니라, 공급국의 분쟁 광물 및 환경 규제 등 ESG 수준과 재활용을 통
한 위기 대응 능력까지 포함시킨다. 이는 한국의 산업 구조에 가장 치
명적인 영향을 미칠 수 있는 광물이 무엇인지 정밀하게 식별하여, 한
정된 자원을 바탕으로 효율적인 자원 안보 전략을 수립하기 위함이다.

이와는 정반대의 시각을 가진 국가들도 있다. 바로 호주와 캐나다

   핵심광물 공급망 전쟁

같은 자원 부국들이다. 이들의 평가는 책임감 있는 공급자로서의 역할과 기회에 초점이 맞춰져 있다. 자국의 풍부한 자원을 바탕으로 경제적 중요성과 공급 위험 외에도, 광물 채굴과 관련된 환경 및 사회적 영향을 중요한 평가 지표로 포함시킨다. 이는 자국의 자원 개발 정책을 지속 가능하게 수립하고, 높은 ESG 기준을 요구하는 글로벌 투자자들을 유치하며, 동맹국들에게 신뢰할 수 있는 파트너로 자리매김하려는 전략적 의도를 담고 있다.

마지막으로, 이 모든 구도에서 가장 독특한 위치를 차지하는 국가는 단연 중국이다. 세계 최대의 생산국이자 소비국인 중국은 국토자원부가 주도하여 전략적 중요성을 가장 핵심적인 기준으로 평가한다. 자국의 산업 발전과 국가 안보에 미치는 영향, 자원 집중도, 대체 가능성 등을 고려하며, 자국의 자원 기반을 보호하고 채굴 산업의 생산량을 증대시켜 전략 자원의 안정적인 공급을 확보하는 것을 최우선 목표로 삼는다. 중국의 평가 방법론은 방어적 수단을 넘어, 글로벌 공급망에서의 지배력을 유지하고 강화하기 위한 공격적인 전략의 일환으로 해석될 수 있다.

이처럼 각국의 핵심도 평가 방법론은 그 나라가 글로벌 공급망에서 생산자인지, 소비자인지, 혹은 패권 경쟁의 주도자인지에 따라 각기 다른 관점과 목표를 선명하게 보여주는 바로미터라 할 수 있다.

평가의 진화
: 정교한 리스크 분석 프레임워크의 등장

앞서 설명한 2축 기반의 핵심도 평가는 어떤 광물이 중요한지 선별하고 목록을 만드는 데 매우 유용하다. 하지만 급변하는 공급망 환경 속에서 실제적인 위기 대응 전략을 수립하기 위해서는 보다 정교하고 다차원적인 리스크 분석이 필요하다. 정교하고 다차원적인 리스크 평가는 "어떤 광물이 핵심적인가?"라는 질문을 넘어, "리튬의 가장 큰 위험 요인은 무엇이며, 이는 코발트의 위험 요인과 어떻게 다른가?"라는 구체적인 질문에 답할 수 있게 해준다. 이를 통해 각 광물의 특성에 맞는 맞춤형 정책 수립이 가능해지는 것이다. 최근에는 IEA 등이 제시하는 청정에너지 전환 리스크 평가와 같이, 특정 광물별로 다양한 위험 요인을 세분화하여 분석하는 종합적인 프레임워크가 주목받고 있다. 이러한 프레임워크는 크게 네 가지 범주로 위험을 분석한다.[8]

첫째, 공급 리스크(supply risks)는 전통적인 공급 집중도를 넘어, 수요 증가의 속도, 단기 및 장기 시장의 수급 균형, 관측된 가격 변동성, 그리고 원자재 가격이 최종 청정에너지 기술 비용에 미치는 영향 등을 종합적으로 평가한다. 이는 시장의 역동성을 보다 현실적으로 반영하려는 시도이다.

둘째, 지정학적 리스크(geopolitical risks)는 단순히 생산이 집중된 것을 넘어, 최대 공급국이 제외되었을 때 시장이 버틸 수 있는지를 평가하는 N-1 수급 균형 분석, 주요 공급국들의 수출 통제 조치 가능성을 계량화한 수출 위험 점수, 그리고 새로운 지역에서 신규 프로젝트를 개발하는 데 걸리는 시간과 비용, 기술적 장벽 등 현실적인 장애물까

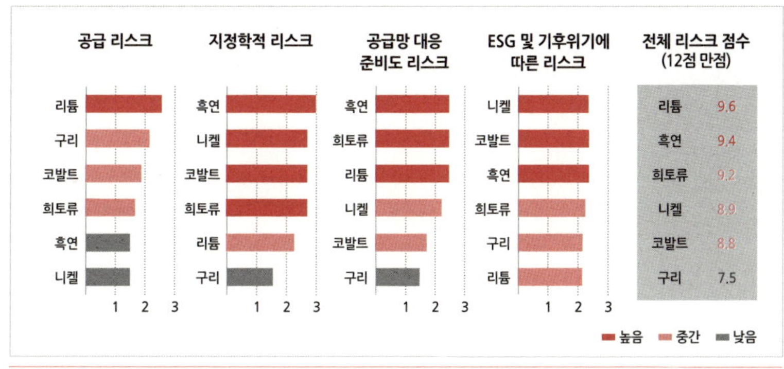

지 분석한다.

셋째, 대응 능력 저해 요인(barriers to respond to disruption)은 공급 충격이 발생했을 때 우리가 얼마나 효과적으로 대응할 수 있는지를 측정한다. 여기에는 국제 거래소에 비축된 재고 수준, 가격 결정 과정의 투명성과 가격 위험을 회피할 금융 수단의 존재 여부, 공급 부족 시 수요를 조절하거나 다른 기술로 전환할 수 있는 선택지의 유무, 그리고 재활용을 통해 공급을 얼마나 신속하게 늘릴 수 있는지 등이 포함된다.

넷째, ESG 및 기후 리스크(exposure to ESG and climate risks)는 현대적인 위험 평가의 가장 중요한 특징이다. 이제 공급망 리스크는 정치와 경제를 넘어 환경과 사회 문제까지 포괄한다. 이 평가는 채굴 및 정제 과정의 환경적 성과(탄소 발자국, 물 사용량 등), 생산 지역의 사회·거버넌스 성과(부패, 인권, 분쟁 위험 등), 그리고 광산이 위치한 지역의 물리적인 기후 위기 노출도(물 스트레스, 지진 위험 등)까지 종합적으로 분석하여 지속 가능성 차원의 위험을 식별한다.

이러한 정교한 리스크 평가 프레임워크를 적용한 IEA의 실제 분석 결과는 각 광물이 처한 위기의 성격이 어떻게 다른지를 명확히 보여준다. 예를 들어, 리튬과 구리는 폭발적인 수요 증가를 공급이 따라가지 못하는 공급 리스크에 더 크게 노출되어 있는 반면, 흑연, 코발트, 희토류, 니켈은 공급망이 특정 국가에 집중되어 발생하는 지정학적 리스크가 훨씬 더 심각한 것으로 나타난다. [자료 3-5]를 세부적으로 살펴보면, 공급 리스크는 리튬이 가장 높게 평가되며, 지정학적 리스크는 흑연, 니켈, 코발트, 희토류 등 대다수 광물이 높은 위험 등급을 받았다. 또한 공급 충격 발생 시 시장의 대응 능력을 나타내는 대응 능력 저해 요인은 흑연과 희토류, 리튬이 가장 취약한 것으로 분석되었다. 마지막으로 ESG 및 기후 리스크 측면에서는 니켈과 코발트, 흑연의 생산 과정이 환경 및 사회적으로 가장 큰 위험에 노출되어 있는 것으로 평가된다. 이처럼 각 광물은 저마다 다른 종류의 위험 DNA를 가지고 있으며, 이는 곧 각 광물에 대한 공급망 안정화 전략 역시 그 특성에 맞게 개별적으로 설계되어야 함을 시사한다.

공급망 추적성, 스마트폰 속 코발트는 어디에서 왔는가?

당신이 손에 쥔 스마트폰의 배터리, 그 속에는 콩고민주공화국 남부의 흙먼지 속에서 캐낸 한 줌의 코발트가 들어있다. 한 소년의 손에서 시작된 이 작은 광물 덩어리는 여러 중간 상인의 손을 거쳐서, 중국의 거대한 제련소에서 다른 지역의 광물과 뒤섞여 고순도의 화학물질로 재탄생한다. 이후 한국의 양극재 공장으로 옮겨져 배터리 소재가 되고, 동남아시아의 배터리 셀 공장을 거쳐 마침내 스마트폰에 장착되어 당신의 손에 들어온다. 이 기나긴 여정 속에서 우리는 가장 근본적인 질문에 답할 수 없게 된다. 이 코발트는 과연 정당한 노동의 대가로 채굴되었는가? 그 과정에서 환경은 파괴되지 않았는가? 소년의 노동은 착취당하지 않았는가? 수많은 단계와 익명의 거래자들 뒤에 숨어버린 원산지의 진실, 이것이 바로 오늘날 글로벌 공급망이 마주한 거대한 블랙박스이며, 공급망 추적성은 이 블랙박스를 열기 위한 유일한 열쇠이다.

광물에 디지털 여권을 발급하다

공급망 추적성이란, 이처럼 복잡하게 얽힌 제품의 여정을 거꾸로 거슬러 올라가 그 이력을 파악하는 능력을 의미한다. 이는 크게 네 가지 요소를 추적하는 것으로 정의할 수 있다. 바로 제품의 기원(origin)이 어디인지, 어떤 지리적 경로(path)를 거쳐왔는지, 누구의 손을 거쳤는지에 대한 소유권의 사슬(chain of custody), 그리고 어떤 과정을 통해 변모했는지에 대한 물리적 변형(evolution)이다. 즉, 광물에 고유한 디지털 여권을 발급하여, 채굴부터 가공, 유통, 최종 제품에 이르기까지 모든 이력을 투명하게 기록하고 증명하는 것이다. 이를 통해 우리는 스마트폰 속 코발트가 콩고의 특정 광산에서, 특정 날짜에, 합법적인 절차를 통해 채굴되었음을 증명할 수 있게 된다.

과거에 추적성은 선택의 문제였지만, 이제는 생존의 문제가 되었다. 공급망의 안정성은 단순히 지정학적 리스크에만 좌우되지 않는다. 아동 노동 착취 스캔들로 인한 불매 운동, 환경 오염으로 인한 광산 폐쇄, 부패로 인한 운영 중단 등 ESG 리스크는 언제든 공급망 전체를 마비시킬 수 있는 조용한 폭탄이다. 진정으로 안정적이고 회복력 있는 공급망은 그 사슬의 모든 고리가 지속 가능하고 책임 있는 방식으로 연결될 때만 가능하다. 추적성은 바로 이러한 ESG 리스크를 식별하고, 관리하며, 예방하기 위한 가장 기본적인 전제 조건이자, 우리 공급망의 건강 상태를 진단하는 내시경과도 같은 역할을 한다.

이러한 중요성을 인식한 각국 정부와 국제기구는 이제 법과 제도를 통해 추적성을 강제하고 있다. EU의 배터리 규제(Battery Regulation)는 2027년부터 유럽 시장에 진입하는 모든 전기차 배터리에 원자재의 원산지, 탄소 발자국(carbon footprint), 재활용 원료 사용 비율 등을 기록한 디지털 배터리 여권(battery passport)을 의무적으로 부착하도록 했다. 미국의 IRA 역시 배터리와 핵심광물이 해외 우려 단체(FEOC)에서 조달되지 않았음을 증명해야만 보조금을 지급하도록 하여, 사실상 기업들에게 공급망 전체를 추적할 것을 요구하고 있다. 또한 위구르 강제노동 방지법(UFLPA)은 중국 신장 지역의 강제노동과 무관함을 기업이 직접 입증하도록 하여, 추적성을 인권 문제와 직결시키고 있다.

보이지 않는 사슬을 잇는 기술들

그렇다면 이 보이지 않는 사슬을 어떻게 추적할 수 있을까? 원산지에서부터 소비자까지 이를 추적하는 일은 결코 만만치 않다. 하지만, 다양한 기술들이 어느 정도 해법을 제시할 수 있다. 가장 기본적으로는 각 단계마다 QR코드나 바코드, RFID 태그를 부착하여 물류를 추적하는 태깅(tagging) 방식이 있다. 더 나아가, 광물이 가진 고유의 동위원소나 분자 구조를 분석하여 원산지를 판별하는 지문 분석(fingerprinting)과 같은 첨단기술도 활용된다. 그리고 이 모든 데이터를 위변조가 불가능한 분산원장에 기록하는 블록체인 기술은 추적 정보의 신뢰도를 높이는 강력한 수단으로 주목받고 있다. 블록체인은 추적 기술 그 자체라기보다는, 추적된 데이터를 모두가 신뢰할 수 있도록 보관하고 증명하는 디지털 공증 시스템에 가깝다.

묻지마 공급망 시대에서
투명한 공급망의 시대로

하지만 추적성이 모든 문제를 해결하는 만병통치약은 아니라는 점을 명심해야 한다. 추적성은 OECD가 권고하는 공급망 실사(due diligence)를 이행하기 위한 중요한 도구이지, 그 자체가 목적이 될 수는 없다. 어떤 제품의 원산지가 특정 광산이라는 사실을 100% 추적해 냈다고 해도, 그 광산의 열악한 노동 환경이나 환경 오염 문제까지 자동으로 해결해 주지는 않는다. 추적성은 우리에게 어디에 문제가 있는지를 알려줄 뿐, 그 문제를 해결하기 위해 공급사와 협력하고, 현장을 개선하며, 독립적인 감사를 통해 검증하는 실질적인 실사의 과정은 그 이후에 시작된다. 추적성에만 매몰되어 실제적인 개선 노력을 게을리하는 것은 건강검진 결과만 받아들고 치료받지 않는 것과 같다.

현실적인 어려움 또한 만만치 않다. 수많은 광산에서 채굴된 광물들이 제련소의 거대한 용광로 안에서 하나로 뒤섞이는 순간, 개별 광물의 고유한 정체성을 끝까지 추적하는 개체 보존(identity preservation)은 사실상 불가능해진다. 이 때문에 인증된 광물의 투입량과 산출량의 균형을 맞추는 물질수지(mass balance) 방식[10]과 같은 현실적인 대안이 사용되기도 한다. 또한, 이러한 시스템을 구축하고 유지하는 데 드는 막대한 비용, 각기 다른 시스템 간의 데이터 호환성 문제, 그리고 영세한 소

　　　　　　　　　　　　　　　　　　　핵심광물 공급망 전쟁

규모 광산들이 디지털 추적 시스템에서 소외될 수 있다는 포용성의 문제 등은 앞으로 풀어야 할 중요한 숙제이다.

우리는 묻지마 공급망의 시대가 저물고, 모든 과정이 기록되고 증명되는 투명성의 시대로 진입하고 있다. 공급망 추적성은 더 이상 일부 선도 기업의 윤리 경영 차원을 넘어, 글로벌 시장에 진입하기 위한 필수적인 통행증이자, 기업의 경쟁력을 좌우하는 핵심 요소가 되고 있다. 비록 기술적·경제적 장벽이 존재하지만, 추적성을 통해 공급망의 투명성을 높이려는 노력은 거스를 수 없는 흐름이다. 이는 단순히 제품의 이력을 좇는 것을 넘어, 자원이 채굴되는 그 순간부터 우리의 손에 들어오기까지, 그 과정에 관여한 모든 사람과 환경에 대한 책임의 고리를 연결하는 위대한 여정의 시작이다.

공급망 내재화,
사 오지 않고 직접 만든다

현재 글로벌 전기차 및 배터리 시장은 핵심광물 확보를 위한 총성 없는 전쟁이라 불릴 만큼 치열한 경쟁이 벌어지고 있다. 테슬라와 주요 글로벌 완성차 업체(OEM)들이 공급망 상류로의 진출을 가속화하는 가운데, 한국의 현대차그룹을 포함한 후발 주자들의 움직임은 아직 상대적으로 더딘 편이다. 물론 포스코홀딩스가 리튬 등 핵심광물 확보에 선제적이고 공격적인 투자를 단행하고 있으며, LX인터내셔널 등 다른 기업들도 자원 개발 사업을 추진하고 있다. 또한, LG에너지솔루션, SK온, 삼성SDI 등 한국의 배터리 3사는 각자의 방식으로 원료 확보 노력을 기울이고 있다. 하지만 전반적인 투자 규모나 전략의 깊이 면에서 글로벌 선도 기업들과의 격차가 존재하는 것이 현실이며, 특히 완성차 업체 차원에서의 직접적인 상류 공급망 관여는 아직 초기 단계에 머물러 있다.

만약 현재와 같이 핵심광물의 공급 불안정성과 가격 변동성이 지속된다면, 결국 공급망 상류, 즉 핵심 원료에 대한 통제력을 누가 더 강력하게 확보하느냐에 따라 미래 전기차 시장의 주도권 향방이 결정될 가능성이 높다. 이는 한국의 자동차 산업과 배터리 산업 모두에게 주어진 엄중한 도전이자, 국가 차원의 장기적이고 과감한 전략 수립과 투자가 시급히 요구되는 과제임을 명확히 보여준다. 단순히 시장에서 값싸게 원료를 구매하던 시대는 저물었으며, 이제는 적극적인 투자와 계약, 그리고 때로는 직접적인 개발 참여를 통해 공급망의 뿌리부터 안정성을 확보해야만 미래 경쟁에서 살아남을 수 있을 것이다.

기존 시장 조달 방식의 한계

지난 수십 년간, 글로벌 자동차 산업은 효율성을 극대화한 분업 체계를 통해 운영됐다. 완성차 업체들은 엔진, 변속기, 차체 등 수많은 부품을 외부 전문 협력사로부터 조달하거나, 철강, 플라스틱 등 필요한 소재를 국제 원자재 시장(commodity market) 또는 단기 계약을 통해 구매하는 방식에 익숙했다. 이는 각 기업이 가장 잘하는 분야에 집중하고, 경쟁을 통해 비용을 절감하며, 시장 변화에 유연하게 대응할 수 있게 하는 효율적인 모델로 여겨졌다. 특히 원자재와 같은 공급망의 최상류(upstream) 영역은 변동성이 크고 전문성이 요구된다는 인식 하에, 완성차 업체가 직접 관여하기보다는 종합상사나 전문 광업회사, 또는 소재 기업을 통해 간접적으로 조달하는 것이 일반적이었다. 즉,

필요한 만큼 시장에서 사서 쓰는 시장 조달(market procurement) 방식이 지배적이었다.

그러나 전기차 시대로의 전환은 이러한 전통적인 공급망 관리 방식에 근본적인 도전을 제기하고 있다. 전기차의 심장이자 원가의 약 40%를 차지하는 배터리, 그리고 그 배터리의 성능과 가격을 좌우하는 리튬, 니켈, 코발트, 망간, 흑연 등 핵심광물 공급망은 과거의 부품·소재 공급망과는 전혀 다른 특성을 보이기 때문이다. 이들 핵심광물은 수요는 폭발적으로 증가하는 반면, 새로운 광산 개발에는 10년 이상의 막대한 시간과 투자가 필요하여 공급이 수요를 따라가지 못하는 구조적인 공급 부족(supply shortage) 현상이 빈번하게 발생한다. 또한, 특정 국가(특히 중국)에 정제·가공 능력이 집중되어 있어 지정학적 리스크와 공급망의 무기화 가능성이 상존하며, 이는 극심한 가격 변동성(price volatility)으로 이어진다.

이러한 상황에서 과거와 같이 시장 조달 방식에만 의존하는 것은 기업의 생존 자체를 위협할 수 있는 심각한 리스크를 안게 된다. 필요한 시점에 원하는 품질의 배터리 핵심광물을 안정적인 가격으로 확보하지 못한다면, 아무리 뛰어난 전기차 설계 능력과 생산 시설을 갖추고 있다 해도 차량 생산 자체가 불가능해지기 때문이다. 실제로 최근 몇 년간 리튬, 코발트 가격 급등락으로 인해 배터리 가격이 요동치고 전기차 가격 인상 압박이 커졌던 경험은 완성차 업체들에게 공급망 상류의 안정성 확보가 얼마나 중요한지를 절실히 깨닫게 해주었다. 이에 따라 글로벌 완성차 업체들은 과거와의 결별을 선언하고, 핵심광물 공급망의 더 깊숙한 단계까지 직접적으로 관여하여 안정성을 확보하려는 공급망 내재화(internalization) 또는 수직계열화(vertical integration) 전략으로 빠르게 전환하고 있다.

배터리 동맹을 구축하다

완성차 업체들의 공급망 내재화 노력은 우선적으로 배터리 셀 및 팩 제조 단계에서 가장 활발하게 나타나고 있다. 이는 전기차의 핵심 부품이자 가장 큰 비용을 차지하는 배터리의 안정적인 확보가 최우선 과제이기 때문이다. 완성차 업체들은 자체적으로 배터리를 개발·생산하거나, 기존의 유력 배터리 제조사들과 대규모 합작공장(joint venture, JV)을 설립하는 방식으로 배터리 공급망을 자사 통제 아래에 두려는 노력을 가속화하고 있다.

여기에는 여러 가지 전략적 이유가 있다. 앞서 언급했듯이 전기차 원가의 약 40%에 달하는 배터리 비용을 절감하고 안정적인 물량을 확보하는 것이 가장 큰 목표이고, 자사의 전기차 플랫폼 아키텍처와 성능 목표에 최적화된 배터리 셀 설계 및 성능 구현을 위한 부분도 있다. 또한, 다양한 차종에 적용할 수 있도록 배터리 셀과 팩의 형태를 표준화하고 규격화하여 대량 생산을 통한 규모의 경제를 달성할 수도 있다.[11] 북미와 미국에서의 보조금 혜택과 대규모 시장을 공략하기 위해 한국의 배터리 3사는 GM, 포드, 스텔란티스, 혼다 등 주요 글로벌 완성차 업체들과 손잡고 미국과 캐나다 등지에 총 수백 GWh(기가와트시) 규모에 달하는 초대형 배터리 합작공장 건설을 경쟁적으로 추진하고 있으며, 2022년부터 순차적으로 가동에 돌입하고 있다. GM, 포드, 폭스바겐, 스텔란티스 그룹, 토요타, 현대차그룹 등 거의 모든 주요 완성차 업체들이 이러한 방식으로 배터리 생산 능력을 내재화하거나 강력한 파트너십을 구축하고 있다.

그리고 이러한 북미 중심의 배터리 생산 기지 구축 움직임은 트럼프 2.0 행정부 하에서도 약화되기보다는 오히려 더욱 강화될 가능성이 높다. 비록 세부적인 정책 수단이나 강조점(예. 기후 변화 대응 명분 약화 vs. 제조업 부활 및 일자리 창출 강조)은 달라질 수 있겠지만, 미국 우선주의(America First) 기조에 기반한 자국 제조업 보호 및 육성, 중국과의 전략적 경쟁 심화, 그리고 USMCA와 같은 기존의 지역 무역 규범 틀은 트럼프 행정부 2기의 정책 방향과도 상당 부분 일치하기 때문이다. 트럼프 행정부는 핵심 산업의 공급망을 미국 또는 북미 역내로 가져오려는 노력을 지속하거나 더욱 강력하게 추진할 가능성이 높으며, 이를 위해 중국 등 특정 국가에 대한 추가적인 관세 조치나, 기업들에 대한 직접적인 미국 내 투자 압박 등 다양한 수단을 활용할 수 있다. 따라서 바이든 행정부의 IRA가 촉발한 북미 배터리 생산 JV 붐은, 설령 IRA의 일부 조항이나 지원 방식이 수정되더라도 트럼프 행정부의 정책 기조 하에서 그 필요성과 추진 동력이 유지되거나 오히려 가속화될 것으로 전망된다.

이러한 움직임은 완성차 업체와 배터리 제조사 간의 관계가 단순한 부품 납품 관계를 넘어, 공동 투자와 기술 개발, 그리고 판매 대상국에서의 현지 생산이라는 전략적 목표를 공유하는 좀 더 한 차원 높은 수준의 수직적 동맹 관계로 발전하고 있음을 명확히 보여준다.

핵심광물 확보를 향한 움직임

하지만 배터리 셀·팩 생산 능력을 확보하는 것만으로는 충분하지 않다는 인식이 확산되면서, 일부 선도적인 완성차 업체들은 공급망의 더 상류, 즉 배터리 핵심광물의 채굴 및 제련·가공 단계까지 직접적으로 관여하려는 움직임을 보이고 있다. 아무리 큰 배터리 공장을 지어도 그 안에 들어갈 리튬, 니켈, 코발트, 흑연 등 핵심 원료를 안정적으로 확보하지 못하면 속 빈 강정에 불과하기 때문이다. 특히 이들 광물의 공급 부족과 가격 급등이 현실화되면서, 원료 확보 경쟁은 더욱 치열해지고 있다.

물론 완성차 업체가 직접 광산 개발이나 제련 사업에 뛰어드는 것은 결코 쉬운 결정이 아니다. 공급망 최상류인 광업 및 제련 산업은 막대한 초기 투자 비용과 긴 자본 회수 기간, 높은 탐사 및 개발 실패 위험, 가격 변동성 및 운영상의 어려움, 환경 및 안전 규제 준수의 복잡성, 현지 정치·사회적 리스크 등 제조업과는 완전히 다른 위험 요인과 전문성을 요구하는 분야이다. 또한, 전통적으로 광물의 탐사, 채광, 선광 등 상류 단계는 부가가치가 상대적으로 낮고 지리적 조건의 영향을 크게 받기 때문에 주로 자원 부국이나 개발도상국에서 발달해 온 산업이며, 한국과 같이 관련 산업 기반이 취약하고 전문가 풀이 좁은 국가의 기업에게는 진입 장벽이 더욱 높게 느껴질 수 있다.

그럼에도 불구하고, 세계적인 투자 은행들과 테슬라, 폭스바겐, GM과 같은 선도적인 완성차 업체들은 배터리 광물 확보가 전체 전기차 공급망의 가장 치명적인 병목 지점이 될 수 있음을 명확히 인식하고 있다. 따라서 이들은 직접적인 광산 운영까지는 아니더라도, 최소한 안정적인 원료 확보를 위한 다양한 전략을 구사하고 있다. 현재 가장 보편적인 방식은 장기 구매 계약(off-take agreements)이다. 이는 특정 광산이나 제련소에서 생산될 미래 물량의 일정 비율을 장기간(5~10년 이상) 확보하는 계약으로, 종종 구매자가 프로젝트 개발 자금을 일부 지원(선급금, 대출 보증 등)하거나 지분 투자를 병행하기도 한다. 이는 광산 개발의 높은 리스크를 분담하면서도 안정적인 물량을 확보할 수 있는 효과적인 방법으로 각광받고 있다.

선두 주자 테슬라 vs. 추격자들

공급망 상류 진출 전략에서 가장 두드러진 행보를 보이는 기업은 단연 테슬라다. 테슬라는 단순히 배터리 제조사를 거쳐 소재를 공급받는 전통적인 방식을 넘어, 리튬, 니켈, 코발트 등 핵심 원자재 확보를 위해 광산 기업들과 직접 거래하고, 공격적인 장기 구매 계약을 체결하며, 심지어 유망 광산 프로젝트에 대한 직접적인 지분 투자까지 단행하며 공급망 상류에 대한 통제력을 강화하고 있다.

예를 들어, 테슬라는 최근 몇 년간 호주의 리튬 개발사인 코어 리튬(Core Lithium), 라이언타운 리소스(Liontown Resources) 등과 총 연간 20만 톤 이상의 대규모 리튬 정광(스포듀민) 공급 계약을 체결했으며, 브라질의 발레(Vale), 호주의 BHP 등 세계적인 광업 메이저들과는 니켈 장기 공급 계약을 맺었다. 이는 단순히 물량 확보를 넘어, 특정 광산의 생산량 상당 부분을 선점함으로써 경쟁사들의 원료 확보를 견제하려는 의도도 엿보인다.

더욱 주목할 점은 테슬라가 자체적으로 지질학자, 제련공학자, 광산 엔지니어 등으로 구성된 전문 팀을 운영하며 공급망 상류에 대한 깊이 있는 이해와 직접적인 관여를 추구한다는 것이다. 이를 통해 유망 프로젝트 발굴 및 평가, 투자 결정, 기술 검토, 나아가 채굴 및 가공 과정에서의 효율성 개선까지 직접적으로 지원하며 공급망 전체의 경쟁력을 높이고 있다. 또한, 테슬라는 GM 등과 함께 '책임 있는 광업을 위한 이니셔티브(IRMA)'에 가입하여, 공급받는 광물의 ESG 기준 충족 여부를 직접 관리하며 지속 가능한 공급망 구축을 강조하고 있다. 이는 단순한 원가 절감을 넘어, 환경 및 사회적 책임을 중시하는 소비자들의 요구에 부응하고 브랜드 이미지를 제고하려는 테슬라의 전략이기도 하다.

테슬라만큼은 아니지만, 다른 주요 완성차 업체들도 빠르게 추격하고 있다. GM은 미국의 라이벤트(Livent)와는 리튬, 스위스의 글렌코어(Glencore)와는 코발트, 미국의 MP 머티리얼스와는 희토류 자석 등과 다양한 오프테이크 계약을 추진하며 공급망 다변화에 나서고 있다. 폭스바겐은 인도네시아 등지에서 중국 화유코발트(Huayou Cobalt)와 합작 법인을 설립하여 니켈, 코발트 확보 및 전구체, 양극재 생산까지 통합하려는 움직임을 보이고 있으며, 독일 벌컨 에너지(Vulcan Energy), 중국 간펑리튬(Ganfeng Lithium) 등과 리튬 장기 공급 계약을 체결했다. 포드 역시 미국, 아르헨티나, 호주 등지의 다양한 리튬 및 니켈 광업 회사들과 공격적으로 오프테이크 계약을 체결하며 원료 확보 경쟁에 적극적으로 뛰어들고 있다. 이들 기업 역시 IRMA 가입이나 OECD 원자재 실사 가이드라인 준수 등을 통해 공급망의 ESG 관리 중요성을 인식하고 있음을 보여준다.

떡집이 직접 쌀농사를?
완성차 기업의 생존 전략

그렇다면 왜 완성차 OEM들은 리스크가 크고 전문성이 부족함에도 불구하고 공급망 최상류인 핵심광물 확보에 직접 나서려 하는 것일까? 이는 방앗간(배터리 제조사)과 떡집(전기차 OEM)의 비유를 통해 그 전략적 함의를 명확히 이해할 수 있다.

만약 떡의 주재료인 쌀(핵심광물)이 귀하고 가격 변동이 심하다면, 방앗간(배터리사)이 모든 원료의 조달책임을 지는 첫 번째 시나리오에서는 떡집(OEM)이 매우 불리한 위치에 놓인다. 쌀값(광물 가격)이 오르면 떡값(배터리 가격)도 따라 오를 수밖에 없고, 쌀(광물)이 부족하면 아예 떡(배터리)을 공급받지 못할 수도 있다. 떡집은 방앗간에 전적으로 의존할 수밖에 없으며, 가격 협상력이나 공급 안정성 확보에 한계를 갖는다.

반면, 떡집(OEM)이 직접 좋은 쌀(핵심광물)을 확보하고 방앗간(배터리 회사)에는 가공(셀·팩 제조)만 맡기는 두 번째 시나리오에서는 상황이 달라진다. 떡집은 쌀 확보라는 추가적인 부담과 리스크를 지게 되지만, 일단 안정적인 쌀 공급처만 확보한다면 쌀값 변동이 최종 떡 가격에 미치는 영향을 최소화할 수 있다. 또한, 방앗간에 대해서는 단순 가공 위탁 관계가 되므로 더 강한 협상력을 가질 수 있으며, 쌀(광물)이 극도로 부족한 상황에서는 오히려 방앗간보다 우위에 서서 공급망 전체의 주도권을 쥘 수도 있다.

바로 이러한 공급망 주도권 확보와 궁극적인 공급 안정성을 위해, 지금 글로벌 떡집(전기차 OEM)들은 단순히 좋은 쌀(광물)을 장기 계약으로 구매하는 것을 넘어, 직접 농사(자원 개발 투자)를 짓고 심지어 정미소

(제련소) 운영까지 넘보고 있는 것이다. 이는 극심한 원료 품귀 현상과 가격 변동성 속에서도 안정적으로 생산을 지속하고 경쟁에서 살아남기 위한 필사적인 생존 전략이라 할 수 있다.

4장

다양한 이유로 위협받는 공급망

THE CRITICAL MINERALS
SUPPLY CHAIN WAR

핵심광물 공급망 전쟁

현대 문명이 그 어느 때보다 더 많은 종류와 양의 광물 위에 세워지고 있지만, 그 토대를 이루는 글로벌 광물 공급망은 지금 전례 없는 복합적 위기에 직면해 있다. 새로운 광산을 발견하여 첫 삽을 뜨기까지 10년 이상이 소요되는 막대한 리드 타임과 갈수록 채굴이 어려워지는 품위 감소는 공급의 물리적 한계를 드러내고, 여기에 예측 불가능한 가뭄과 홍수를 야기하는 기후 변화는 생산 현장 그 자체를 직접적으로 위협한다. 이러한 물리적 난관에 더해, 이제 광산 개발은 지역사회의 동의 없이는 한 발짝도 나아갈 수 없는 소셜 라이선스라는 무형의 장벽과 갈수록 엄격해지는 ESG 규제라는 새로운 글로벌 표준을 넘어서야만 한다. 나아가, 자국의 이익을 위해 수출 통제도 서슴지 않는 자원 민족주의의 부활은 지정학적 불확실성을 극대화하고 있으며, 소수의 플레이어가 가격과 유통을 좌우하는 불투명한 시장 구조는 공급망 전체의 예측 가능성을 무너뜨린다. 이처럼 땅속에서부터 시장, 그리고 국가 간의 관계에 이르기까지 다층적으로 얽힌 위협들은 서로를 증폭시키며, 핵심광물 공급망의 미래를 한 치 앞도 내다볼 수 없는 안갯속으로 밀어넣고 있다.

광산 개발,
15년 기다림의 미학
혹은 저주?

　핵심광물 공급망이 왜 이토록 불안정하고 위태로운 줄타기를 하는 것처럼 보일까? 그 근본적인 원인 중 하나는 바로 광물자원 개발 산업이 가진 본질적인 특성, 즉 시간과의 싸움에 있다. 우리가 일상에서 사용하는 첨단 제품이나 청정에너지 기술은 눈 깜짝할 사이에 발전하고 수요가 급변하지만, 그 기반이 되는 광물을 땅속에서 찾아내어 실제 사용 가능한 형태로 만들기까지는 상상 이상으로 길고 험난한 시간이 필요하다. 이는 마치 급변하는 디지털 시대에 여전히 증기기관 시대의 속도로 움직여야 하는 것과 같은 구조적인 미스매치이며, 핵심광물 공급망 불안정성의 근본적인 원인이 되고 있다.

　새로운 광산 하나가 광맥 발견 가능성이라는 희미한 불빛에서 시작하여 실제 상업 생산이라는 결실을 보기까지 소요되는 시간, 즉 리드 타임은 과연 얼마나 될까? 안타깝게도 이 질문에 대한 답은 간단하지 않다. 광상의 유형(예. 노천 vs. 지하, 경암 vs. 염호)과 지리적 위치(예. 인프라 접근성, 기후 조건), 발견 당시의 시장 상황과 자금조달의 용이성, 해당 국가 정부의 정책과 인허가 절차의 복잡성, 장비 및 숙련된 노동력 확보의 어려움, 환경 문제와 지역사회와의 관계 등 수많은 변수들이 복합적으로 작용하여 실제 소요 시간은 천차만별로 달라지기 때문이다.

하지만 다양한 사례와 연구들을 종합해 보면, 비교적 데이터가 풍부한 일반 금속(구리, 아연 등)이나 귀금속(금, 은)에 비해 핵심광물의 경우 개발 리드 타임이 더 길어지는 경향이 나타난다. 일반적으로 탐사 시작부터 광산 생산 개시까지 평균 8년에서 15년 정도가 소요되는 것으로 알려져 있지만, 여러 난관에 부딪혀 수십 년 이상 지연되는 경우도 드물지 않다. 이는 전기차 시장이 불과 5년 만에 6배 이상 성장하고, 특정 핵심광물 수요가 단 몇 년 만에 두 배 이상 급증할 수 있다는 예측이 나오는 현재의 역동적인 시장 상황과는 너무나도 큰 괴리이다. 공급이 수요 변화 속도를 도저히 따라갈 수 없는 이 구조적인 시차(Time Lag)는 가격 급등락과 수급 불안정을 야기하는 핵심적인 원인이 된다.

실제 사례를 통해 이 기나긴 여정을 좀 더 생생하게 살펴보자. 최근 성공적으로 상업 생산을 시작하여 주목받고 있는 브라질의 시그마 리튬(Sigma Lithium) 사의 그로토 도 시릴로(Groto do Cirilo) 리튬 프로젝트는 비교적 빠르게 진행된 사례로 평가받는다. 이 프로젝트는 2012년 초기 투자와 광물 탐사를 시작했다. 이후 2017년까지 회사는 여러 차례의 자금조달, 광범위한 탐사 활동, 결과 검증 및 추가 투자 유치 과정을 거쳤다. 2018년에는 소규모 실증 플랜트(demonstration plant)를 건설하

　　　　　　　　　　　　　　　　　　핵심광물 공급망 전쟁

여 기술 및 공정 검증을 시작했고, 2019년에는 최종 타당성 조사(DFS) 완료와 함께 생산될 리튬 정광에 대한 장기 구매 계약까지 확보했다. 2020년 다시 대규모 자금조달에 성공한 후, 2021년에 본격적인 상업 생산 플랜트 건설에 착수했다. 2022년 첫 번째 생산 모듈의 시 운전을 거쳐, 마침내 2023년에 첫 상업 생산을 시작하기까지, 총 12년이라는 시간이 소요되었다. 업계에서는 이 12년이라는 기간이 여러 난관을 비교적 순조롭게 극복하고 상대적으로 빠르게 진행된 성공 사례로 간주한다. 이는 역으로 말하면, 많은 프로젝트들이 이보다 훨씬 더 오랜 시간을 필요로 하거나 중간에 좌초될 수 있음을 시사한다.

광산 개발 여정의 5단계

1단계: 광물 탐사 단계, 수년~10년 이상 소요

가장 첫걸음은 말 그대로 맨땅에 헤딩하는 것과 같은 탐사(exploration) 활동이다. 이는 잠재적인 광물 부존 가능성이 있는 지역을 찾아내고, 실제로 경제성 있는 광체가 존재하는지를 확인하는 지난한 과정이다. 초기에는 넓은 지역을 대상으로 위성 영상 분석, 항공 지구물리 탐사(자력, 방사능, 전자탐사 등), 광역 지화학 탐사(하천 퇴적물, 토양 샘플 분석 등) 등을 통해 가능성 높은 지역 범위를 좁혀나가는 개략 탐사(reconnaissance)가 이루어진다. 여기서 유망한 지질 구조나 이상 징후가 발견되면, 보다 정밀한 지표 지질조사, 지구물리탐사, 지화학 탐사를 통해 구체적인 시추 대상 지역(target)을 선정하는 정밀 탐사(target generation) 단계로 넘어간다.

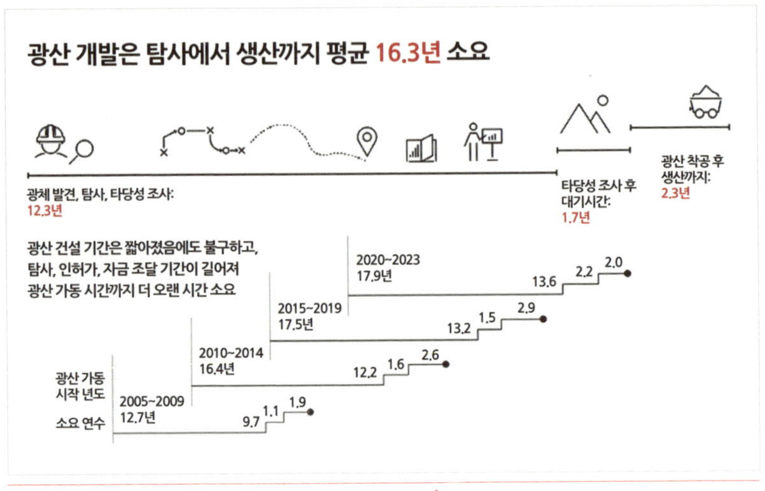

자료 4-1 광산 개발에 필요한 여러 단계들과 평균 소요 시간[1]

탐사의 하이라이트는 단연 시추(drilling)다. 다이아몬드 드릴 등을 이용해 지하 수백 미터에서 수 킬로미터까지 구멍을 뚫어 암석 코어(core) 샘플을 채취하고, 이를 정밀 분석하여 광체의 정확한 위치, 규모, 형태, 그리고 품위(grade, 유용 광물 함량)를 확인한다. 경제성 평가의 기초가 되는 매장량을 추정하기 위해서는 수십 개에서 많게는 수백 개 이상의 시추공을 체계적으로 뚫어야 하며, 이는 막대한 비용(시추 비용은 미터당 수백 달러 이상)과 시간을 요구한다. 탐사 과정 전체는 극도로 높은 불확실성을 특징으로 한다. 광물학적 노다지를 발견할 확률은 통계적으로 1천분의 1 미만으로 알려져 있다. 즉, 1천 곳의 유망 지역을 탐사해도 실제 경제성 있는 광산으로 개발될 수 있는 곳은 한두 곳에 불과하다는 의미이다. 따라서 탐사 활동에는 실패 위험을 감수할 수 있는 위험자본(risk capital)과 장기적인 안목의 투자가 필수적이다. 새로운 대규모 리튬 염호나 고품위 니켈 황화광상을 발견하고 그 규모와 경제성을 확인하는 데만도 5년에서 10년 이상의 시간이 걸리는 것은 결코 드문 일이 아니다.

2단계: 사업 타당성 조사 단계, 2~5년 소요

탐사를 통해 경제성 있는 광체를 발견했다 하더라도, 이는 아직 그림의 떡에 불과하다. 이 광체를 실제 캐낼 수 있는 떡, 즉 상업적으로 개발 가능한 광산으로 만들기 위해서는 기술적, 경제적, 환경적 타당성을 종합적으로 검증하는 타당성 조사(feasibility study) 단계를 거쳐야 한다. 타당성 조사는 보통 여러 단계로 진행된다. 초기 개략 기술경제성 평가(scoping study 또는 preliminary economic assessment, PEA)를 통해 프로젝트의 잠재적인 수익성을 가늠해보고, 가능성이 확인되면 더욱 상세한 공학적 설계와 비용 분석을 수행하는 예비 타당성 조사(pre-feasibility study, PFS)를 진행한다. 최종적으로는 은행 등 금융기관의 투자를 이끌어낼 수 있을 만큼 정밀하고 신뢰성 높은 수준의 최종(확정) 타당성 조사(definitive/bankable feasibility study, DFS/BFS)를 완료해야 한다. 이 과정에는 시추 데이터를 바탕으로 한 정밀한 매장량 산정(JORC(호주), NI 43-101(캐나다) 등 국제 표준 코드 준수), 최적의 채광 계획 수립(채굴 방식, 규모, 순서 등), 광석 특성에 맞는 처리 공정 설계 및 회수율 테스트(야금 테스트), 도로, 항만, 전력, 용수 등 기반 시설 요구 사항 평가, 상세한 자본 비용(CAPEX) 및 운영 비용(OPEX) 추정, 국제 시장 분석 및 가격 예측, 그리고 매우 중요한 환경 및 사회 영향 평가(environmental and social impact assessment, ESIA)를 위한 기초 조사 등이 모두 포함된다. 각 단계는 이전 단계의 결과를 바탕으로 반복적으로 검토되고 수정되며, 이 전체 과정에만 최소 2년에서 길게는 5년 이상의 시간과 수백만에서 수천만 달러의 비용이 소요된다. 이 단계에서 예상치 못한 기술적 문제나 경제성 악화, 심각한 환경·사회적 문제 등이 발견되어 프로젝트가 좌초되는 경우도 비일비재하다.

3단계: 인허가 단계, 2~10년 이상 소요

기술적, 경제적 타당성이 확인되었다고 해서 바로 광산을 지을 수 있는 것은 아니다. 광산 개발은 필연적으로 환경과 지역사회에 큰 영향을 미치기 때문에, 정부로부터 각종 인허가(permitting)를 받는 과정은 종종 광산 개발 전체 리드 타임에서 가장 길고 예측 불가능하며, 가장 큰 난관이 되기도 한다. 이는 마치 거대한 산맥을 넘는 것과 같은 과정이다. 필요한 인허가의 종류와 절차는 국가와 지역, 광산의 규모와 특성에 따라 매우 다양하지만, 일반적으로 다음 요소들을 포함한다.

- **환경 영향 평가(EIA 또는 EIS) 승인:** 프로젝트가 환경(대기, 수질, 토양, 생태계, 소음, 진동 등)에 미치는 영향을 예측하고 저감 대책을 마련하여 정부 승인을 받는 절차로, 가장 핵심적이고 시간이 많이 소요된다.

- **토지 사용 허가:** 광산 부지 및 관련 시설(도로, 파이프라인 등) 건설을 위한 토지 이용 계획 승인.

- **수자원 이용 허가:** 공업용수 취수 및 폐수 배출 관련 허가.

- **채굴권(mining lease) 획득:** 실제 광물을 채굴할 수 있는 법적 권리 확보.

- **폐기물 처리 계획 승인:** 광미댐 등 폐기물 처리 시설 설계 및 운영 계획 승인.

- **원주민 및 지역사회 협의/동의:** 많은 국가에서 법적으로 요구되는 절차로, 개발의 영향을 받는 원주민 및 지역 주민들과의 충분한 정보 공유, 의견 수렴, 그리고 때로는 명시적인 동의 또는 상생 협약 체결이 필요하다(예. FPIC 원칙).

특히 환경 및 사회적 기준이 높은 미국, 캐나다, 호주, EU 등의 선진국에서는 이 인허가 과정이 더욱 복잡하고 엄격하다. 환경 영향 평가는 매우 상세한 기초 데이터 수집과 과학적인 분석, 그리고 광범위한 대중 공청회 및 의견 수렴 절차를 포함하며, 이 과정에서 환경 단체나 지역 주민들의 법적 소송이 제기되어 사업이 몇 년씩 지연되거나 심지어 무산되는 경우도 흔하다. 구리·금·몰리브덴을 대규모로 채굴하기 위한 알래스카의 페블 마인(Pebble Mine) 프로젝트나 세르비아의 야다르(Jadar) 리튬 프로젝트 등이 대표적인 예이다. 이러한 인허가 과정은 아무리 빨라도 2~3년 이상, 복잡하거나 논란이 많은 프로젝트의 경우 5년에서 10년 이상 소요되는 것이 일반적이다.

특히, 이 인허가 단계에서의 지연은 미국과 유럽과 같은 선진국에서 더욱 심각한 문제(particularly acute)로 지적된다. 이는 단순히 관료주의적인 비효율성 때문만이 아니라, 전 세계적으로 광업에 대한 ESG 요구 수준이 높아지면서 환경 영향 평가 기준이 더욱 엄격해지고, 지역사회 및 환경 단체의 목소리가 커지면서 발생하는 필연적인 결과이기도 하다. 물론 이러한 엄격한 기준은 지속 가능한 개발을 위해 반드시 필요하지만, 결과적으로 프로젝트 리드 타임을 크게 늘리는 요인이 되고 있다.

미국과 EU 정부 역시 이러한 문제를 인식하고, 자국 내 핵심광물 생산을 지원하기 위해 인허가 절차를 간소화하고 가속화하기 위한 개혁을 추진하고 있다. 미국은 범부처 협력 강화, 명확한 처리 시한 설정, 초기 단계 이해관계자 소통 강화, 기관 대응성 개선 등을 목표로 하는 인허가 실행 계획(permitting action plan)을 발표했으며, IRA 법안을 통해 관련 기관의 인력 충원 및 가이드라인 개발을 지원하고 있다.

EU 역시 핵심원자재법을 통해 높은 수준의 환경·사회적 보호 기준은 유지하면서도, 핵심 원자재 프로젝트에 대한 행정 부담을 줄이고 인허가 절차를 간소화하는 방안을 도입했다. 특히, 전략 프로젝트(strategic projects)로 지정될 경우, 재정 지원 접근성 향상과 함께 단축된 인허가 기간(채굴 허가 최대 27개월, 가공/재활용 허가 최대 15개월)을 적용받게 된다. 이러한 개혁 노력들이 실제 현장에서 얼마나 효과를 발휘하여 리드 타임을 실질적으로 단축시킬 수 있을지는 좀 더 지켜봐야 할 것이다.

4단계: 자금조달 단계, 1~3년 소요

모든 인허가 관문을 통과했다면, 이제 실제 광산과 처리 시설을 건설하기 위한 막대한 자금을 확보해야 한다. 프로젝트 규모에 따라 수억 달러에서 많게는 수십억 달러에 달하는 천문학적인 자본 비용(CAPEX)이 필요하다. 자금조달 방식은 다양하다.

- **자기 자본(equity):** 주로 주니어 탐사/개발 기업들이 증자나 기업 공개(IPO)를 통해 주식 시장에서 자금을 조달하는 방식이다. 하지만 성공적인 자금조달을 위해서는 투자자들에게 프로젝트의 매력도와 성공 가능성을 입증해야 하며, 시장 상황에 따라 변동성이 크다.

- **부채(debt):** 상업 은행이나 개발 은행으로부터 대출받는 방식이다. 은행들은 일반적으로 매우 엄격한 심사 기준을 적용하며, 신뢰성 높은 최종 타당성 조사(BFS) 결과와 함께, 생산될 광물에 대한 장기 구매 계약을 요구하는 경우가 많다. 이 오프테이크 계약이 대출 상환을 보증하는 중요한 담보 역할을 하기 때문이다.

- **전략적 투자**(strategic investment)**:** 해당 광물을 필요로 하는 하류 기업(예. 자동차 OEM, 배터리 제조사, 화학 기업 등)이나 자원 확보를 목표로 하는 국가의 국영기업 또는 국부 펀드, 또는 사모펀드 등 광업 전문 투자 펀드로부터 직접 투자를 유치하는 방식이다. 이는 단순한 자금조달을 넘어, 안정적인 판로 확보나 기술협력 등 전략적 시너지를 창출할 수 있다는 장점이 있다. 최근 핵심광물 분야에서는 이러한 전략적 투자의 중요성이 점점 더 커지고 있다. 자금조달 과정 역시 시장 상황, 광물 가격 전망, 프로젝트 위험도, 투자자 심리 등에 따라 짧게는 1년, 길게는 수년이 걸릴 수 있으며, 자금조달 실패로 프로젝트가 무산되는 경우도 많다.

5단계: 인프라 및 광산 건설 단계, 1~3년 이상 소요

이 모든 과정을 거쳐 마침내 자금조달까지 완료되면, 비로소 실제 광산 및 처리 시설 건설(construction) 단계에 돌입할 수 있다. 하지만 이 역시 만만치 않은 과정이다. 많은 핵심광물 광산들은 전력, 용수, 도로는 물론 기본적인 통신 시설조차 부족한 외딴 오지(remote area)나 극한의 기후 환경(예. 북극권, 고산지대)에 위치하는 경우가 많다. 이러한 곳에 대규모 토목 공사를 진행하고, 정교한 기계 및 전기 설비를 설치하며, 관련 인력을 수급하고 관리하는 것은 엄청난 물류 및 운영상의 어려움을 수반한다. 예상치 못한 기술적 문제나 기상 악화, 또는 현지에서의 돌발 상황 등으로 인해 건설 기간이 지연되고 비용이 증가하는 경우도 흔하다. 일반적으로 대규모 광산 건설에는 최소 2~3년에서 5년 이상의 시간이 소요된다. 건설이 완료된 후에도 바로 최대 생산량에 도달하는 것은 아니다. 시험 가동을 거쳐 실제 상업 생산을 시작하고, 점진적으로 생산량을 늘려 설계 용량에 도달하기까지의 램프업

(ramp-up) 기간이 필요하다. 이 기간 동안에도 예상치 못한 기술적 문제나 공정 최적화의 어려움 등으로 인해 목표 생산량 달성이 지연될 수 있으며, 보통 1년에서 2년 정도의 시간이 추가로 소요된다.

결국 이 모든 과정들을 모두 합치면, 새로운 핵심광물 광산 하나가 아이디어 단계에서 실제 의미 있는 생산을 시작하기까지 15년 안팎의 시간이 걸리는 것이 일반적이라는 결론에 이른다. 이는 급변하는 기술 발전 속도와 폭발적으로 증가하는 시장 수요에 비해 너무나도 느린 속도이다. 공급 측면에서의 이러한 구조적인 비탄력성(inelasticity)과 긴 시차(time lag)는 핵심광물 시장의 수급 불균형과 극심한 가격 변동성을 야기하는 근본적인 원인이며, 안정적인 공급망 구축을 어렵게 만드는 가장 큰 도전 과제 중 하나이다. 마치 거대한 유조선이 방향을 바꾸는 데 오랜 시간이 걸리는 것처럼, 핵심광물 공급은 단기적인 수요 변화에 즉각적으로 반응하기 어려운 본질적인 한계를 가지고 있는 것이다.

광석 품위 저하의 현실,
점점 희미해지는 노다지

핵심광물 공급망의 안정성을 위협하는 또 다른 근본적인 도전은, 마치 시간이 지날수록 과수원의 탐스러운 과일이 높은 가지에만 남게 되는 것처럼, 지구상에서 쉽게 채굴할 수 있는 고품질 광물자원이 점차 고갈되어 가고 있다는 냉정한 현실이다. 인류는 지난 수백 년간 산업 발전에 필요한 광물자원을 찾아 전 세계를 탐험하고 개발해 왔으며, 그 과정에서 당연하게도 가장 먼저 손이 닿고, 가장 캐내기 쉬우며, 원하는 금속의 함량이 높은, 소위 노다지와 같은 광상들부터 개발해 왔다. 하지만 이러한 따기 쉬운 열매(low-hanging fruit)들은 시간이 흐름에 따라 점차 그 수가 줄어들고 있으며, 이제 우리는 점점 더 깊은 땅속으로, 더 험준한 오지로, 그리고 더 낮은 품질의 광석 속에서 필요한 자원을 찾아야만 하는 상황에 직면하고 있다. 바로 광석 품위(ore grade) 저하 현상이다.

여기서 품위(grade)란, 채굴 대상이 되는 광석(ore) 안에 우리가 원하는 유용 광물이나 금속 성분이 얼마나 높은 농도로 포함되어 있는지를 나타내는 지표이다. 예를 들어, 구리 광석의 품위가 1%라는 것은 광석 1톤을 캐내어 처리하면 그 안에서 10킬로그램의 구리를 얻을 수 있다는 의미이다. 품위가 높을수록 적은 양의 광석을 처리하여 더 많은 금속을 얻을 수 있으므로, 광산의 경제성은 품위에 의해 결정적으로 좌우된다.

문제는 전 세계적으로 오랫동안 개발되어 온 주요 금속 광산들에서 이 품위가 지속적으로 하락하는 추세가 뚜렷하게 나타나고 있다는 점이다. 인류 문명의 기반이 된 구리가 가장 대표적인 예이다. 20세기 초반 칠레나 미국 등지에서 개발된 구리 광산들은 종종 품위가 2~3%를 넘는 고품질 광석을 자랑했지만, 100년 이상 채굴이 계속되면서 고품위 광체는 대부분 고갈되었다. 현재 칠레의 에스콘디다(Escondida)와 같이 세계 최대 규모를 자랑하는 구리 광산들도 평균 품위는 0.5% 미만 수준에 불과하다. 이는 과거보다 같은 양의 구리를 생산하기 위해 4~6배 이상 더 많은 양의 광석을 캐내고 처리해야 함을 의미한다. 금 역시 마찬가지이다. 과거처럼 육안으로도 금 입자가 보이는 고품위 맥상광상은 거의 찾아보기 어려워졌으며, 현재는 암석 전체에 미세한 금 입자가 넓게 분산되어있는 저품위 광상을 대규모로 처리하는 방식이 주를 이루고 있다. 이러한 광산에서는 1톤의 광석에 약 1~4g에 불과하는 금만이 들어있을 뿐이다.

이러한 광석 품위 저하는 광석을 채굴하는데 기하급수적으로 많은 에너지를 요구하게 된다. 품위가 절반으로 떨어지면, 동일한 양의 최

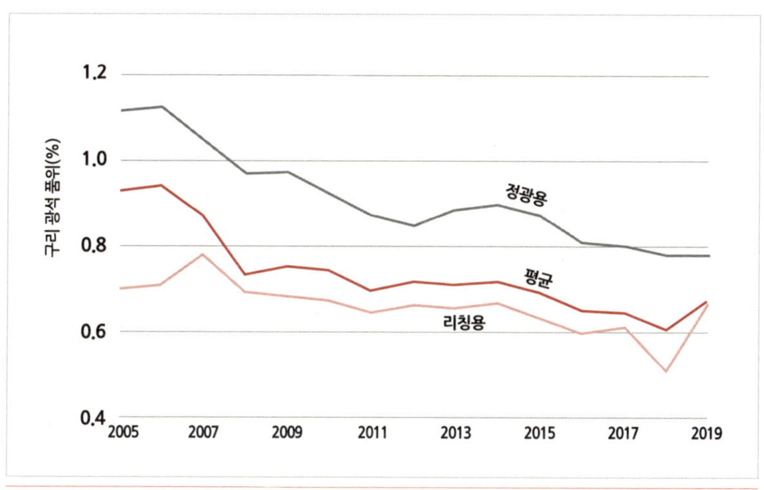

자료 4-2 칠레 구리 광석의 평균 품위 변화[2]

종 금속을 얻기 위해 이론적으로 최소 2배 이상의 광석을 채굴(발파, 굴착, 운반)하고, 2배 이상의 광석을 잘게 부수며(파쇄, 분쇄 – 광물 처리 공정 중 에너지 소비가 가장 큼), 2배 이상의 광석을 화학적으로 처리(선광, 제련)해야 한다. 실제로는 저품위 광석일수록 처리 공정이 더 복잡해지고 효율이 떨어지는 경우가 많아, 에너지 소비는 품위 하락 비율보다 훨씬 더 가파르게 증가하는 경향(종종 시간이 지날수록 증가 속도가 더 빨라지는 지수적 증가)을 보인다. 이는 생산 비용 상승의 핵심 요인이 될 뿐만 아니라, 만약 이 과정에 사용되는 에너지가 화석연료 기반이라면 온실가스 배출량을 급격히 증가시켜 기후 변화 문제를 더욱 악화시키는 결과를 초래한다. 즉, 에너지 전환에 필요한 핵심광물을 얻는 과정 자체가 오히려 탄소 배출을 늘리는 아이러니가 발생하는 것이다.

또한, 더 많은 광석을 처리하기 위해서는 필연적으로 더 많은 양의 물이 필요하다. 특히 습식 제련이나 부유 선별 공정은 막대한 양의 공

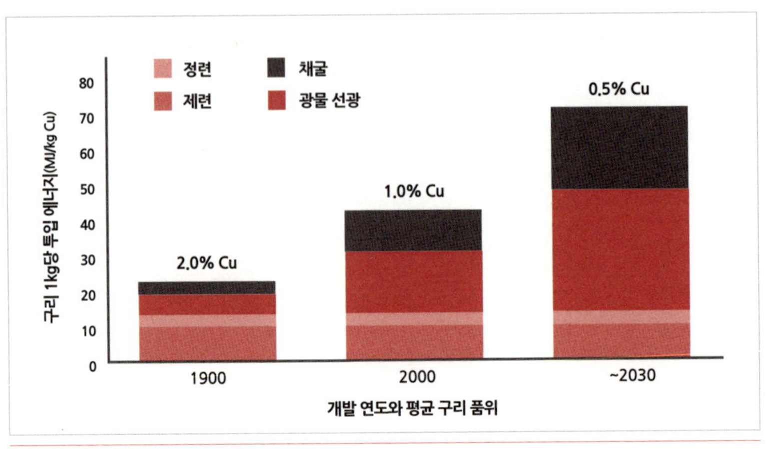

자료 4-3 구리 품위에 따른 에너지 소모량[3]

업용수를 소비하는데, 이는 이미 물 부족 문제에 시달리고 있는 칠레, 호주, 아프리카 등의 건조 지역에서의 광산 개발 및 운영을 더욱 어렵게 만드는 요인이 된다. 또한, 처리해야 할 광석의 양이 늘어남에 따라 발생하는 폐석과 광미의 양 역시 기하급수적으로 증가한다. 이는 광미댐 건설 및 관리 면적 증가, 잠재적인 댐 붕괴 위험 증대, 침출수로 인한 토양 및 수질 오염 가능성 확대 등 환경적 부담과 위험을 크게 가중시킨다.

이처럼 에너지 소비 증가, 물 사용량 증가, 폐기물 처리 비용 증가는 모두 최종 금속 생산의 원가 상승으로 직결된다. 이는 해당 광물의 가격 경쟁력을 약화시키고, 국제 시장 가격이 일정 수준 이하로 떨어질 경우 광산 운영 자체가 어려워지는 결과를 초래할 수 있다. 즉, 저품위 광상의 개발은 높은 시장 가격이 유지되어야만 경제성을 확보할 수 있으며, 이는 앞서 논의한 시장 변동성 문제와 맞물려 신규 투자 및 공급 안정성을 저해하는 요인이 된다.

그렇다면 이러한 품위 저하 문제가 핵심광물에는 어떻게 적용될까? 리튬, 코발트, 니켈, 희토류 등 최근 수요가 급증하고 있는 핵심광물들은 아직 구리나 금만큼 오랜 채굴 역사를 가지지 않았고, 이제 막 대규모 개발이 시작되는 단계에 있는 광상들도 많다. 하지만 이들 역시 시간이 지남에 따라 동일한 품위 저하의 길을 걷게 될 가능성이 높다. 예를 들어, 현재 세계 최대 리튬 광산인 호주 그린부시스(Greenbushes)는 2% 산화리튬(Li_2O)에 가까운 매우 높은 품위를 자랑하지만, 새롭게 개발되는 다른 스포듀민 광상들은 이보다 낮은 품위를 가지는 경우가 많다. 니켈 역시 고품위 황화니켈 광상의 발견은 점차 어려워지는 반면, 상대적으로 품위는 낮지만 매장량이 풍부한 라테라이트 광상 개발(HPAL 등 복잡하고 비용이 많이 드는 공정 필요)이 대안으로 부상하고 있다.

결국, 핵심광물 수요가 계속해서 증가하는 한 인류는 점점 더 낮은 품위의 광석을, 더 어려운 환경 속에서, 더 많은 에너지와 물을 소비하고, 더 많은 폐기물을 발생시키며 채굴하고 처리해야 하는 도전에 직면하게 될 것이다. 이는 핵심광물 확보 비용의 구조적인 상승 압력으로 작용할 것이며, 기술 혁신(탐사 기술 향상, 저품위 광석 처리 효율 개선, 재활용 기술 등)을 통한 생산성 향상 노력이 뒷받침되지 않는다면 공급망의 지속 가능성 자체를 위협할 수 있는 근본적인 문제이다. 쉽게 캐낼 수 있는 노다지의 시대는 저물고 있으며, 이제는 더 많은 노력과 비용, 그리고 지혜를 들여야만 미래 산업에 필요한 자원을 확보할 수 있는 시대로 나아가고 있는 것이다.

작고 불투명하며
변덕스러운 시장
: 예측 불가능한 그들만의 리그

　핵심광물 공급망의 불안정성을 심화시키는 또 다른 중요한 구조적 요인은 바로 이들 광물이 거래되는 시장 자체의 독특한 특성에 있다. 우리가 흔히 접하는 석유, 철광석, 구리, 알루미늄과 같은 주요 산업 원자재들은 전 세계적으로 막대한 양이 생산되고 소비되며, 런던금속거래소(LME), 뉴욕상업거래소(NYMEX), 시카고상업거래소(CME) 등 공신력 있는 국제 상품거래소에서 표준화된 규격으로 활발하게 거래된다. 덕분에 우리는 실시간으로 국제 가격 동향을 파악할 수 있고, 선물이나 옵션과 같은 파생상품을 통해 미래의 가격 변동 위험을 관리(hedging)할 수도 있다. 또한 시장 참여자가 많고 거래량이 풍부하여(높은 유동성, high liquidity), 정보 접근성이 비교적 높고 가격 결정 과정 역시 상대적으로 투명하다고 할 수 있다. 마치 넓고 활기차며 개방된 시장과 같다.

하지만 우리가 다루는 핵심광물들의 시장은 이와는 전혀 다른 모습을 보인다. 희토류 원소들, 배터리용 리튬과 코발트, 반도체용 갈륨, 게르마늄, 인듐, 또는 각종 특수 합금에 사용되는 텅스텐, 몰리브덴, 니오븀, 탄탈럼 등 대부분의 핵심광물들은 전 세계적인 총생산량과 거래량 자체가 주요 원자재에 비해 훨씬 작다. 예를 들어, 전 세계 연간 구리 생산량이 2천만 톤을 훌쩍 넘는 반면, 전기차 배터리 핵심 소재인 수산화리튬의 연간 생산량은 2023년 기준 약 70만 톤(LCE 기준, 서로 다른 형태의 리튬 함량을 탄산리튬 기준으로 환산한 값으로 리튬 생산량, 수급, 가격 비교의 표준 단위로 사용) 수준이며, 반도체 제조에 쓰이는 갈륨의 경우 연간 약 700~800톤, 게르마늄은 150~200톤 규모에 불과하다. 즉, 작은 시장(small market size)이라는 근본적인 특징을 가진다.[4] 일부 광물은 특정 첨단산업 분야에서 극소량이지만 필수적으로 사용되는 니치(niche) 수요[5]에 의존하는 경우가 많다.

낮은 투명성

이렇게 시장 규모가 작다는 사실은 여러 가지 중요한 파생 효과를 낳으며 공급망의 불안정성을 증폭시킨다. 첫째로, '깜깜이 시장'이라고 불릴 만큼 낮은 투명성(low transparency) 문제가 발생한다. 작은 시장 규모는 필연적으로 거래의 투명성을 낮추는데, 대부분의 핵심광물은 런던금속거래소나 뉴욕상업거래소와 같은 공개된 중앙 거래소에서 표준화된 상품으로 거래되지 않는다. 대신, 소수의 생산자(광산회사, 제련소)와 소수의 수요 기업(화학 회사, 부품 제조사 등), 그리고 이들 사이를 연결하는 전문 트레이더들 간의 비공개적인 개별 계약, 특히 장기 공급 계약을 통해 거래가 이루어지는 경우가 대부분이다. 일부 물량은 현물 시장에서 거래되기도 하지만, 그 규모가 작고 거래 정보 역시 제한적이다. 이 때문에 시장 참여자들은 정확한 실시간 가격 정보나 재고 수준, 실제 수급 동향 등을 파악하기가 매우 어렵다. 물론 패스트마켓(Fastmarkets), 아르구스(Argus), 벤치마크 미네랄 인텔리전스(Benchmark Mineral Intelligence)와 같은 가격 평가 기관(price reporting agency, PRA)들이 자체적인 조사를 통해 가격 지표를 발표하고 있지만, 이는 실제 모든 거래를 반영하는 것이 아니라 표본 조사에 기반한 평가 가격이며, 그 산정 방식의 투명성이나 대표성에 대한 논란도 존재한다. 결국, 핵심광물 시장 참여자들은 종종 제한되고 불확실한 정보에 의존하여 의사 결정을 내려야 하는 정보 비대칭(information asymmetry) 상황에 놓이게 된다. 이는 합리적인 가격 형성을 어렵게 하고, 시장 왜곡이나 불공정 거래의 가능성을 높이며, 잠재적인 공급 위험을 사전에 감지하고 대비하는 것을 더욱 어렵게 만든다. 마치 희미한 등불 하나에 의지해 안갯속 길을 걸어가야 하는 것과 같다.

극심한 가격 변동성

시장 규모가 작고 거래량이 적다는 것(낮은 유동성, low liquidity)은 외부 충격에 매우 민감하게 반응하여 극심한 가격 변동성(high price volatility)을 야기한다. 핵심광물 가격은 주요 원자재에 비해 훨씬 더 극심한 변동성을 보이는 경향이 있다. 특정 주요 광산에서의 생산 차질(파업, 사고 등), 주요 생산국의 갑작스러운 정책 변경(수출 통제, 환경 규제 강화 등), 새로운 기술 개발로 인한 특정 광물 수요의 급증 또는 급감, 또는 심지어 지정학적 긴장 고조나 투기적 자본의 유입과 같은 비교적 작은 사건 하나만으로도 관련 핵심광물의 가격이 단기간에 몇 배씩 폭등하거나 폭락하는 경우가 빈번하다.

　이러한 극심한 가격 변동성의 대표적인 사례로는 먼저 희토류 시장의 경험을 들 수 있다. 2010년에서 2011년 사이 중국이 일본과의 외교적 마찰을 이유로 희토류 수출을 제한하자, 국제 희토류 가격은 불과 몇 달 만에 품목에 따라 극적으로 치솟았다. 예를 들어, 영구자석 제조에 필수적인 디스프로슘 산화물의 경우 킬로그램당 약 150달러 수준에서 거래되던 것이 한때 1,500달러를 훌쩍 넘어서며 10배 이상 폭등했고, 네오디뮴 산화물 가격 역시 킬로그램당 약 40달러에서 300달러 이상으로 치솟으며 전 세계 관련 산업계를 패닉에 빠뜨렸다. 하지만 이후 각국의 다변화 노력과 중국의 생산량 조절 완화, 그리고 공급 과잉 우려가 겹치면서 가격은 다시 급격하게 하락하는 등 그야말로 아찔한 변동성을 보였다.

　코발트 시장 역시 유사한 경험을 했는데, 2017년에서 2018년에 걸쳐 전기차 시장의 초기 성장 기대감과 최대 생산국인 콩고민주공화국의 공급 불안정 우려가 맞물리면서 코발트 가격은 톤당 약 2만 5천 달러 수준에서 1년여 만에 9만 5천 달러에 육박하며 4배 가까이 폭등했다. 그러나 이후 배터리 기술 변화(저코발트 또는 코발트 프리 배터리 개발)와 신규 공급 증가 전망으로 인해 가격은 다시 급락하는 모습을 보였다.

　최근에는 리튬 시장이 이러한 극단적인 가격 변동성을 여실히 보여주었다. 2021년부터 2023년 초까지 전기차 시장의 폭발적인 성장과 공급 부족 우려로 탄산리튬 가격은 톤당 1만 달러 미만에서 한때 8만 달러를 넘어서며 2년 만에 8배에서 10배 이상 치솟아 '하얀 석유' 열풍을 일으켰고, 수산화리튬 가격도 유사한 급등세를 보였다. 그러나 이후 글로벌 경기 둔화, 전기차 시장 성장세의 일시적 둔화(이른바 캐즘 현상) 우려, 그리고 예상보다 빠른 신규 공급 확대 가능성이 대두되면서 2023년 하반기부터 가격이 다시 급격하게 하락하여 2024년 초에는 톤당 1만 5천 달러 아래로 회귀하는 등 극심한 변동성을 겪고 있다.

또한, 2023년 8월 중국이 반도체 및 광섬유 생산에 사용되는 갈륨과 게르마늄에 대한 수출 통제를 발표하자마자 국제 시장에서 이들 금속의 가격이 즉각적으로 반응했다. 예를 들어 갈륨의 경우 통제 발표 후, 한 달 만에 킬로그램당 약 280달러에서 400달러 이상으로 약 40~50% 급등하는 모습을 보이기도 했다.

이러한 극심한 가격 변동성은 배터리, 전기차, 반도체 등 안정적인 원료 조달과 예측 가능한 생산 비용 관리를 생명으로 하는 하류 산업 기업에게는 엄청난 경영상의 부담으로 작용한다. 원자재 가격 예측이 어려워 장기적인 사업 계획 수립이 힘들어지고, 가격 급등 시에는 원가 부담 증가로 제품 경쟁력이 약화되거나 수익성이 크게 악화될 수 있다. 이는 결과적으로 신기술 도입이나 생산 설비 투자를 위축시키는 요인이 될 수도 있다.

대규모 자금조달의 어려움

이러한 시장 특성은 투자의 걸림돌로 작용하여 높은 위험과 자금 조달의 어려움을 야기한다. 작은 시장 규모, 낮은 투명성, 그리고 극심한 가격 변동성은 핵심광물 개발 프로젝트에 대한 투자 위험을 크게 높인다. 광산 개발에는 탐사부터 생산까지 통상 7년에서 10년 이상, 때로는 15년이 넘는 긴 개발 기간이 소요되는데, 이 기간 동안 시장 상황과 가격이 어떻게 변할지 예측하기 어렵기 때문에 투자자들은 선뜻 대규모 자금을 투입하기를 망설이게 된다. 특히, 신뢰할 만한 가격 지표나 선물 시장이 없는 상황에서는 미래 생산물의 가치를 평가하고, 장기 구매 계약(off-take agreement)의 가격 조건을 설정하며, 가격 변동 위험을 회피하는 것이 매우 어렵다. 이는 프로젝트의 경제성 평가 자체를 불확실하게 만든다. 결과적으로 핵심광물 개발 프로젝트, 특히 재정 기반이 취약한 주니어 광산 기업이나 정치·경제적으로 불안정한 지역에서 추진되는 프로젝트들은 전통적인 상업 은행이나 투자자들로부터 자금을 조달하는 데 큰 어려움을 겪는 경우가 많다. 이는 결국 새로운 공급원 개발을 지연시키고 공급 부족을 심화시키는 악순환으로 이어질 수 있다.

많은 핵심광물들이 가진 작고, 불투명하며, 변덕스러운 시장의 특성은 그 자체로 공급망의 구조적인 취약점이다. 이는 정보의 비대칭을 심화시키고, 가격의 예측 불가능성을 높이며, 장기적인 투자와 안정적인 공급 확보를 어렵게 만든다. 따라서 핵심광물 공급망의 안정성을 높이기 위해서는 단순히 새로운 광산을 찾는 노력뿐만 아니라, 시장의 투명성을 높이고(데이터 공유 플랫폼 구축, 표준화된 거래 규격 개발 등), 가격 변

동성을 완화하며(전략 비축 확대, 장기 계약 활성화, 가격 헤징 수단 개발 등), 고위
험 프로젝트에 대한 금융 지원을 강화하는(정부 보증, 정책 금융 확대 등) 등
시장 구조 자체를 개선하기 위한 다각적인 노력이 병행되어야 한다.
그렇지 않다면 핵심광물 시장은 계속해서 예측 불가능한 그들만의 리
그로 남아 공급망 전체를 위협하는 요인이 될 것이다.

기후 변화의 역습
: 광산을 덮치는 자연의 경고

핵심광물 공급망을 위협하는 요인은 비단 인간 사회의 정치적, 경제적, 사회적 문제에만 국한되지 않는다. 우리가 발 딛고 선 지구 자체의 거대한 변화, 즉 인류가 초래한 기후 변화가 이제 부메랑처럼 돌아와 핵심광물의 안정적인 생산과 공급을 직접적으로 위협하는 심각한 위험 요인으로 부상하고 있다. 아이러니하게도, 기후 변화를 막기 위한 청정에너지 전환에 필수적인 핵심광물들을 채굴하고 가공하는 과정 자체가 기후 변화로 인한 자연재해와 환경 변화에 점점 더 취약해지고 있는 것이다. 이는 핵심광물 공급망에 예측 불가능성과 운영상의 어려움을 더하는 새로운 차원의 도전 과제이다.

기후 변화는 지구의 평균 기온 상승뿐만 아니라, 극한 기상 현상의 빈도와 강도를 극적으로 증가시키고 있다. 과거에는 수십 년 또는 백

년에 한 번 발생할 법한 기록적인 가뭄, 홍수, 폭염, 한파, 태풍, 산불 등이 이제는 훨씬 더 자주, 그리고 더 강력하게 전 세계 곳곳을 덮치고 있다. 예를 들어, 한때 안정적인 기후로 여겨졌던 유럽 대륙조차 2022년과 2023년 연이어 극심한 여름철 폭염과 가뭄에 시달렸으며, 파키스탄은 2022년 국토의 3분의 1이 물에 잠기는 대홍수를 겪기도 했다. 문제는 많은 핵심광물 광산들이 지질학적 특성상 물이 부족한 건조 지대, 홍수 위험이 높은 하천 유역, 또는 외딴 삼림 지역 등 기후 변화 영향에 특히 취약한 지역에 위치하고 있다는 점이다.

메마르는 땅, 멈추는 광산

광산에도 가뭄과 물 부족이 심화되고 있다. 광물의 채굴, 선광(특히 부유 선별), 습식 제련, 그리고 광물 찌꺼기 처리 등 대부분의 광산 활동은 막대한 양의 물을 필요로 한다. 하지만 기후 변화는 전 세계적인 물 순환 시스템을 교란시켜 특정 지역의 가뭄을 더욱 심화시키고 장기화시키는 경향을 보인다. 이는 물 부족에 시달리는 지역에 위치한 광산들에게는 치명적인 위협이 된다.

대표적인 사례가 바로 세계 최대의 구리 및 리튬 생산지인 남미 안데스산맥 고지대(칠레, 페루, 아르헨티나, 볼리비아)이다. 이곳은 원래 강수량이 적은 건조 및 반건조 지역인데, 최근 기후 변화로 인해 빙하가 녹는 속도가 빨라지고 강수 패턴이 변화하면서 만성적인 물 부족 문제가 더욱 심각해지고 있다. 이 지역의 광산들은 제한된 수자원을 놓고 농업, 지역사회와 치열한 경쟁을 벌여야 하며, 가뭄이 극심해질 경우 용

핵심광물 공급망 전쟁

수 부족으로 인해 조업을 단축하거나 심지어 생산을 중단해야 하는 상황에 내몰릴 수 있다. 실제로 2023년 칠레 아타카마 사막의 극심한 가뭄으로 인해 해당 지역에서 광산을 운영하는 안토파가스타(Antofagasta)사의 구리 광산들에서 10년간 지속된 가뭄으로 인해 생산량을 도저히 늘릴 수 없는 지경에 이르렀다. 광산에서의 생산량은 상황에 따라 증가하거나 감소할 수 있는 것이지만, 전 세계적인 구리 수요 증가로 구리 가격이 상승하는 와중에 생산량 감소는 상당히 이례적일 수밖에 없다. 세계 최대 구리 광산 중 하나인 칠레의 에스콘디다(Escondida) 광산은 이미 오래전부터 용수 부족 문제에 직면하여 막대한 비용을 들여 해수 담수화 시설을 운영하고 있으며, 인근 지역 농민들과의 물 사용 갈등도 끊이지 않고 있다. 2023년 아르헨티나의 리튬 프로젝트들도 전례 없는 가뭄으로 인해 염수 추출 및 증발 공정에 어려움을 겪었다. 염호 리튬 생산 역시 아타카마 사막과 같은 극건조 지역에서 막대한 양의 염수를 증발시키는 방식이어서 물 부족 논란에서 자유롭지 않다.

호주, 아프리카 남부 등 다른 주요 광물 생산 지역 역시 유사한 물 스트레스 증가 문제에 직면해 있다. 서호주 필바라(Pilbara) 지역의 거대 철광석 광산들은 간헐적인 가뭄으로 인한 용수 부족으로 광산 운영에 필수적인 먼지 억제나 일부 공정 운영에 차질을 빚는 사례가 보고되기도 하며, 남아프리카공화국의 백금 및 크롬 광산 지대 또한 반복되는 가뭄으로 지역사회의 물 공급까지 위협받는 상황이다. 이는 단순히 생산량 감소 문제를 넘어, 물 부족으로 인한 지역사회와의 갈등을 심화시키고 프로젝트의 사회적 수용성을 악화시키는 요인이 되기도 한다. 광산들은 해수 담수화 시설 건설이나 용수 재활용률 제고 등 막대한 비용이 드는 대응책 마련에 나서고 있지만, 근본적인 물 부족 문제는 장기적인 공급 안정성에 큰 부담으로 작용할 것이다.

넘치는 물, 무너지는 광물 찌꺼기 댐

　홍수와 그로 인한 광물 찌꺼기 댐(tailings storage dam)의 붕괴 위험이 증대되고 있다. 가뭄과 정반대로, 기후 변화는 특정 지역에 예측 불가능한 집중 호우나 강력한 태풍을 몰고 와 홍수 피해를 야기하기도 한다. 노천 광산의 경우 채굴장이 침수되어 장비가 손상되거나 작업을 중단해야 할 수 있으며, 지하 광산 역시 갱도 침수로 인한 안전사고 위험이 커진다. 예를 들어, 2021년 캐나다 브리티시컬럼비아주에서 발생한 이례적인 대기천(atmospheric river) 현상으로 인한 대규모 홍수는 주요 도로와 철도를 파괴하여 해당 지역 광산들의 석탄 및 구리 정광 운송을 수 주간 마비시키기도 했다.[6]

　하지만 홍수와 관련하여 가장 심각하고 치명적인 위험은 바로 광물 찌꺼기 댐의 붕괴 가능성이다. 광물 찌꺼기 댐은 수십 년간 발생한 막대한 양의 미세한 광물 찌꺼기와 물, 화학 약품 등을 저장하는 거대한 인공 구조물이다. 만약 기록적인 폭우로 인해 댐의 저수 용량이 초과되거나 댐 구조 자체의 안정성에 문제가 생겨 붕괴될 경우, 그 안에 저장되어 있던 유독성 물질을 포함한 엄청난 양의 슬러지가 순식간에 하류 지역을 덮쳐 막대한 인명 피해와 함께 돌이킬 수 없는 환경 재앙을 초래할 수 있다. 2019년 브라질 브루마지뉴(Brumadinho) 광산의 광물 찌꺼기 댐 붕괴 사고는 그 참혹함을 여실히 보여준다.[7] 270명 이상이 사망했던 이 사고의 직접적인 원인은 부실한 설계 및 관리 문제 등 복합적이기에 단순히 기후 변화의 문제라고 하기에는 과장된 면이 있다. 하지만, 전문가들은 기후 변화로 인해 과거의 설계 기준을 뛰어넘는 극한 강우 현상이 더 자주 발생하면서 전 세계적으로 노후되거나 부실하게 관리되는 광물 찌꺼기 댐의 붕괴 위험이 더욱 커지고 있다고 경고한다. 국제광업금속위원회(ICMM)의 보고서에 따르면 전 세계적으로 수천 개의 광물 찌꺼기 댐이 운영 중이거나 폐쇄된 상태로 존재하며, 이 중 상당수가 기후 변화로 인한 극한 강우의 잠재적 위협에 노출되어 있다. 특히 환경 규제가 미흡했던 과거에 건설된 수많은 시한폭탄 같은 광물 찌꺼기 댐들이 전 세계 곳곳에 존재한다는 사실은 큰 우려를 낳는다. 실제로 2015년 브라질 마리아나(Mariana) 댐 붕괴 사고 역시 기록적인 폭우가 간접적인 영향을 미쳤다는 분석이 있으며, 남아프리카공화국에서는 2022년 야거스폰테인(Jagersfontein) 다이아몬드 광산의 폐기된 찌꺼기 댐이 폭우로 붕괴되며 인근 마을을 덮치는 사고가 발생하기도 했다.[8]

북극권의 시한폭탄

영구동토층의 해빙 역시 위협 요소 중 하나이다. 기후 변화의 또 다른 심각한 영향은 북극 및 아북극 지역의 영구동토층(permafrost) 해빙이다. 시베리아, 캐나다 북부, 알래스카 등 광물자원이 풍부한 이들 지역의 땅은 수천 년 동안 얼어붙은 상태를 유지해 왔다. 시베리아나 캐나다 북부에는 다이아몬드, 금, 니켈, 팔라듐과 같은 고가치 광물뿐만 아니라 희토류 등 전략 광물들이 다량 매장되어 있는데, 이들 자원의 개발과 관련된 기반 시설들이 영구동토층 해빙의 직접적인 위협에 처해있는 것이다. 하지만 지구온난화로 인해 이 얼어붙은 땅이 녹기 시작하면서 심각한 문제들이 발생하고 있다. 땅이 녹으면서 지반이 불안정해져 그 위에 건설된 건물, 도로, 파이프라인, 공항 활주로 등 모든 기반 시설이 뒤틀리거나 침하되고 붕괴될 위험에 처한다.

특히 심각한 것은 영구동토층 위에 건설된 광물 찌꺼기 댐이나 폐기물 저장 시설의 안정성이다. 지반이 녹아내리면서 댐 구조에 균열이 가거나 붕괴될 경우, 그 안에 저장되어 있던 방사성 물질이나 중금속 등 유해 물질이 대규모로 유출되어 얼어붙었던 북극 생태계를 영구적으로 오염시킬 수 있다. 캐나다 북부 광산에서는 화학물질이 많이 포함된 광물 찌꺼기를 영구동토층으로 강화되어 마치 얼음빙벽으로 둘러싸여진 것과 같이 안전한 냉동 댐에 적치하고 있었다. 하지만, 이제 상황이 바뀌어 화학물질이 광범위하게 누출될 수 있다는 전망이 나오고 있다. 특히, 가동 중인 광산도 문제지만 오래전에 폐광한 광산들이 더 문제가 될 수 있다.[9] 알래스카에 위치한 세계 최대 아연 광산인 레드독(Red Dog) 광산 또한 물 저장 및 배출 관리와 지반개량에 막대한 추가 비용을 지불하고 있다.

글로벌 니켈과 백금족 공급망에서 중요한 위치를 차지하고 있는 러시아 시베리아 지역은 영구동토층 해빙으로 인해 가장 큰 피해를 입은 지역 중 하나다. 2020년 노릴스크 지역에서는 대규모 연료 탱크가 파손되어 약 20,000톤에 달하는 엄청난 양의 디젤 유가 인근의 암바나야 강으로 유출되는 환경 재앙이 발생했다. 비정상적으로 따뜻한 날씨가 영구동토층을 녹여 탱크를 지지하고 있던 지반이 약화된 것이 그 원인이었다.[10] 2021년 시베리아 중부의 타이미르스키(Taimyrsky) 광산과

 핵심광물 공급망 전쟁

옥티야브스키(Oktyabrsky) 광산에서는 사상 초유의 지하수 홍수가 발생하여 지하 광산이 물에 잠기는 사고가 발생했다. 과거 땅속의 물이 얼어있던 시절에는 상상하지 못했던 사고였다.[11] 이는 막대한 자원이 묻혀 있는 북극권 개발의 매력 이면에 숨겨진, 기후 변화가 야기할 수 있는 리스크를 단적으로 나타내고 있다. 기후 위기를 막기 위해 자원을 개발하고 있지만, 이러한 기후 위기로 인해 생산에 차질을 빚고 있는 셈이다.

물류 네트워크의 변화

기후 변화는 핵심광물을 생산지에서 소비지까지 운송하는 물류 네트워크에도 직접적인 영향을 미친다. 북극해의 해빙(sea ice melt)은 새로운 북극항로 개척 가능성을 열기도 하지만, 동시에 예측 불가능한 유빙(iceberg) 출현이나 급격한 기상 변화로 인해 오히려 안정적인 운항을 방해하고 사고 위험을 높일 수도 있다. 예를 들어, 북극항로의 경우 여름철 해빙으로 항해가 가능한 기간이 늘어날 것이라는 기대도 있지만, 예측 불가능한 유빙의 출현이나 갑작스러운 폭풍 발생, 그리고 부족한 구조 및 지원 인프라는 여전히 큰 위험 요소로 남아있다. 2021년 수에즈 운하 마비 사태는 단일 물류 경로의 취약성을 보여주었듯, 새로운 항로 역시 기후 변화로 인한 예기치 않은 변수에 직면할 수 있다.

또한, 가뭄으로 인한 하천 수위 저하는 내륙 수운을 이용한 광물 운송을 어렵게 만들고, 폭염이나 한파, 폭설 등 극한 기상은 도로 및 철도 운송을 마비시키거나 지연시킬 수 있다. 유럽의 주요 산업 동맥인

라인강의 경우, 최근 몇 년간 반복되는 여름철 가뭄과 낮은 수위로 인해 석탄, 철광석, 기타 원자재를 실은 바지선들이 운송 용량을 크게 줄여야 했으며, 이는 독일 등 내륙 산업 지역의 원자재 공급에 차질을 빚었다. 마찬가지로, 2023년 파나마 운하 역시 극심한 가뭄으로 인해 통행 가능한 선박의 수와 흘수(draft, 선체가 수면 아래로 잠기는 깊이)를 제한하면서 전 세계 물류에 영향을 미쳤다.

항만 지역 역시 해수면 상승이나 강력한 태풍으로 인한 침수 및 시설 파괴 위험에 노출될 수 있다. 인도네시아나 필리핀과 같이 섬이 많고 저지대 해안에 주요 광물 수출항이 위치한 국가들은 해수면 상승과 함께 더욱 강력해지는 사이클론이나 태풍으로 인해 항만 시설이 파괴되거나 운영이 중단될 위험에 직면하고 있다. 일례로 2013년 필리핀을 강타한 슈퍼 태풍 하이옌은 주요 니켈 광석 수출항 중 하나인 구이우안(Guiuan)항에 막대한 피해를 입히기도 했다. 이러한 물류 차질은 적시에 원자재를 공급받아야 하는 제조업체들에게는 생산 일정 지연과 비용 상승을 유발하는 요인이 된다.

높아진 ESG 규제와
눈높이

핵심광물 공급망을 둘러싼 위기의 또 다른 중요한 축은, 과거와는 비교할 수 없을 정도로 높아진 환경(environmental), 사회(social), 그리고 지배구조(governance)에 대한 요구 수준, 즉 ESG 경영 및 규제의 강화이다. 20세기 산업 발전 시대에는 경제적 효율성과 생산량 증대가 최우선 가치였고, 그 과정에서 발생하는 환경 오염이나 사회적 갈등은 때때로 성장을 위한 불가피한 비용 정도로 치부되기도 했다. 특히 자원 개발 분야는 본질적으로 환경 파괴를 수반하고 지역 사회에 큰 영향을 미칠 수밖에 없음에도 불구하고, 많은 경우 경제 논리에 밀려 이러한 문제들이 충분히 고려되지 못했다. 급성장해 온 중국 핵심광물 산업의 배경에도 상대적으로 느슨했던 환경 및 안전 기준이 중요한 비용 경쟁력의 원천으로 작용했던 측면이 있음을 부인하기 어렵다.

하지만 21세기 들어 상황은 근본적으로 달라지고 있다. 기후 변화의 심각성에 대한 전 지구적인 공감대가 형성되고, 기업의 사회적 책임에 대한 시민 사회의 요구가 거세지며, 투자자들 역시 장기적인 지속 가능성을 기업 가치 평가의 핵심 기준으로 삼기 시작하면서, ESG는 더 이상 기업 경영의 부차적인 요소가 아닌 핵심적인 경쟁력이자 생존 조건으로 부상했다. 특히 광업 및 금속 산업과 같이 환경 및 사회적 영향이 큰 산업 분야에서는 이러한 ESG 요구 수준의 상승이 더욱 두드러지게 나타나고 있다. 그리고 이는 핵심광물 공급망의 안정성과 비용 구조, 그리고 프로젝트 개발 속도에 직접적이고 심대한 영향을 미치고 있다. 높아진 ESG 기준은 공급망 안정화를 위한 필수적인 과정이지만, 동시에 새로운 형태의 규제 장벽으로 작용하며 공급 부족 문제를 심화시키는 아이러니한 측면도 가지고 있다.

더욱 촘촘해지는 환경 규제의 그물

가장 큰 변화는 기후 변화 대응 노력과 맞물려 광산 및 제련소 운영 전 과정에서의 탄소 발자국 감축 요구가 거세지고 있다는 점이다. 트럭, 굴착기 등 채굴 장비의 전동화 또는 수소 연료 전환, 공정 에너지 효율 개선, 그리고 무엇보다 생산시설 가동에 필요한 전력을 재생에너지로 전환하려는 압력이 커지고 있다. 이는 특히 전력 소비량이 막대한 제련·정제 공정(예. 알루미늄, 마그네슘, 인조흑연 등)에 큰 영향을 미친다. 또한, EU의 탄소국경조정제도(CBAM)와 같이 생산 과정에서의 탄소 배출량에 따라 사실상의 관세를 부과하려는 움직임은 탄소 배출 규제가 약한 지역에서 생산된 저가 광물 소재의 경쟁력을 약화시키고, 친환경 생산 방식에 대한 투자를 간접적으로 강제하는 효과를 가진다.

2015년과 2019년 브라질 광물 찌꺼기 댐 붕괴 사고와 같은 과거 광물 찌꺼기 처리 부실로 인한 대형 환경 사고에 대한 반성으로, 광물 찌꺼기 댐의 설계, 건설, 운영, 폐쇄에 대한 안전 기준이 전 세계적으로 대폭 강화되고 있다. 광물 찌꺼기 댐은 한번 파괴되면 화학물질이 가득한 뻘이 온 지역을 뒤덮으며 상상 초월의 피해를 가져오곤 한다. 그렇기 때문에 단순히 저렴한 방식으로 쌓아 올리는 것을 넘어, 지진이나 폭우 등 극한 상황에도 견딜 수 있는 안전한 구조(예. 중앙 축조식, 하류 축조식)를 요구하거나, 물 함량을 크게 줄여 안정성을 높이는 탈수 광물 찌꺼기(filtered/dry stack tailings)와 같은 고비용 기술 적용을 의무화하는 추세이다. 이는 광물 찌꺼기 처리 비용을 크게 상승시키는 요인이 된다.

또한 수자원 관리와 관련, 광산 및 제련 공정에서의 용수 사용 효율을 높이고, 공정 과정에서 발생하는 폐수에 포함된 중금속 및 화학물질을 엄격하게 처리하여 주변 하천 및 지하수 오염을 방지하도록 하는 규제가 강화되고 있다. 특히 칠레의 아타카마 사막의 구리와 리튬 프로젝트의 경우처럼, 물 부족 지역에서는 용수 확보 자체가 프로젝트의 성패를 좌우하는 중요한 변수가 된다.

광산 개발 도중과 광산 개발이 마무리된 이후 광산 개발로 인한 생태계 파괴를 최소화하고, 불가피하게 훼손된 지역에 대해서는 생태 복원(rehabilitation)을 수행하며, 나아가 생물 다양성 상쇄(biodiversity offset) 방안까지 마련하도록 요구하는 추세가 강화되고 있다. 이는 프로젝트 부지 선정 단계에서부터 추가적인 제약 요인이 되며 복원 비용 부담을 증가시킨다.

이러한 다층적인 환경 규제 강화는 필연적으로 환경 영향 평가(EIA/ EIS) 과정을 더욱 복잡하고 장기화시키는 결과를 낳는다. 과거에는 몇 년 안에 끝나던 환경 인허가가 이제는 5~10년 이상 소요되거나, 환경 단체 및 지역 주민의 반대와 소송으로 인해 무기한 지연되거나 아예 무산되는 경우가 빈번해지고 있다. 이는 앞서 언급한 광산 개발의 긴 리드 타임을 더욱 늘리는 핵심적인 요인이다.

깨끗한 광물 청구서

이처럼 전방위적으로 강화되고 있는 ESG 기준은 핵심광물 공급망 에 긍정적인 변화를 가져오는 동시에, 여러 현실적인 어려움과 새로운 경쟁 구도를 만들어내는 나비 효과를 낳고 있다. 높은 ESG 기준을 충 족시키기 위한 추가 비용은 광물 생산의 원가를 상승시키고, 복잡해진 인허가 절차는 프로젝트 개발 기간을 더욱 장기화시키며, 이는 결과적 으로 단기적인 공급 부족과 가격 상승 압력으로 작용할 수 있다. 또한, ESG 규제 수준이 낮은 국가나 기업에게 반사적인 가격 경쟁력을 제공 하여 오히려 '바닥을 향한 경쟁(race to the bottom)'을 유발할 수 있다는 우 려와 함께, 높은 리스크와 비용 부담이 재정 기반이 약한 신규 기업들 의 시장 진입을 더욱 어렵게 만들기도 한다.

하지만 다른 한편으로, 높은 ESG 기준 충족은 기업에게 새로운 기 회를 제공한다. ESG 성과가 우수한 기업은 관련 펀드로부터 더 유리 한 조건으로 투자를 유치하고 우수 인재를 확보하기 용이해지며, 지역 사회와의 신뢰를 통해 사업 안정성을 높이고, 책임감 있는 조달을 원하는 하류 기업들에게 우선적인 공급 파트너로 인정받을 수 있다. 궁극적으로 높은 ESG 기준은 단기적으로는 비용과 부담으로 작용할 수 있지만, 장기적으로는 기업의 지속 가능성과 경쟁력을 높이는 필수적인 요소가 되고 있다.

결국 ESG는 거스를 수 없는 시대적 흐름이다. 하지만 우리는 여기서 한 가지 중요한 사실을 직시해야 한다. 어쩌면 지난 수십 년간 우리가 누려온 저렴한 원료와 제품의 시대는 환경 파괴와 노동 인권 문제와 같은 낮은 ESG를 암묵적인 비용으로 지불한 대가였을지도 모른다. 따라서 높은 ESG 기준을 충족하며 책임감 있게 조달된 깨끗한 광물은 이제 그 자체로 프리미엄을 갖게 될 것이며, 이는 최종 제품의 가격 인상으로 이어질 수밖에 없다. 지속 가능한 미래를 위한 비용을 누가, 어떻게 분담할 것인가에 대한 사회적 합의가 새로운 과제로 떠오르고 있는 것이다. 우리는 더 나은 세상을 위해 기꺼이 더 높은 비용을 지불할 준비가 되어 있는가?

사회적 운영 허가,
소셜 라이선스

핵심광물 공급망 구축의 여정에서 기술적 난제, 경제적 타당성, 그리고 정부의 법적 인허가라는 수많은 관문을 모두 통과했다 하더라도 프로젝트의 성공을 담보할 수 없는 마지막, 그러나 종종 가장 넘기 어려운 허들이 존재한다. 그것은 바로 눈에 보이지 않지만 무엇보다 중요한 허가, 사회적 운영 허가(social license to operate, SLO)를 얻는 것이다.

지역과의 상생을 위한 소셜 라이선스

사회적 운영 허가란, 광산 개발과 같은 특정 프로젝트에 대해 해당 지역사회 주민들과 다양한 이해관계자들이 지속적으로 보내는 신뢰,

인정, 그리고 암묵적인 동의를 의미한다. 이는 정부가 발급하는 법적인 인허가(permit)와는 다른 개념이다. 법적 허가가 프로젝트를 시작할 자격을 부여한다면, 사회적 운영 허가는 프로젝트가 지역사회 내에서 환영받고 공존할 수 있는 관계를 구축하는 것에 가깝다. 중요한 점은 사회적 운영 허가는 한 번 얻었다고 영원히 유지되는 것이 아니라, 기업의 지속적인 노력과 소통, 그리고 책임감 있는 행동을 통해 끊임없이 갱신되고 유지되어야 하는 역동적인 신뢰 관계라는 것이다. 만약 기업이나 프로젝트가 지역사회의 신뢰를 잃으면 이 보이지 않는 허가는 언제든 철회될 수 있으며, 이는 극심한 갈등과 반대 운동, 사업 중단이라는 값비싼 대가로 돌아올 수 있다.

과거에는 광산 개발이 주로 국가 주도나 대기업의 일방적인 결정으로 이루어지는 경우가 많았고, 지역사회의 목소리는 상대적으로 경시되는 경향이 있었다. 하지만 민주주의의 발전, 인터넷과 SNS 등 정보 접근성 향상, 환경 및 인권 의식 신장, 그리고 NGO 및 시민 단체의 역할 증대 등으로 인해 이제는 상황이 근본적으로 달라졌다. 지역 주민들은 더 이상 자신들의 삶의 터전에 영향을 미치는 대규모 개발 프로젝트를 수동적으로 받아들이지 않으며, 적극적으로 목소리를 내고 권리를 주장하기 시작했다. 이러한 변화 속에서 사회적 운영 허가 확보는 핵심광물을 포함한 모든 자원 개발 프로젝트의 성패를 좌우하는 핵심적인 성공 요인이자, 동시에 가장 큰 위험 요인 중 하나로 부상했다. 전 세계적으로 수많은 유망 핵심광물 프로젝트들이 바로 이 사회적 운영 허가를 확보하는 것에 실패하여 좌초되거나 장기간 표류하고 있다.

쉽지 않은 설득의 과정

그렇다면 왜 핵심광물 개발 프로젝트는 종종 지역사회의 격렬한 반대에 부딪히고 사회적 수용성을 얻는 데 어려움을 겪는 것일까? 여기에는 여러 복합적인 이유가 존재한다.

가장 첨예한 갈등 중 하나는 생존을 위한 문제, 바로 수자원 확보 경쟁이다. 앞서 살펴보았듯이 많은 핵심광물(특히 리튬, 구리 등) 광산 및 처리 시설은 막대한 양의 물을 필요로 한다. 문제는 이들 광산이 종종 물 부족 문제가 심각한 건조 또는 반건조 지역에 위치한다는 점이다. 칠레 북부 아타카마 사막의 리튬 염호 개발 사례가 대표적이다.

이곳은 지구상에서 가장 건조한 지역 중 하나로, 소금 호수 주변의 극히 제한된 담수 자원에 의존하여 살아가는 리칸안타이 부족 등 원주민 공동체와 플라밍고 서식지와 같은 독특한 사막 생태계가 존재한다. 리튬 생산 기업들이 염수를 퍼 올리고 막대한 양의 물을 증발시키는 과정에서 지하수 수위가 낮아지고 담수 자원이 고갈될 수 있다는 우려는 원주민들에게는 단순한 환경 문제를 넘어 생존권과 직결된 문제로 인식될 수밖에 없다. 기업들은 과학적 데이터를 근거로 영향이 제한적이라고 주장하지만, 수천 년간 그 땅에서 살아온 원주민들의 경험적 지식과 미래에 대한 불안감을 해소하기에는 역부족인 경우가 많다. 페루나 미국 서부의 구리 광산 지대, 호주의 일부 지역에서도 유사한 물 부족 및 수질 오염 우려로 인한 광산 개발 반대 움직임이 끊이지 않고 있다. 토지 이용 역시 민감한 문제이다. 광산 개발은 필연적으로 넓은 면적의 토지를 필요로 하며, 이는 지역 주민들의 농경지, 목초지, 사냥터 등 전통적인 생계 수단을 박탈하거나 제약할 수 있다.

특히 해당 부지가 원주민 공동체의 조상 대대로 내려오는 땅이거나 문화적·종교적으로 신성시되는 장소일 경우, 갈등은 더욱 격화될 수밖에 없다. 미국 네바다주의 태커 패스(Thacker Pass) 리튬 프로젝트는 해당 부지가 과거 미군에 의한 원주민 학살이 자행된 비극의 장소이자 신성한 의식을 치르던 곳이라고 주장하는 북부 파이우테 및 서부 쇼쇼니 부족의 강력한 반대와 법적 소송에 직면해 있다. 이는 단순한 환경 문제를 넘어 역사적 상처와 민족적 정체성까지 얽힌 복잡한 문제임을 보여준다.

광산 개발은 필연적으로 환경 문제를 수반한다. 물론, 지역사회에 큰 경제적 이익을 가져다줄 수도 있지만, 동시에 다양한 환경 및 건강 상의 부정적인 영향을 미칠 수 있다는 불안감을 야기한다. 대규모 노천 채굴로 인한 자연경관 훼손, 발파 및 대형 장비 운행으로 인한 소음과 진동, 채굴 및 운송 과정에서 발생하는 비산 먼지와 그로 인한 호흡기 질환 유발 가능성, 광미댐 붕괴나 침출수로 인한 토양 및 수질 오염 가능성, 그리고 대형 트럭 운행 증가로 인한 교통 체증 및 사고 위험 등은 지역 주민들이 일상에서 직접적으로 체감할 수 있는 피해들이다. 특히 과거 환경 관리가 미흡했던 시절의 광산 개발이 남긴 오염 문제나 건강 피해 사례를 목격했거나 경험한 지역사회일수록 새로운 프로젝트에 대한 불신과 반감은 더욱 클 수밖에 없다. 이러한 우려는 종종 님비(not in my backyard, NIMBY) 현상으로 나타나기도 한다. 국가 전체적으로는 핵심광물 확보가 중요하다고 인정하면서도, 정작 자신의 거주지 인근에 광산이나 제련소가 들어서는 것에는 강력하게 반대하는 것이다. 세르비아 정부가 리오 틴토의 야다르 리튬 프로젝트 허가를 최종적으로 취소하게 된 배경에도 잠재적인 환경 오염과 농업 기반 붕괴를 우려한 지역 주민들과 전국적인 환경 운동의 거센 압력이 결정적으로 작용했다.

사회적 수용성 확보 실패의 근본적인 원인 중 하나는 개발 주체(기업, 정부)와 지역사회 간의 소통 부재 및 상호 불신이다. 프로젝트 초기 단계부터 지역 주민들에게 충분하고 투명한 정보를 제공하지 않거나, 형식적인 설명회나 공청회만으로 의견 수렴 절차를 대체하려 하거나, 제기된 우려와 요구를 진정성 있게 경청하고 반영하려는 노력이 부족할 경우 지역사회는 소외감과 불만을 느끼게 된다. 과거 개발 과정에서의 약속 불이행 경험이나 개발 이익이 외부로 유출되고 지역사회에는 환경 피해만 남는다는 인식 역시 불신을 심화시키는 요인이 된다. 특히 외국 자본에 의해 주도되는 프로젝트의 경우, 문화적 차이나 언어 장벽으로 인해 소통이 더욱 어려워지고 오해가 쌓이기 쉽다. 일단 불신의 골이 깊어지면, 이후 아무리 과학적인 데이터나 합리적인 보상안을 제시하더라도 지역사회의 마음을 돌리기는 매우 어려워진다.

프로젝트 지연, 비용 증가, 그리고 무산의 악순환

필자는 애리조나주의 황량한 사막 한가운데 덩그러니 남겨진 고스트 타운(ghost town)들을 방문하는 것을 좋아했다. 비즈비(Bisbee), 툼스톤(Tombstone), 제롬(Jerome)과 같은 조그마한 마을들에서는 옛 광산마을의 발자취와 숨결을 느낄 수 있었기 때문이었다. 관광지로 잘 개발하여 꾸준히 사람들의 발길이 이어지는 곳들도 있었지만, 수많은 작은 마을들은 정말 폐허 그 자체로 변해버린 곳들이 많이 있었다. 한때 금광과 은광으로 번성했던 그 마을들은 광물이 고갈되면서, 혹은 외부 자본과의 갈등, 원주민과의 약속 파기 등으로 지역사회의 지지를 잃고 결국 사람들이 모두 떠나가 유령 마을로 변해버린 곳들이었다. 번영의 흔적은 녹슨 채굴 장비와 부서진 건물들로만 남아, 마치 사회적 운영 허가라는 보이지 않는 기둥이 무너졌을 때 프로젝트가 어떻게 스러져갈 수 있는지를 생생하게 보여주는 듯했다. 사회적 수용성 확보에 실패할 경우 그 대가는 혹독하다. 지역 주민들과 환경 단체의 반대 시위는 공사 진행을 물리적으로 방해하고 사회적 갈등을 걷잡을 수 없이 증폭시킨다. 행정 소송 및 위헌 소송 등 끝없는 법적 분쟁은 프로젝트를 수년, 때로는 수십 년간 지연시키고 막대한 법률 비용을 발생시킨다. 정치적 압력이 거세지면 정부가 이미 내주었던 인허가를 보류하거나 심지어 전면 취소하는 극단적인 상황까지 발생할 수 있다.

세르비아 야다르 리튬 프로젝트가 바로 이러한 극단적 상황을 생생히 보여주는 대표적인 예라 할 수 있다. 호주의 세계적 광산 기업 리오 틴토(Rio Tinto)가 세르비아 서부 야다르 계곡에서 추진하려던 이 대규모 리튬 개발 사업은 초기에는 세르비아 정부의 지지 속에 유럽의 주요 리튬 공급원으로 기대를 모았다. 그러나 사업이 구체화되면서 채굴 및 정련 과정에서 발생할 수 있는 심각한 환경 오염, 특히 농업용수와 식수원 오염, 토지 수용 문제, 생물 다양성 파괴 등에 대한 지역 주민들과 환경 단체의 우려가 걷잡을 수 없이 커갔다. 이러한 우려는 곧 대규모 시위와 도로 점거 등 격렬한 반대 운동으로 이어졌고, 이는 세르비아 국내 정치의 가장 뜨거운 감자로 떠올랐다. 특히 선거를 앞둔 정치적 상황과 맞물리면서 국민적 저항은 정부에게 엄청난 압박으로 작용했다. 결국, 2022년 1월 세르비아 정부는 이미 발급했던 관련 인허가를 모두 취소하고 프로젝트를 전면 백지화하는 결정을 내렸다. 리오틴토는 이미 수년간 막대한 자금을 투자한 상황이었으나, 정치적 결정과 사회적 반발 앞에서 속수무책이었다. 이후 법적인 공방을 계속 이어나가고 있지만 과연 전국민적인 반대를 무릅쓰고 야다르 프로젝트가 다시 재개될 수 있을지 의문이다.[12] 유럽의 최대 리튬 프로젝트 중 하나로 EU의 적극적인 지원을 받은 잠재력이 큰 사업이라 할지라도 환경 및 사회적 우려를 해소하지 못하고 지역사회의 동의를 얻는 데 실패할 경우, 정부의 입장 변화와 함께 하루아침에 모든 것이 물거품이 될 수 있다는 값비싼 교훈을 남겼다.

이와 같이 사회적 수용성 확보가 어려울 경우 해당 프로젝트에 이미 투자된 수억, 수십억 달러의 자금을 허공에 날리는 결과를 초래할 뿐만 아니라, 해당 기업의 평판에 심각한 손상을 입히고 향후 다른 지역에서의 프로젝트 추진까지 어렵게 만들 수 있다. 또한, 사회적 갈등이 끊이지 않는 프로젝트는 투자자들에게 고위험 자산으로 낙인찍혀 추가적인 자금조달을 더욱 어렵게 만들기도 한다. 결국, 지역사회의 마음을 얻지 못하면 아무리 좋은 광맥과 뛰어난 기술, 충분한 자본을 가지고 있다 하더라도 프로젝트를 성공적으로 완수하기란 거의 불가능에 가까워지는 것이다.

광산과 지역사회 상생의 길

그렇다면 이 까다롭고도 중요한 사회적 운영 허가라는 허들을 넘어

서기 위해서는 과연 어떻게 해야 할까? 단순히 법적인 요건을 몇 가지 충족시키는 것을 넘어, 지역사회의 진정한 파트너로 인정받기 위한 지속적이고 진정성 있는 노력이 필요하다. 그 핵심은 바로 투명한 정보 공개, 초기 단계부터의 꾸준한 소통과 실질적인 참여 보장, 그리고 개발로 인해 발생하는 이익의 공정한 공유에 있다.

프로젝트 구상 초기 단계, 즉 어떤 광물을 어떻게 개발할지 밑그림을 그리는 시점부터 지역사회 및 원주민 공동체와 적극적으로 소통하고, 그들의 오랜 지혜와 경험, 그리고 우려와 기대를 겸허히 경청하며, 이를 프로젝트 계획에 실질적으로 반영하려는 진정성 있는 자세가 필수적이다. 프로젝트가 환경, 사회, 경제에 미칠 수 있는 잠재적 영향(긍정적, 부정적 영향 모두)에 대한 정확하고 이해하기 쉬운 정보를 투명하게 공개하고, 필요하다면 독립적인 제삼자 검증 절차까지 마련하여 지역사회의 신뢰를 구축해야 한다. 형식적인 설명회나 일방적인 통보식 공청회를 넘어, 지역 주민들이 프로젝트 관련 의사 결정 과정에 실질적으로 참여하고 자신들의 목소리를 낼 수 있는 공동 협의체나 정기 간담회와 같은 다양한 채널을 마련하고 운영해야 한다. 특히 원주민 공동체의 경우에는 그들의 고유한 문화와 전통, 그리고 토지에 대한 권리를 존중하며 자유로운 사전인지 동의(FPIC: Free, Prior, and Informed Consent) 원칙을 철저히 준수하고 이행해야 한다.

기업 입장에서 가장 민감하고, 종종 지역사회와의 첨예한 대립이 나타나는 지점이 바로 개발 이익의 공유 문제이다. 프로젝트로 인해 발생하는 막대한 경제적 이익이 소수의 외부 투자자나 중앙 정부에만 집중되고 정작 피해를 감수해야 하는 지역사회에는 제대로 돌아오지 않는다면, 그 어떤 달콤한 약속도 공허하게 들릴 수밖에 없다. 따라서 영향 및 이익 공유 협약(Impact Benefit Agreements, IBAs) 등을 통해 구체적이고 실질적인 약속(예. 지역 주민 우선 고용 및 맞춤형 교육 훈련 제공, 지역 중소기업의 물품 및 서비스 우선 구매, 지역사회 도로·학교·병원 등 기반 시설 투자, 광산 수익의 일정 비율 지역사회 환원 등)을 하고, 이를 투명하게 이행하며 그 과정을 함께 점검하는 것이 중요하다. 광산은 한번 운영을 시작하면 짧게는 20년, 길게는 50년 이상 지속되는 장기 프로젝트이다. 따라서 광산 운영 기간뿐만 아니라, 언젠가 다가올 폐광 이후의 환경 복원 및 지역 경제의 지속 가능한 전환 과정까지 고려하는 장기적인 관점에서 지역 사회와의 굳건한 파트너십을 구축하고 유지하려는 노력이 필요하다. 마치 좋은 이웃과 수십 년간 함께 살아가는 것처럼 말이다.

물론 이러한 과정들은 기업 입장에서 많은 시간과 비용, 그리고 끊임없는 노력을 요구한다. 때로는 단기적인 이익을 일부 포기해야 할 수도 있다. 하지만 장기적인 관점에서 볼 때, 이처럼 진정성 있는 노력을 통해 사회적 운영 허가를 확보하고 유지하는 것은 프로젝트의 안정적인 운영을 보장하고, 예기치 못한 갈등으로 인해 발생할 수 있는 훨씬 더 큰 손실(프로젝트 중단, 평판 추락 등)을 예방하며, 기업의 지속 가능한 성장을 위한 가장 확실하고 현명한 투자라 할 수 있다. 핵심광물 확보 경쟁이 전 세계적으로 치열해질수록, 단순히 기술력과 자본력뿐만 아니라 지역사회와 더불어 살아가고 상생할 수 있는 능력이야말로 기업과 국가의 진정한 경쟁력을 좌우하는 중요한 요소가 될 것이다. 애리조나의 고스트 타운들이 주는 교훈처럼, 지역사회의 마음을 얻지 못하는 개발은 결국 사막의 신기루처럼 사라질 수밖에 없다는 사실을 우리는 기억해야 한다.

자원 민족주의의
거센 파도

글로벌 공급망을 뒤흔드는 또 다른 거대한 파도는 바로 자원 민족주의(resource nationalism)의 부활이다. 이는 자원을 보유한 국가들이 자국의 천연자원에 대한 주권적 통제력을 강화하고, 그로부터 발생하는 경제적 이익을 극대화하며, 이를 국가 발전과 전략적 목표 달성을 위해 적극적으로 활용하려는 모든 형태의 정책적 움직임을 의미한다. 자원 민족주의의 파고는 비단 어제오늘의 이야기가 아니다. 멀리는 20세기 초 멕시코의 석유 국유화나 1970년대 중동 국가들의 석유 자원 통제 움직임에서 그 씨앗을 찾을 수 있으며, 과거 식민지 시대의 자원 수탈 경험이나 강대국들의 영향력 행사 속에서 자원 부국들이 겪었던 불평등에 대한 반작용으로 시작되었다. 이러한 흐름은 21세기 들어 핵심광물의 전략적 가치가 폭등하고, 특히 2010년대 후반부터 미중 패권 경쟁 등 지정학적 긴장이 고조되면서 새로운 양상으로 더욱 거세지고 있다. 유엔무역개발회의(UNCTAD)의 보고서에 따르면, 최근 10년간 자원 관련 무역 제한 조치가 이전 대비 약 5배 증가한 것으로 나타나 이러한 경향을 명확히 뒷받침한다.[13]

자원의 저주를 넘어, 새로운 규칙을 세우다

과거 세계화 시대에는 자유로운 무역과 투자를 통해 자원이 가장 효율적으로 배분되는 것이 최선이라는 인식이 지배적이었다. 자원 보유국은 외국 자본과 기술을 유치하여 자원을 개발하고 수출함으로써 경제 성장을 이루고, 소비국은 필요한 자원을 저렴하고 안정적으로 확보하여 산업 발전을 도모하는 원–윈 구조가 이상적인 모델로 여겨졌다. 하지만 이러한 모델은 종종 자원 개발로 인한 환경 파괴나 사회적 갈등 문제를 야기하고, 창출된 부가 소수의 외국 기업이나 국내 부패한 엘리트에게만 집중되어 정작 국민 대다수의 삶 개선으로는 이어지지 못하는, 이른바 자원의 저주(resource curse) 현상을 낳기도 했다. 특히 특정 자원의 수출 급증이 자국 통화가치의 급격한 상승을 유발하여, 오히려 제조업이나 농업 등 다른 국내 산업의 경쟁력을 잃게 만드는 네덜란드병(Dutch disease)은 이러한 저주의 대표적인 경제적 증상이었다. 풍부한 석유 자원에도 불구하고 오랜 기간 경제 발전이 정체되고 빈부 격차가 심화된 나이지리아나 베네수엘라의 사례는 이러한 자원의 저주를 단적으로 보여주는 예다.

최근 몇 년간 핵심광물 수요가 폭발적으로 증가하고 그 가격이 급등하자, 자원 보유국들은 더 이상 과거와 같이 단순히 원자재를 헐값에 팔아넘기는 역할에만 머무르지 않겠다는 인식을 강화하기 시작했다. 실제로 2020년부터 2022년 사이, 전기차 배터리의 핵심 원료인 탄산리튬 가격은 한때 톤당 8만 달러를 넘어서며 2년 만에 10배 이상 폭등했으며, 니켈 가격 역시 런던금속거래소에서 역사적인 급등세를 보이는 등 주요 핵심광물의 가격 변동성은 극심했다. 이러한 상황 속에서 자원 보유국들은 자국의 귀중한 자원을 활용하여 더 많은 부가가치를 창출하고(단순 광석 수출 대신 국내 가공 및 소재 산업 육성 등), 환경 및 사회적 기준을 강화하며, 자원 개발의 혜택이 국민들에게 더 공정하게 돌아가도록 요구하고 있다. 여기에 더해 핵심광물이 미래 산업 경쟁력과 국가 안보에 미치는 전략적 중요성을 깨달으면서, 이를 외교적 협상력이나 지정학적 영향력 확대를 위한 수단으로 활용하려는 움직임까지 나타나고 있다. 이러한 자원 민족주의의 강화는 여러 다양한 형태로 나타나며, 핵심광물 공급망의 안정성을 위협하는 주요 요인으로 작용하고 있다.

원광 수출 통제의 물결

자원 민족주의의 가장 직접적이고 강력한 형태 중 하나는 특정 광물의 원료 상태 수출을 아예 금지하거나 높은 관세를 부과하여, 자국 내에서 가공하여 부가가치를 높인 제품만 수출하도록 강제하는 정책이다. 이는 제련, 가공, 소재 등 자국 내 관련 산업을 육성하고 일자리를 창출하려는 명확한 목표를 가진다. 이러한 정책의 가장 극적이고 성공적인 (적어도 인도네시아 입장에서는) 사례로는 인도네시아의 니켈 원광 수출금지를 들 수 있다. 인도네시아 정부는 세계 최대 니켈 보유국(전 세계 매장량의 약 22% 차지)이라는 지위를 활용하여 2014년부터 단계적으로 니켈 원광 수출을 제한하기 시작했고, 2020년 1월에는 전면 금지 조치를 단행했다. 이는 니켈 원광을 수입하여 페로니켈이나 NPI(니켈 선철)를 생산하던 중국 등지의 제련소들에게는 큰 타격이었지만, 동시에 글로벌 기업들(특히 중국 기업들)이 막대한 자본을 투자하여 인도네시아 현지에 대규모 니켈 제련소(RKEF 및 HPAL 공장)를 건설하도록 만드는 결정적인 유인이 되었다.

그 결과, 인도네시아의 니켈 가공품 수출액은 원광 수출금지 이전인 2019년 약 30억 달러 수준에서 2023년에는 300억 달러를 훌쩍 넘어서는 기염을 토했으며, 수백억 달러 규모의 외국인 직접 투자가 니켈 제련소 건설로 이어졌다. 인도네시아는 단순한 원광 수출국에서 벗어나 세계 최대의 니켈 중간재(NPI, MHP 등) 생산 및 수출국으로 탈바꿈했으며, 니켈 산업 전반에서 막대한 부가가치를 창출하고 있다. 비록 이 과정에서 환경 파괴(특히 HPAL 공정의 심해 광물 찌꺼기 처리 논란), 노동 문제, 중국 자본에 대한 과도한 의존성 심화 등 여러 부작용과 논란이 발생했지만, 인도네시아의 사례는 다른 자원 부국들에게 자원 민족주의 정책의 성공 모델로 인식될 가능성이 높다. 이 성공에 고무된 인도네시아는 2023년 6월부터 보크사이트(알루미늄 원료) 원광 수출을 금지했으며, 주석, 구리 등에 대해서도 유사한 조치를 검토하고 있다.

아프리카 대륙 역시 이러한 흐름에서 예외는 아니다. 리튬 부국으로 떠오르고 있는 짐바브웨는 세계적인 수준의 리튬 매장량(비키타 광산 등)을 바탕으로 2022년 말, 자국 내 가공 산업 육성을 명분으로 정광 형태를 제외한 리튬 원광 수출을 금지하는 조치를 발표했다. 나미비아 역시 2023년 리튬을 포함한 핵심광물의 원광 수출을 제한하는 법안을 통과시켰으며, 가나 등 다른 아프리카 국가들 또한 유사한 정책 도입을 검토하고 있는 것으로 알려져 있다. 이는 아프리카 대륙이 과거처럼 단순한 원료 공급 기지에 머무르지 않고, 배터리 가치사슬에서 더 높은 부가가치를 확보하려는 의지를 보여준다. 한편, 중국이 희토류, 갈륨, 게르마늄, 흑연, 안티모니 등에 대해 시행하고 있는 수출 통제(허가제 등) 역시 비록 미국의 기술 압박에 대한 맞대응 성격이 강하지만, 한편으로는 자국의 전략 산업 보호 및 육성, 그리고 핵심 자원에 대한 국가 통제력 강화라는 자원 민족주의적 측면도 내포하고 있다고 해석될 수 있다.

세금·로열티 인상과 계약 재협상

또한, 자원 보유국 정부가 기존의 광업 관련 세금(법인세, 소득세 등)이나 광물 채굴에 따른 로열티(royalty, 사용료) 세율을 인상하여 국가 재정 수입을 늘리려는 시도 역시 흔하게 나타난다. 더불어 과거 외국 기업과 체결했던 광산 개발 계약 조건(세금, 로열티, 환경 규정, 국영기업 참여 지분 등)이 자국에 불리하다고 판단될 경우, 이를 재협상하려 하거나 새로운 프로젝트에는 더 엄격한 조건을 요구하기도 한다.

이러한 경향을 잘 보여주는 예로 2023년 발표된 칠레의 새로운 국가 리튬 전략을 꼽을 수 있다. 이 전략은 신규 리튬 프로젝트 개발은 세계 최대 구리 생산 기업인 코델코(Codelco) 등 국영기업이 주도하고 민간 기업은 소수 지분 참여만 허용하며, 칠레의 SQM 사 및 미국 앨버말(Albemarle) 사와 맺었던 아타카마 염호 관련 계약도 종료 시점에 맞춰 국가 참여를 확대(최소 50%+주식 1주 확보)하는 방향으로 재협상할 것임을 명시했다. 또한, 환경 보호 기준을 강화하고 리튬 채굴로 인한 이익이 지역사회와 국가 전체에 더 많이 돌아가도록 리튬 가격에 연동하여 최대 40%에 달하는 누진적 로열티 시스템 개편도 추진하고 있다. 이는 리튬 자원에 대한 국가 통제력을 강화하고 지속 가능한 개발 모델을 추구하려는 의지를 보여주지만, 동시에 민간 투자자들에게는 불확실성을 높이는 요인이 되고 있다. 이러한 움직임은 다른 주요 광물 생산국에서도 나타난다. 세계 2위의 구리 생산국인 콩고민주공화국은 2018년 광업법을 개정하여 구리, 코발트에 대한 로열티를 2%에서 3.5%로, 코발트 등 전략 광물에 대해서는 최대 10%까지 인상했으며, 잠비아는 2022년 구리 가격에 연동하여 최저 5.5%에서 최고 10%까지 차등 적용되는 새로운 로열티 제도를 도입했다. 이처럼 다른 아프리카 국가들에서도 유사하게 광업 부문에 대한 세금 및 로열티 부담을 높이려는 움직임이 나타나고 있다.

자원 국영기업의 역할 강화

더 나아가 일부 국가에서는 핵심광물 자원의 탐사, 개발, 생산, 가공 등 전 과정에서 국영기업(state-owned enterprise, SOE)의 역할을 강화하거나, 민간(특히 외국) 기업이 보유한 자산을 국가가 소유하는 국유화(nationalization) 조치를 단행하기도 한다. 일례로 볼리비아는 세계 최대 리튬 자원(우유니 염호)을 보유하고 있음에도 불구하고, 오랫동안 국영기업 YLB가 주도하는 외국 자본에 배타적인 국가 주도 개발 모델을 고수해 왔다. 이는 기술 및 자본 부족으로 인해 개발이 지연되는 주요 원인이 되었으나, 최근에는 기술 실증 등을 위해 제한적으로 중국 CATL 컨소시엄, 러시아 유라늄 원 등 외국 기업과의 파트너십을 모색하고 있다. 그러나 여전히 국가가 개발의 주도권을 강력하게 행사하는 형태이다.

더욱 직접적인 국유화 사례로는 멕시코를 들 수 있다. 멕시코는 2022년 헌법 개정을 통해 리튬을 국가 전략 광물로 지정하고 탐사, 개발, 활용 권한을 국가가 독점하도록 하는 국유화 조치를 단행했다. 이는 멕시코 북부 소노라 지역에 위치한 대규모 리튬 점토층 개발 프로젝트(당시 중국 간평리튬이 개발권 확보)를 염두에 둔 조치로 해석된다. 이러한 조치는 이미 탐사 및 개발권을 보유하고 있던 외국 기업들에게 큰 혼란과 불확실성을 야기했으며, 향후 멕시코 리튬 자원의 본격적인 개발 전망을 어둡게 만들었다는 평가를 받는다.

양날의 검, 새로운 지정학 게임의 서막

이러한 다양한 형태의 자원 민족주의 강화는 핵심광물 공급망 참여자 모두에게 큰 영향을 미친다. 소비국 및 관련 기업 입장에서는 정치적 위험(political risk) 증가로 인한 투자 위축, 예상치 못한 공급망 교란(supply disruption) 발생 가능성 증대, 수출 제한 및 세금 인상으로 인한 원자재 가격 상승(실제로 로열티 및 세금 인상은 광산 운영 비용을 높여 장기적으로 광물 가격에 반영될 가능성이 크다), 새로운 공급선 발굴의 어려움 가중 등 다양한 문제에 직면하게 된다. 이는 결국 제품 생산 비용 증가와 경쟁력 약화로 이어질 수 있다. 이에 대응하기 위해 미국, EU, 일본 등 주요 광물 소비국들은 핵심광물 확보를 위한 자체 전략(미국의 IRA, EU의 핵심원자재법 등)을 수립하고, 공급망 다변화, 역내 생산시설 유치, 그리고 우호국 중심의 핵심광물 안보 파트너십(MSP) 구축 등에 적극적으로 나서고 있다.

반면, 자원 보유국 입장에서는 자원 민족주의 정책이 국가 재정 수입 증대, 국내 산업 육성 및 일자리 창출, 자원 주권 강화, 국제 사회에서의 협상력 증대 등의 긍정적인 효과를 가져올 수도 있다. 하지만 동시에 외국인 투자 유치 감소로 인한 자원 개발 지연 또는 위축, 국영기업의 비효율성 및 부패 문제 심화, 국제 사회에서의 고립 또는 무역 분쟁 야기(실제로 EU는 인도네시아의 니켈 원광 수출금지 조치를 WTO에 제소하여 승소 판결을 받았으나, 인도네시아는 이를 이행하지 않고 있다), 그리고 자원 개발 이익이 공정하게 분배되지 못할 경우 국내 정치·사회적 불안정 심화 등의 부작용과 위험 또한 내포하고 있다. 실제로 보츠와나의 경우, 다이아몬드 자원의 투명한 관리와 드비어스(De Beers) 사와의 합작 운영 사인 데브스와나(Debswana)를 통해 장기적인 경제 성장의 기틀을 마련한 성공 사례로 꼽히는 반면, 일부 국가에서는 무리한 국유화나 급격한 정책 변경으로 단기적으로 외국인 투자가 급감하고 생산 차질을 빚는 경우도 발생한다.

핵심광물의 전략적 가치 상승과 지정학적 경쟁 심화는 전 세계적으로 자원 민족주의 흐름을 더욱 강화시키는 요인으로 작용하고 있다.

이는 과거의 안정적이고 예측 가능했던 글로벌 자원 무역 질서에 근본적인 변화를 가져오고 있으며, 핵심광물 공급망의 불확실성과 불안정성을 높이는 핵심적인 원인 중 하나가 되고 있다. 앞으로 기업과 정부는 이러한 자원 민족주의의 파고를 슬기롭게 헤쳐 나가기 위한 더욱 정교하고 유연한 전략 수립과 위험 관리가 요구될 것이다.

5장

순환 경제를 위한 위한 재자원화

21세기의 거대한 전환, 즉 청정에너지 시스템으로의 이행과 첨단 디지털 사회의 발전은 필연적으로 막대한 양의 핵심광물 수요를 동반한다. 그러나 앞선 장들에서 살펴보았듯이, 이들 핵심광물의 공급망은 특정 지역 편중, 지정학적 불안정성, 환경 및 사회적 문제 등 다양한 위험 요인에 노출되어 있다. 이러한 상황에서 지속 가능하고 안정적인 핵심광물 확보를 위해 우리가 주목해야 할 또 다른 축이 바로 재자원화(recycling)다. 재자원화는 사용 수명이 다한 폐제품(end-of-life, EoL products)이나 제조 공정 중에 발생하는 폐기물(scrap)로부터 유용한 핵심광물을 회수하여 다시 공급망으로 되돌리는 모든 활동을 의미한다. 이렇게 회수된 자원은 2차 자원(secondary resource)으로 불리며, 땅속에서 직접 캐내는 1차 자원(primary resource)에 비해 여러 가지 중요한 이점을 제공한다. 흔히 도시 광산(urban mining)이라는 개념으로도 설명되는 재자원화는 단순히 폐기물 처리 문제를 넘어, 미래 핵심광물 공급망의 패러다임을 바꿀 잠재력을 지닌 핵심 전략으로 부상하고 있다.

공급망 안보를 위한
재자원화

IEA는 2024년 발간한 〈핵심광물 재자원화(Recycling of Critical Minerals) 보고서〉[1]에서 재자원화가 청정에너지 전환을 위한 핵심광물의 안정적이고 지속 가능한 공급을 보장하는 데 필수 불가결(indispensable)하다고 강조했다. 재자원화는 귀중한 2차 공급원으로써 신규 광산 개발에 대한 의존도를 낮추고, 특히 자원 빈국이나 광물 수입 의존도가 높은 국가들의 공급 안보(supply security)를 강화하는 데 결정적인 역할을 한다. 한 번 사용하고 버려지는 화석연료와 달리, 광물은 이론적으로 회수하여 재사용될 수 있다는 근본적인 차이가 있다. 잘 구축된 재자원화 인프라는 미래의 예기치 못한 공급망 충격에 대비하는 완충재(buffer) 역할도 수행할 수 있다.

공급 확대 측면 뿐만 아니라, 재자원화는 환경적·사회적 부담을 크게 완화하는 중요한 수단으로 활용될 수 있다. 1차 자원, 즉 광산에서 광물을 채굴하고 제련하는 과정은 막대한 에너지 소비, 온실가스 배출, 광물 찌꺼기 및 폐수 발생, 생태계 파괴, 그리고 때로는 지역사회와의 갈등 및 인권 문제까지 야기한다. 반면, 재자원화된 니켈, 코발트, 리튬 등 에너지 전환 핵심광물은 1차 자원으로 생산할 때보다 평균적으로 80% 적은 온실가스를 배출한다.[2] 또한, 에너지와 물 소비량도 훨씬 적다. 이는 재자원화가 청정에너지 기술 자체의 환경 발자국을 줄이는 데도 크게 기여할 수 있음을 의미한다. 또한, 재자원화는 폐기물 문제 해결에도 기여한다. 전기차, 태양광 패널, 풍력 터빈, 각종 전자기기 등 핵심광물을 함유한 제품들의 수명이 다했을 때, 이를 적절히 처리하지 않으면 막대한 양의 폐기물이 매립지로 향하거나 불법적으로 처리되어 심각한 환경 오염과 자원 낭비를 초래할 수 있다. 재자원화는 이러한 폐기물을 귀중한 자원으로 되돌려 순환 경제(circular economy)를 구축하는 역할을 할 수 있는 셈이다.

재자원화 우등생, 알루미늄

핵심광물 재자원화에 대한 정책적 관심과 기술 개발 노력은 전 세계적으로 증가하고 있지만, 아직 그 실질적인 기여도는 기대에 미치지 못하는 것이 현실이다. 몇몇 예외를 제외하면, 재자원화를 통해 공급되는 2차 자원의 양은 여전히 1차 자원(신규 채굴) 공급량에 비해 미미하며, 전체 소비량 증가 속도를 따라잡지 못하고 있다.

전력 시스템 전반에 필수적인 구리의 경우, 전체 수요에서 2차 공급

핵심광물 공급망 전쟁

(직접 사용 스크랩 포함)이 차지하는 비중은 2015년 37%에서 2023년 33%로 오히려 감소했다. 배터리와 특수 합금에 중요한 니켈 역시 같은 기간 동안 재자원화 비중이 33%에서 26%로 줄어들었다. 이는 해당 광물들의 전체 소비량이 재자원화 증가 속도보다 더 빠르게 증가했음을 의미한다. 이 중 유일한 예외는 알루미늄으로, 잘 구축된 폐캔 수거 시스템 및 재자원화 프로그램, 그리고 재자원화의 명확한 에너지 절감 효과(1차 생산 대비 90% 이상 에너지 절약) 덕분에 재자원화 비중이 32%에서 35%로 소폭 증가했다.[3]

그렇다면 알루미늄은 어떻게 재자원화 우등생이 될 수 있었을까? 그 여정을 따라가 보면 현재 우리가 직면한 핵심광물 재자원화 과제에 대한 중요한 실마리를 찾을 수 있다. 사실 알루미늄 재자원화는 꽤나 긴 역사를 자랑한다. 19세기 말에 처음 시도되어 미국에서는 무려 1904년에 첫 재자원화 공장이 문을 열었을 정도이다. 하지만 오늘날과 같은 규모의 재자원화 시스템이 갖춰진 것은 훨씬 이후의 일이다. 알루미늄의 재자원화가 본격적으로 주목받기 시작한 계기는 아이러니하게도 제2차 세계대전이었다. 전쟁으로 인해 항공기 제작 등에 필수적인 알루미늄 공급이 부족해지자, 각국 정부는 폐기된 냄비나 깡통 같은 소비재에서 알루미늄을 회수하여 다시 전쟁 물자로 활용하는 노력을 장려하기 시작했다. 전쟁이 끝난 후에도 자동차, 항공우주, 포장재 산업 등에서 알루미늄 사용이 늘면서 산업 현장에서 발생하는 스크랩(scrap, 제조 공정 과정에서 발생하는 재활용 가능한 부산물) 재자원화는 꾸준히 이어졌다. 여기에는 확실한 경제적 이유가 있었다. 알루미늄을 재자원화하는 것은 땅속의 원광석(보크사이트)에서 새로운 알루미늄을 만드는 것보다 에너지를 무려 95% 이상 절약할 수 있기 때문이다.[4] 전기를 엄청나게 소비하는 알루미늄 제련 공정의 특성상, 재자원화는 곧 비용 절감으로 직결되었던 것이다.

알루미늄 재자원화가 진정한 대중화 시대를 맞이한 것은 1970년대, 바로 우리가 마시는 콜라, 맥주 등을 담는 알루미늄 캔 덕분이었다. 가볍고, 녹슬지 않으며, 모양을 만들기 좋은 알루미늄 캔이 음료 용기로 폭발적인 인기를 얻으면서 매년 수십억 개의 빈 캔이 쏟아져 나오기 시작했다. '한 번 쓰고 버리기엔 너무 아까운데?'라는 생각이 자연스럽게 재자원화로 이어진 것이다. 이때 결정적인 역할을 한 것이 바로 정부의 정책적 개입과 시민들의 참여였다. 1970년대 후반 미국 오리건주를 시작으로 여러 나라에서 빈 용기 보증금 반환 제도(deposit – return schemes)가 도입되었다. 음료를 살 때 캔값에 약간의 보증금을 포함시키고, 빈 캔을 가져오면 돈으로 돌려주는 이 제도는 사람들에게 빈 캔을 그냥 버리지 않고 모아서 가져오게 만드는 강력한 동기를 부여했다.

1980년대 초반에는 각 가정이 재자원화품(재활용품)을 집 앞에 내놓으면 정기적으로 수거해가는 문전 수거 프로그램(curbside programmes)이 미국, 유럽 등지에 널리 보급되면서 재자원화에 대한 사회적 관심 증대 역시 알루미늄 캔 재자원화를 촉진하는 중요한 바람을 일으켰다. 알루미늄 생산이 얼마나 많은 에너지를 소비하고 환경에 부담을 주는지가 알려지면서, 캔 하나를 재자원화하는 작은 실천이 지구를 살리는 데 기여한다는 인식이 확산되었고, 이는 많은 시민들의 자발적인 참여를 이끌어냈다. 경제적 효율성, 편리한 시스템, 그리고 환경 보호라는 시민 의식이 시너지를 일으킨 결과, 알루미늄 캔은 오늘날 가장 성공적인 재자원화 품목 중 하나로 자리 잡게 되었다.

물론 알루미늄과 현재 우리가 주목하는 리튬, 코발트, 니켈, 희토류 등 핵심광물 사이에는 분명한 차이가 있다. 폐기물의 형태(캔 vs. 복잡한 배터리/전자제품), 재자원화 기술의 난이도, 회수되는 물질의 가치 등 여러 면에서 다르다. 하지만 알루미늄 재자원화의 성공 스토리는 우리에게 중요한 교훈을 준다. 특히 리튬, 니켈, 코발트 등 배터리 핵심광물의 재자원화 분야는 이제 막 상업적 기회가 열리면서 매우 빠르게 성장하고 있다. 아직 수명이 다한 전기차 배터리가 대량으로 배출되는 시기는 아니지만, 배터리 제조 공정에서 발생하는 스크랩과 수명이 다한 소형 전자기기 배터리를 중심으로 재자원화 시장이 형성되기 시작했다. 회수 가능한 폐기물(feedstock) 대비 실제 금속 회수율을 기준으로 평가했을 때, 2023년 니켈과 코발트의 재자원화율은 40% 이상, 리튬의 재자원화율은 20% 수준까지 급증했다고 분석했다.[5] 재자원화된 배터리 금속의 시장 가치 역시 2015년 대비 2023년에 거의 11배나 성장했으며, 이 성장의 절반 이상이 최근 3년(2021~2023년) 사이에 이루어졌다.[6] 이는 향후 폐전기차 배터리가 본격적으로 쏟아져 나올 때, 배터리 재자원화 산업이 핵심광물의 중요한 2차 공급원으로 자리 잡을 수 있는 거대한 잠재력을 보여준다.

재자원화를 통한 신규 채굴 수요의 감소

그렇다면 미래에 재자원화는 핵심광물 공급망에서 얼마나 중요한 역할을 할 수 있을까? 현재와 같은 추세라면 재자원화 규모가 성공적으로 확대될 경우, 2050년까지 신규 광산 개발 필요량을 25~40%까지 낮출 수 있다고 전망했다. 구체적으로 구리와 코발트는 약 40%, 리튬과 니켈은 약 25% 정도 신규 채굴 수요를 줄일 수 있을 것으로 예측된다. 이는 막대한 광산 개발 투자 비용을 절감하는 효과를 가져온다. 예를 들어, 2050년까지 탄소 중립(NZE 시나리오) 보급률이 높은 지역에서 두드러질 수 있다. 여기에는 한국이나 유럽처럼 첨단산업과 청정에너지 전환을 달성하기 위해 필요한 광산 투자는 약 8,000억 달러로 추산되는데, 재자원화 없이는 이 금액이 약 30%(2,400억 달러) 더 증가할 수 있다. 또한, 재자원화는 앞서 언급했듯이 환경적·사회적 영향을 크게 완화할 수 있다. 재자원화 광물 사용은 1차 광물 생산 대비 평균 80%의 온실가스 배출을 저감하며, 이는 2040년까지 기후 목표 달성에 필요한 리튬, 니켈, 코발트 생산 과정에서 발생하는 누적 배출량의 35%를 줄이는 효과와 같다.

재자원화의 에너지 안보 기여 효과는 특히 자원 빈국이자 청정에너지 기술은 발달했지만, 관련 핵심광물 자원은 부족하여 대부분 수입에 의존하는 국가들이 해당될 수 있다. 이들 국가에게 재자원화는 단순한 폐기물 처리나 환경 보호를 넘어, 에너지 안보와 경제 주권을 지키는 강력한 무기가 될 수 있다. 예를 들어 유럽의 경우, 폐배터리 등의 재자원화를 통해 2050년까지 필요한 리튬과 니켈 수요의 약 30%를 충당할 수 있을 것으로 예상된다. 이는 전 세계 평균 재자원화 기여도 전망치(25% 미만)보다 높은 수치로, 유럽이 재자원화를 통해 상당 부분 자급률을 높일 수 있음을 시사한다. 이는 곧 매년 해외에서 핵심광물을 수입하는데 드는 막대한 외화를 절약하고, 특정 국가에 대한 공급 의존성 위험을 낮추며, 나아가 역내에 새로운 재자원화 산업과 일자리를 창출하는 경제적 효과까지 가져다줄 수 있다. 마치 석유 한 방울 나지 않는 나라가 폐자원에서 에너지를 만들어내는 것과 같은 혁신적인 발상인 셈이다.

각국의 뜨거운 정책 드라이브

이러한 재자원화의 엄청난 잠재력과 전략적 중요성을 인식하면서, 전 세계 정부들도 발 빠르게 움직이고 있다. 더 이상 재자원화를 민간 기업의 자율적인 노력이나 환경 단체의 캠페인에만 맡겨둘 수 없다는 공감대가 형성되고 있는 것이다. 2022년 이후 불과 2~3년 사이에 전 세계적으로 30개 이상의 새로운 핵심광물 재자원화 관련 정책 및 규제가 도입되는 등 정책적 모멘텀이 그 어느 때보다 뜨겁다. EU의 순환 경제 실행 계획(Circular Economy Action Plan)이나 호주의 국가 폐기물 정책 실행 계획(National Waste Policy Action Plan), 중국의 폐기물 재자원화 정책 등이 대표적이다.

글로벌 배터리 시장에서 중국의 영향력은 제조뿐만 아니라 재자원화 분야에서도 압도적이다. 중국은 세계 최대 배터리 제조국 지위를 공고히 하는 동시에, 폐배터리 재활용 시장에서도 전처리 및 후처리 공정 모두에서 전 세계 생산 능력의 80% 이상을 점유하며 시장을 확고하게 장악하고 있다. 특히, 세계 1위 배터리 기업인 CATL의 자회사 광동 브룬프(Brunp) 사를 비롯하여 GEM, 후난 홍지에 신재료(Hunan Hongjie New Material) 등 상위 3개 기업만으로도 전 세계 재활용 생산 능력의 약 15%를 차지할 정도로 그 집중도가 높다. 이러한 중국의 독점적 지위는 다른 국가들에게 재활용 원료 확보 및 처리 과정에서 심각한 공급망 의존성 문제를 야기하는 요인이 된다.

이러한 국제적 상황 속에서, 한국 역시 핵심광물의 높은 해외 의존도를 낮추고 미래 배터리 공급망의 안정성을 확보하기 위해 재자원화 역량 강화에 국가적인 노력을 집중하고 있다. 한국 정부는 2025년 발표한 핵심광물 재자원화 활성화 추진 방향을 통해, 2030년까지 핵심광물 재자원화율을 당시 2% 수준에서 20%까지 10배로 끌어올리겠다는 구체적이고 도전적인 목표를 설정한 바 있다. 이 목표 달성을 위해 정부는 관련 기술 R&D 지원, 전문 기업 육성 등 산업 생태계를 적극적으로 조성하는 한편, 불필요한 규제는 합리화하고 효율적인 폐배터리 수거 및 처리 인프라 구축에도 힘쓰고 있다.

이러한 정책적 지원과 시장의 요구에 발맞춰, 국내 산업계의 움직임도 활발하다. LG에너지솔루션, SK온, 삼성SDI 등 글로벌 시장을 선도하는 배터리 3사의 약진과 더불어, 성일하이텍과 같은 전문 재자원화 기업들이 빠르게 성장하며 독자적인 기술력을 축적하고 있다. 이들 기업은 국내 기반을 강화하는 동시에, 한국 배터리 기업들의 대규모 해외 공장 증설(북미 및 유럽)과 발맞추어 해외 시장에 동반 진출하여 현지에서 발생하는 폐배터리 및 공정 스크랩을 처리하고 핵심 원료를 확보하는 등 글로벌 재자원화 공급망 구축에도 적극적으로 나서고 있다.

재자원화, 폐배터리에서 보물을 찾는 기술

사용 수명이 다한 리튬이온 배터리에서 귀중한 핵심광물을 다시 꺼내 쓰는 재자원화 과정은 크게 두 단계로 나눌 수 있다. 첫 번째 단계는 재료 준비 단계(전처리, pretreatment)이다. 우선 안전을 위해 폐배터리에 남은 전기를 완전히 방전시킨 후, 배터리 팩이나 모듈의 케이스, 제어 시스템(BMS), 냉각 장치 등을 분해하여 내부의 배터리 셀들을 분리해 낸다. 다음으로 이 셀들을 잘게 부수거나(파쇄/분쇄), 열을 가해 유기물(전해액, 바인더 등)을 제거하고, 물리적·기계적 방법(자력, 진동, 부유 등)을 이용해 알루미늄이나 구리 포일 같은 부가적인 재료들을 선별해 낸다. 이 전처리 과정의 최종 목표는 양극과 음극 활물질 가루들이 뒤섞여 있는, 마치 검은색 분말과 같은 블랙 매스(black mass)를 만드는 것이다. 이 블랙 매스 안에 우리가 되찾고자 하는 리튬, 니켈, 코발트,

망간, 흑연 등 핵심광물들이 농축되어 있다. 이 단계는 비교적 덜 복잡한 기술과 설비가 필요하다.

두 번째 단계는 이 블랙 매스에서 실제 유용 금속들을 추출하고 정제하는 회수 단계(후처리, material recovery)이다. 이 단계는 기술적으로 더 복잡하며, 크게 두 가지 전통적인 방식인 건식 제련(pyrometallurgy)과 습식 제련(hydrometallurgy), 그리고 한 가지 새로운 방식인 직접 재활용(direct recycling) 방식으로 나뉜다.

사용 후 배터리에서 다시 배터리 원료로

건식 제련은 스크랩 원료를 모두 고온의 용광로에 넣고 녹여 분리하는 방식이다. 블랙 매스나 심지어 배터리 셀 자체를 용광로 같은 고온의 전기로에 넣어 녹이면, 니켈, 코발트, 구리 등은 금속 합금 형태로 녹아 나온다. 여기에 리튬, 망간, 알루미늄 등은 슬래그라는 찌꺼기 형태로 분리된다. 이 방식은 전처리 과정이 간단하고 다양한 종류의 배터리를 처리할 수 있다는 장점이 있지만, 합금과 슬래그에서 다시 각각의 금속을 순도 높게 뽑아내려면 추가적인 화학 처리가 필요하며, 흑연은 이 과정에서 타버려 회수할 수 없고 에너지 소모가 크다는 단점이 있다.

화학 용액을 사용하는 습식 제련 방식은 2023년도 기준 전체 재자원화 생산 공정의 90%가 사용하고 있는 대표적인 공정이다. 블랙 매스를 강산 등의 화학 용액에 반응시켜 리튬, 니켈, 코발트 등 원하는 금속만 선택적으로 녹여낸 후, 여러 단계의 정제 과정을 거쳐 각각의

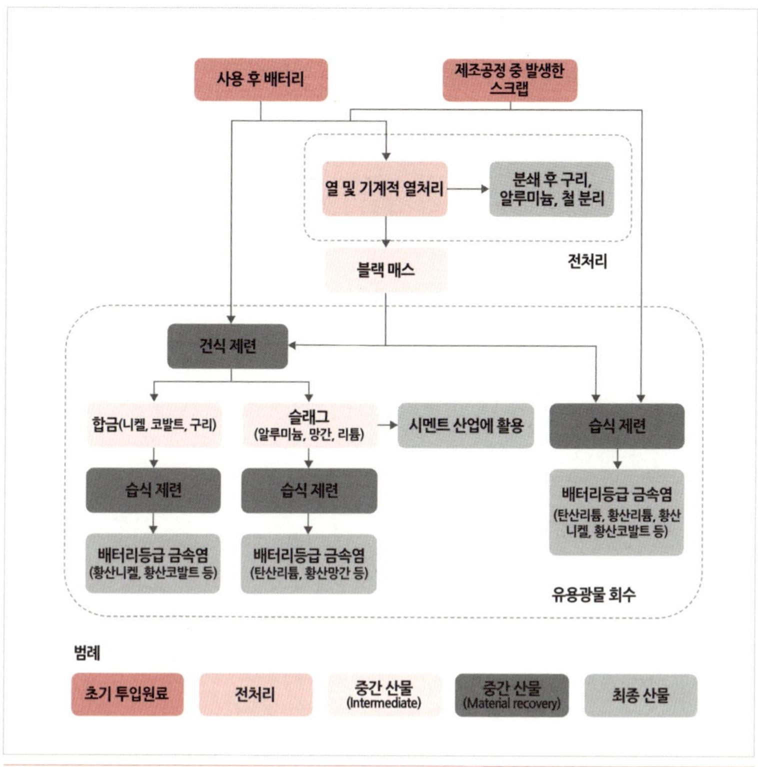

자료 5-1 배터리 재자원화의 과정[7]

금속을 배터리 제조에 다시 사용할 수 있는 고순도 화합물(예. 황산니켈, 탄산리튬 등) 형태로 침전시키거나 추출해 내는 방식이다. 이 방식은 최종적으로 배터리급 소재를 바로 얻을 수 있고, 리튬 회수율이 비교적 높으며, 최근에는 흑연까지 회수하려는 기술도 개발되고 있다. 하지만 복잡한 화학 공정과 강산이 포함된 폐수 처리 문제, 그리고 투입되는 블랙 매스의 불순물 관리가 중요하다는 과제가 있다. 최근에는 건식과 습식 제련의 장점을 결합한 공정도 많이 사용된다.

마지막으로 최근 주목받는 직접 재활용 방식이 있다. 이 방식은 양극재 구조 자체를 파괴하지 않고 결정 구조를 유지하면서 성능이 저하된 부분(주로 리튬 손실)만 복원하여 다시 양극재로 사용하는, 일종의 재생(regeneration) 기술이다. 이는 에너지 소모가 적고 효율이 매우 높을 수 있지만, 특정 배터리 화학 구조에만 적용 가능하고 양극/음극 분리 등 까다로운 전처리 과정이 필요하다는 한계가 있어 아직 연구개발 및 초기 상용화 단계에 있다.

결국 어떤 재활용 방식을 선택할지는 폐배터리의 종류, 회수하고자 하는 금속의 가치, 기술 수준, 경제성, 그리고 환경 규제 등 다양한 요소를 고려하여 결정된다.

사용 후 자석에서 희토류를 추출하는 기술

전기차의 심장인 모터, 바람을 전기로 바꾸는 풍력 터빈의 발전기, HDD의 정밀 구동 장치, 심지어 스마트폰의 스피커나 진동 모터까지. 현대 첨단기술 곳곳에는 희토류 영구자석, 특히 강력한 네오디뮴 자석(NdFeB)이 필수적인 비타민 역할을 수행하고 있다. 문제는 이 귀한 기술 비타민이 제품의 수명이 다하면 대부분 제대로 회수되지 못하고 버려진다는 점이다. 현재 전 세계적으로 폐자석의 수거율은 5%에도 미치지 못하는 것으로 추정될 정도로 극히 저조하다.

여기에는 몇 가지 이유가 있다. 첫째, 자석 자체가 최종 제품(자동차, 가전제품 등) 내부에 깊숙이, 그리고 단단히 고정되어 있어 분리 및 해체 작업이 매우 까다롭고 비용이 많이 든다. 스마트폰 스피커에 들어가는 자석은 밀리그램(mg) 단위로 매우 작아 회수 자체가 어렵고, 전기차 모

　핵심광물 공급망 전쟁

터나 풍력 터빈에 들어가는 자석은 크고 무거워(터빈의 경우 최대 2톤) 해체 및 운반이 쉽지 않다. 둘째, 설령 자석을 회수한다 해도 그 안에서 네오디뮴, 디스프로슘 등 특정 희토류 원소만을 다시 고순도로 추출해 내는 과정이 기술적으로 매우 복잡하고 많은 비용이 든다. 셋째, 재자 원화 업체 입장에서는 폐제품에서 구리나 알루미늄, 또는 배터리 속 니켈, 코발트 같은 다른 고가 금속을 회수하는 것이 경제적으로 훨씬 더 이득이기 때문에, 상대적으로 회수량이 적고 처리 비용이 많이 드 는 희토류는 재자원화 우선순위에서 밀려나기 쉽다.

하지만 앞으로 수명을 다하는 전기차 모터와 풍력 터빈이 기하급수 적으로 늘어나면서, 여기서 회수 가능한 폐자석의 양 또한 기하급수적 으로 늘어날 것으로 예상된다. 자기공명영상(MRI) 장치 등 의료기기에 사용되는 자석도 잠재적 공급원이 될 수 있다(단, 고자장 MRI는 희토류 대 신 초전도 자석 사용). 또한, 로봇이나 드론 모터, 각종 센서 등 전자 폐기 물 속 작은 자석들도 무시할 수 없다. 최근에는 애플의 데이브 로봇처 럼 로봇 시스템이나 AI 기반의 자동 분류 기술이 발전하면서 과거에 는 불가능했던 복잡한 폐제품에서의 자석 분리 및 선별 가능성도 점차 커지고 있다.

기술적인 측면에서도 발전이 이루어지고 있다. 전통적인 재자원화 방식은 폐자석을 녹이거나 화학적으로 처리하여 다시 희토류 산화물 (REO) 형태로 되돌리는 긴 순환 고리(long loop) 방식이었다. 이는 광산에 서 캐낸 정광을 처리하는 방식과 유사하여 다양한 형태의 폐자석이나 불순물이 섞인 스워프(swarfs, 제조 공정에서 발생하는 잔여물(스크랩)) 처리에 유리하지만, 에너지 소모가 많고 공정이 길다는 단점이 있다. 반면, 최근에는 수소 기반 처리 기술 등을 활용하여 폐자석에서 직접 재사용

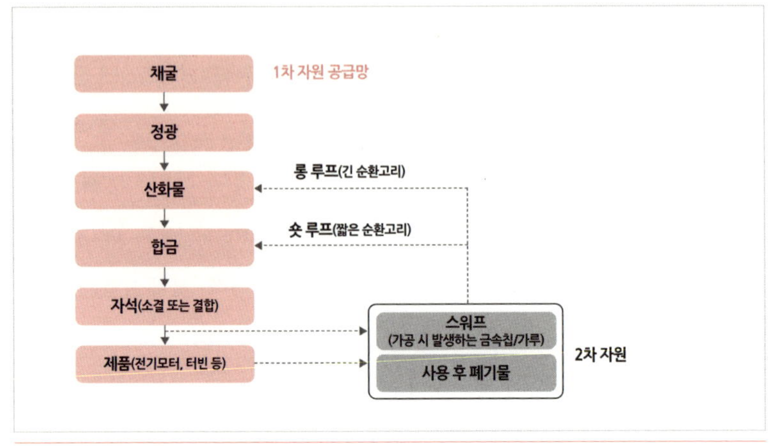

자료 5-2 희토류 자석의 재자원화 프로세스[8]

가능한 희토류 합금(alloys)을 만드는 짧은 순환 고리(short loop) 또는 자석에서 자석으로(magnet-to-magnet) 방식의 재자원화 기술이 개발되고 있다. 이 방식은 에너지 효율을 높이고 공정을 단축할 수 있지만, 투입되는 폐자석의 등급과 화학적 조성을 정확히 파악하고 분류하는 고도의 선별 기술이 요구된다.

물론 이러한 기술적 진전에도 불구하고 경제성 확보는 여전히 큰 숙제이다. 재자원화된 희토류는 필연적으로 1차 자원(광산에서 새로 채굴한 희토류)과 가격 경쟁을 벌여야 하는데, 1차 자원 가격 변동성이 크고 특히 중국의 대량 생산으로 인해 가격이 낮게 유지될 경우 재자원화의 경제성이 떨어질 수 있다. 또한, 기술 발전에 따라 영구자석에 사용되는 중희토류(HREE)의 양이 점차 줄어드는 추세 역시 폐자석의 가치를 떨어뜨려 재자원화 유인을 약화시킬 수 있다. 심지어 폐자석 스크랩 가격이 정제된 희토류 산화물 가격보다 비싸지는 기현상이 발생하기도 하는데, 이는 재자원화 사업 및 투자에 있어서 불확실성을 더욱 키운다.

따라서 희토류 재자원화를 활성화하기 위해서는 기술 개발과 더불어 적극적인 정책적 지원이 필수적이다. 폐자석 수거율을 높이기 위한 생산자 책임 재자원화 제도(EPR)의 도입 또는 강화, 표준화된 라벨링 시스템 구축, 재자원화 기술 및 시설 투자에 대한 재정 인센티브 제공, 그리고 재자원화된 희토류 사용을 장려하거나 의무화하는 규제 도입 등이 필요하다. 또한, 소비자들이 재자원화 희토류 제품의 환경적 가치(1차 생산 대비 80% 탄소 배출 저감 가능)를 인정하고 기꺼이 선택하도록 유도하는 노력도 중요하다(애플의 2025년까지 희토류 100% 재자원화 목표 선언 등). 재자원화 사업 모델 측면에서도, 기존 희토류 정제 기업이나 자석 제조업체와의 시너지(기술 노하우 공유, 스크랩 공급 및 재자원화품 구매 연계)를 모색하거나, 폐기물 소유주로부터 처리 비용을 받는 톨링(tolling) 방식 등이 대안이 될 수 있다.

이러한 다각적인 노력이 성공적으로 이루어진다면, 2050년까지 2차 희토류 공급량이 현재의 3배까지 증가하여 희토류 공급망 안정화와 다변화에 크게 기여할 수 있을 것으로 보인다.[9]

순환 경제로 가는 길을
막아서는 것들

재자원화 시장은 장밋빛 기대와 동시에 많은 우려가 존재하는데, 이를 활성화하기 위한 과제들을 넘어야 하기 때문이다. 가장 큰 과제는 폐기물 수거율(collection rate)을 올리는 것이다. 아무리 뛰어난 재자원화 기술과 시설이 있어도, 재자원화할 폐기물 자체가 모이지 않으면 무용지물이 될 수밖에 없다.

낮은 폐기물 수거율의 딜레마

문제는 이 폐기물 수거율이 썩 좋지 않다는 데에 있다. 특히 전자 폐기물의 경우, 전 세계적으로 발생하는 폐기물 중 단 4분의 1만이 제대로 수거 및 재자원화되고 있다.[10] 나머지 4분의 3은 어디론가 사라져 버리거나, 부적절하게 처리되어 환경을 오염시키고 귀중한 자원을 낭비하고 있는 셈이다. 더욱 심각한 것은 선진국과 개발도상국 간의 극심한 격차이다. 유럽이나 북미, 그리고 한국과 일본의 전자 폐기물 수거율은 30~50% 수준에 달하는 반면, 아시아나 라틴 아메리카의 개발도상국들은 5% 미만, 아프리카는 고작 1% 수준에 머물러 있다.

페배터리 재자원화를 통해 2050년까지 리튬, 니켈, 코발트 수요의 20~30%를 충당할 수 있다는 희망적인 전망은 어디까지나 수거율이 꾸준히 개선된다는 가정하에서만 가능하다. 만약 각국의 노력 부족으로 수거율 개선이 더디다면, 재자원화를 통한 공급 기여도는 고작 15~20% 수준으로 쪼그라들 수 있다. 반대로 강력한 정책과 시민 참여를 통해 수거율을 획기적으로 높인다면 그 기여도는 35% 이상까지도 바라볼 수 있다. 결국, 잠재력 실현의 열쇠는 얼마나 많은 잠자는 배터리를 회수하여 재자원화 공장으로 보낼 수 있느냐에 달린 것이다. 이를 위해서는 과거 알루미늄 캔 재자원화 성공 사례처럼 소비자에게 명확한 인센티브를 제공하는 보증금 반환 제도 도입, 생산자에게 폐기물 회수 및 재자원화 책임을 강력하게 부여하는 생산자 책임 재자원화 제도(EPR) 확대, 그리고 시민들의 자발적인 참여를 유도하기 위한 지속적인 교육과 홍보 등 다각적인 노력이 시급하다.

중고 전기차의 교역 문제

또 다른 예상치 못한 복병은 바로 중고 전기차의 국가 간 이동 문제다. 현재 많은 선진국에서는 수명이 다한 내연기관차를 자국에서 폐차하기보다는 상대적으로 규제가 덜한 개발도상국에 중고차 형태로 수출하는 경우가 많다. 만약 이러한 패턴이 전기차에도 그대로 적용된다면 어떻게 될까?

선진국 입장에서는 자국 내에서 처리해야 할 폐배터리 물량이 예상보다 크게 줄어들 수 있다. 이러한 중고 전기차 수출이 활발해질 경우, 2050년 선진국 및 중국에서 회수 가능한 폐배터리 양이 약 25%(1TWh 규모)나 감소할 수 있다고 예측했다. 반면, 중고 전기차를 수입하는 개발도상국에서는 자국에서 판매되지도 않았던 차량의 폐배터리가 예상보다 훨씬 많이 발생하게 된다(약 50%, 0.5TWh 증가 예상).

이는 각 지역별로 필요한 재자원화 인프라 규모를 예측하고 투자하는 것을 매우 어렵게 만든다. 선진국에서는 막대한 투자를 통해 재자원화 공장을 지었지만 정작 처리할 물량이 부족해 공장 가동률이 떨어지는 문제가 발생할 수 있고, 반대로 개발도상국에서는 갑자기 늘어난 폐배터리를 처리할 시설과 기술이 부족하여 제대로 재자원화하지 못하고 불법적으로 폐기하거나 방치하여 심각한 환경 오염을 유발하고 귀중한 자원을 유실할 위험이 커진다. 따라서 폐배터리가 국경을 넘어 예상치 못한 여정을 떠나기 전에, 중고 전기차 및 배터리의 상태 정보(잔존 수명, 성능 등)를 투명하게 공개하고, 수입국의 안전하고 친환경적인 처리 능력을 검증하며, 수출입국 간의 책임 소재를 명확히 하는 국제적인 규범과 협력 체계를 마련하는 것이 시급한 과제로 떠오르고 있다. 소위 배터리 여권과 같은 제도가 이러한 문제 해결의 실마리가 될 수 있다.

재자원화는 했는데 다시 중국으로?

설령 우리가 폐배터리를 성공적으로 수거하고, 재자원화 공장에서 리튬, 니켈, 코발트 같은 귀한 금속들을 훌륭하게 추출해냈다고 하더라도, 아직 안심하기는 이르다. 재자원화의 진정한 목표는 단순히 금속을 회수하는 것을 넘어, 이를 다시 새로운 배터리를 만드는 데 사용할 수 있는 소재 형태로 만드는 것이다. 그런데 바로 이 과정, 즉 회수된 금속을 정제하고 가공하여 배터리용 양극재 전구체(pCAM)나 양극재(CAM) 등으로 만드는 중류(midstream) 가공 단계 역시 중국에 극도로 편중되어 있다는 숨겨진 병목이 존재한다.

2030년까지 전 세계 전구체 및 양극재 생산 능력의 거의 90%가 중국에 집중될 것으로 예상된다. 이는 유럽이나 미국에서 아무리 많은 폐배터리를 분해하고 금속을 회수한다 해도, 그 결과물인 재자원화 금속을 다시 배터리 소재로 만들기 위해서는 결국 중국 기업에 판매하거나 중국으로 보내 가공을 위탁해야 할 가능성이 매우 높다는 것을 의미한다. 이는 재자원화를 통해 자국 또는 동맹국 중심의 안정적인 공급망을 구축하려는 ‘공급망 안보 강화’라는 재자원화의 핵심 목표 중 하나를 상당 부분 상쇄시키는 결과를 낳는다. Made in USA/Europe 재자원화 금속이 Made in China 배터리 소재를 거쳐야만 다시 배터리가 될 수 있다면 진정한 의미의 공급망 독립이라고 보기 어렵다. 따라서 재자원화 인프라 확충과 더불어, 역내에 배터리 소재 가공 시설을 전략적으로 육성하고 투자하는 노력이 반드시 병행되어야 한다. 이 분야에서 강점을 가진 한국은 주변국과 더 많은 협력 기회를 모색해 볼 수 있다.

돈 안 되는 배터리의 역습

마지막으로, 배터리 기술 자체의 변화 역시 재자원화 산업에 새로운 과제를 던져주고 있다. 최근 가격 경쟁력과 안정성을 무기로 전기차 시장에서 빠르게 점유율을 높이고 있는 LFP(리튬인산철) 배터리가 대표적이다. LFP 배터리는 니켈과 코발트를 사용하지 않아 가격이 저렴하고 수명이 길다는 장점이 있지만, 재자원화 관점에서는 돈이 안 되는 배터리라는 치명적인 약점을 가지고 있다. 기존의 삼원계(NCM/NCA) 배터리 재자원화는 주로 값비싼 니켈과 코발트를 회수하여 판매함으로써 수익을 창출하는 구조였다. 하지만 LFP 배터리에는 회수할 만한 고가의 금속이 리튬 외에는 거의 없다. 철과 인은 상대적으로 가격이 매우 저렴하기 때문이다.

이는 재자원화 업체들이 LFP 배터리 처리를 기피하게 만들 수 있다. 처리 비용은 드는데 회수해서 팔 수 있는 유가 금속의 가치가 낮으니, 경제적인 유인이 크게 떨어지는 것이다. 자칫하면 막대한 양의 LFP 폐배터리가 제대로 재자원화되지 못하고 그대로 매립되거나 방치되어 심각한 환경 문제를 일으키고 리튬 등 유용 자원을 낭비하는 결과를 초래할 수 있다. 따라서 LFP 배터리 재자원화를 활성화하기 위해서는 단순한 시장 논리에만 맡겨서는 안 된다. 생산자에게 폐배터리 처리 비용까지 부담시키는 강력한 생산자 책임 재자원화 제도(EPR)를 도입하거나, LFP 재자원화 의무 할당제, 또는 처리 비용에 대한 정부 보조금 지급 등 맞춤형 정책 지원과 규제가 필수적이다. 과거 납 성분 때문에 환경 유해성은 높지만 잔존 가치는 거의 없었던 납축전지(lead – acid battery)의 재자원화률을 미국에서 99%까지 끌어올릴 수 있었던 비결도 바로 강력한 EPR 제도와 환경 규제 덕분이었다는 사실은 우리에게 중요한 교훈을 준다.

폐기물이냐, 원료냐, 그것이 문제로다

재자원화 활성화의 길목에는 또 다른 국제적인 난제, 바로 바젤협약 (Basel Convention)을 둘러싼 해묵은 논란이 자리 잡고 있다. 바젤협약은 1989년 채택되어 유해 폐기물의 국가 간 이동, 특히 선진국에서 개발 도상국으로의 무분별한 수출 및 투기를 방지하려는 숭고한 목표를 가 지고 출발했다. 당시 선진국에서 발생한 위험한 산업 폐기물이나 전자 쓰레기가 환경 규제가 약하고 처리 비용이 저렴한 아프리카나 아시아 의 개발도상국으로 '재자원화 가능 자원'이나 '중고품'이라는 이름 아 래 떠넘겨져, 해당 지역의 심각한 환경 오염과 주민 건강 피해를 야기 하는 사례가 빈번했기 때문이다. 이는 소위 쓰레기 식민주의 또는 독 성 식민주의(toxic colonialism)라는 비판을 낳았고, 이에 대한 국제 사회의 공분이 바젤협약 탄생의 배경이 되었다. 협약은 유해 폐기물로 규정된 물질의 국가 간 이동 시 수출국의 사전 통보 및 수입국의 명시적인 서 면 동의를 받도록 하는 등 엄격한 절차를 마련하여 이러한 비윤리적인 폐기물 수출을 막고자 했다.

하지만 좋은 의도로 시작된 이 국제 규약은 역설적이게도 핵심광물 과 같은 유용 자원의 재자원화를 촉진하는 데 예상치 못한 걸림돌로 작용하기도 한다. 가장 큰 쟁점은 무엇이 처분해야 할 유해 폐기물이 고 무엇이 가치 있는 재자원화 가능 자원인지에 대한 경계가 모호하며, 이를 해석하고 적용하는 기준이 국가마다 다르다는 점이다. 특히 핵심광물 재자원화의 주요 대상인 사용 후 리튬이온 배터리나 전자 폐기물(e-waste), 그리고 이들을 1차적으로 파쇄·선별하여 얻는 블랙 매스와 같은 중간 가공물은 심각한 딜레마를 안고 있다. 이들은 분명 리튬, 코발트, 니켈, 구리, 금 등 회수 가치가 매우 높은 유용 금속들을 다량 함유한 명백한 자원이지만, 동시에 납, 카드뮴, 비소와 같은 중금속이나 인화성 및 유독성 화학물질(예. 전해액) 등 잠재적인 유해 물질도 포함하고 있기 때문이다.

이 때문에 어떤 국가는 폐배터리나 블랙 매스를 재자원화 목적의 유가물로 간주하여 비교적 자유로운 국제 교역을 허용하는 반면, 다른 국가는 이를 유해 폐기물로 엄격하게 분류하여 바젤협약에 따른 복잡하고 까다로운 수출입 통제 절차를 요구하거나, 심지어 유해 폐기물 수입 금지 원칙(특히 바젤 금지 개정안을 비준한 국가들)에 따라 아예 수입 자체를 불허하기도 한다. 이러한 국가 간 규제의 불일치와 해석의 차이는 재자원화가 가능한 폐자원이 국경을 넘어 가장 효율적이고 안전하게 처리될 수 있는 시설로 이동하는 것을 가로막는 심각한 장벽이 된다. 예를 들어, 폐배터리 수거 및 안전한 해체·파쇄(전처리) 기술은 가지고 있지만 최종 금속 회수를 위한 고도의 습식 제련 시설이 부족한 국가에서, 이러한 첨단 시설을 갖춘 한국과 같은 국가로 블랙 매스를 수출하여 처리하는 것이 환경적으로나 경제적으로 더 효율적일 수 있음에도 불구하고, 바젤협약 상의 유해 폐기물 규제 때문에 수출이 막히거나 과도한 시간과 비용이 소요되는 경우가 발생하는 것이다. 이는 결국 글로벌 규모의 효율적인 재자원화 네트워크 구축을 방해하고 재자원화 산업의 성장을 저해하며, 결과적으로는 핵심광물의 순환 경제

이행을 더디게 만드는 선한 규제의 역설을 낳고 있다. 따라서 핵심광물 재자원화의 잠재력을 최대한 발휘하기 위해서는 폐배터리, 블랙 매스 등 새롭게 부상하는 재자원화 원료의 특성을 고려하여 국제적으로 통일되고 명확한 분류 기준을 마련하는 것이 필요하다. 또한, 환경적으로 안전하고 책임감 있는 재자원화를 전제로 합법적인 자원의 국가 간 이동을 원활하게 하기 위한 국제적인 논의와 투명하고 예측 가능한 무역 규범을 만들어가려는 노력이 필요하다. 일례로, 2024년 발효된 EU의 폐기물 운송 규정(Waste Shipment Regulation) 개정안[11]처럼 역내 이동은 간소화하되 역외 수출 규제는 강화하거나, 멕시코나 칠레처럼 바젤협약과 연계하여 재자원화 목적의 수입 조건을 명확히 한 바 있다.

전자 폐기물(e-waste) 문제는 이러한 현실을 단적으로 보여준다. 스마트폰, 컴퓨터, 가전제품 등 전자 폐기물에는 금, 은, 구리, 팔라듐, 코발트, 주석 등 다양한 유용 광물이 포함되어 있지만, 2022년 발생한 전 세계 전자 폐기물 중 단지 4분의 1만이 공식적으로 적절하게 수거 및 재자원화된 것으로 기록되었다. 2010년 이후 전자 폐기물 발생량은 재자원화 노력보다 5배나 빠르게 증가하여 재자원화률은 오히려 감소하는 추세이다. 2022년 한 해에만 재자원화되지 않고 버려지거나 부적절하게 처리된 전자 폐기물 속 금속의 가치는 약 900억 달러에 달했으며, 이 중 회수되어 가치 있는 물질로 재탄생한 것은 280억 달러에 불과했다. 전 세계 193개국 중 전자 폐기물 관련 규제를 보유한 국가는 80개국에 불과하다는 사실은 정책적 공백이 얼마나 큰지를 보여준다. 불법 폐기물 투기 방지를 위한 규제 강화, 추적 시스템 도입, 전처리 공정 개선 등이 시급하다.

앞으로 우리가 나아가야 할 방향은?

핵심광물의 재자원화는 모든 문제를 해결하는 만병통치약(silver bullet)은 아니다. 현재 재자원화의 주된 원료는 대부분 제품 생산 과정에서 발생하는 스크랩에 한정되어 있으며, 미래의 가장 큰 자원으로 꼽히는 전기차 폐배터리가 본격적으로 시장에 쏟아져 나오기까지는 배터리의 수명을 고려할 때 앞으로도 상당한 시간이 필요하다. 이러한 시차는 폭발적으로 증가하는 수요를 감안할 때, 상당 기간 신규 광산 개발을 통한 1차 자원 공급이 여전히 필수적일 수밖에 없음을 의미한다. 또한 재자원화만으로 단기간에 중국 중심의 공급망 구조를 완전히 대체하거나 지정학적 리스크를 해소하기도 어렵다.

하지만 이러한 현실적인 한계에도 불구하고, 재자원화는 우리가 직면한 핵심광물 위기에 대응하고 지속 가능한 미래로 나아가기 위해 반드시 가야 할 길이다. 그리고 그 중요성은 시간이 갈수록 더욱 커질 수밖에 없다. 이는 단순히 폐기물을 줄이는 환경적인 차원을 넘어, 공급망의 회복력을 높이고 에너지 안보를 강화하며, 새로운 산업과 일자리를 창출하는 경제적 기회이기도 하다. 화석연료와 달리 재사용이 가능한 광물의 특성은 우리에게 순환이라는 새로운 패러다임으로 전환할 가능성을 열어준다. 95% 에너지 절감 효과를 달성한 알루미늄 재자원화의 역사가 보여주듯이, 초기의 경제적·기술적 어려움은 강력한 정책적 의지와 혁신을 통해 극복될 수 있다.

물론 그 과정은 결코 쉽지 않을 것이다. 기술적 난제 극복, 경제성 확보, 효율적인 수거 시스템 구축, 국제적 규범 조화, 그리고 무엇보다 장기적인 비전과 강력한 정책 의지가 요구된다. 하지만 이러한 어

핵심광물 공급망 전쟁

려움에도 불구하고, 재자원화 잠재력을 최대한 실현하기 위한 노력은 더 이상 미룰 수 없는 시대적 과제이다. 각국 정부와 기업, 그리고 시민 사회가 함께 지혜를 모으고 협력하여 순환 경제로의 전환을 가속화할 때, 비로소 우리는 핵심광물 공급망의 불안정성을 극복하고 진정으로 지속 가능한 미래를 열어갈 수 있을 것이다. 땅속의 유한한 자원에만 의존하는 시대를 넘어, 우리가 이미 사용한 자원을 다시 활용하는 도시 광산을 본격적으로 개발하는 것, 그것이 바로 순환 경제로 가는 길이자 우리가 피할 수 없는 선택이다.

6장

새로운 가능성을 찾아서

앞선 장들에서 우리는 핵심광물 공급망이 얼마나 복잡하고 취약한 구조 위에 서 있는지, 그리고 그 위기가 얼마나 다층적인 원인들(지정학적 경쟁, 긴 개발 기간, 시장 불안정성, 환경·사회적 제약, 기후 변화 등)에 의해 심화되고 있는지를 살펴보았다. 폭발적으로 증가하는 수요를 따라가지 못하는 공급, 특정 국가에 대한 극심한 의존성, 그리고 자원 개발 과정에서의 끊이지 않는 환경·사회적 논란은 핵심광물 확보를 21세기 국가 및 기업들의 최대 현안 중 하나로 만들었다.

하지만 위기는 종종 새로운 기회의 문을 열기도 한다. 현재의 핵심광물 공급망 위기는 역설적으로 이러한 문제들을 해결하고 보다 안정적이고 지속 가능하며 책임감 있는 공급망을 구축하기 위한 혁신적인 노력들을 촉발하고 있다. 과거에는 상상하기 어려웠던 새로운 기술들이 개발되고, 버려졌던 자원에서 가치를 찾아내려는 시도가 이루어지며, 미지의 영역으로 여겨졌던 심해나 염수에까지 자원 탐사의 손길이 뻗치고 있다. 또한, AI와 자동화 기술은 전통적인 광업의 비효율성과 위험성을 극복할 새로운 가능성을 제시한다.

이번 장에서는 이러한 위기 속에서 피어나는 핵심광물의 새로운 가능성을 네 가지 주요 영역으로 나누어 살펴보고자 한다. 첫째, 리튬 직접 추출(DLE), 비전통 광물자원 추출 기술, 친환경 회수 기법 등 기술 혁신이 가져올 변화. 둘째, 차세대 배터리 경쟁에 따른 광물 수요의 변화. 셋째, 탐사부터 채굴, 운영에 이르기까지 광업 전반의 효율성과 안전성을 높일 AI 및 무인 기술의 도입 가능성. 그리고 마지막으로, 엄청난 잠재력과 동시에 심각한 환경적 우려를 안고 있는 해저 광물자원 개발의 현주소와 딜레마이다. 이러한 새로운 가능성들이 과연 현재의 위기를 극복하고 미래 핵심광물 공급망의 패러다임을 바꿀 수 있을까?

새로운 광물 추출 기술이 보여주는 가능성

21세기 산업의 하얀 석유로 불리는 리튬은 전기차 배터리와 ESS의 핵심 원료로 부상하며 전 세계적인 확보 경쟁을 촉발하고 있다. 그러나 현재 주로 사용되는 전통적인 리튬 추출 방식은 공급 안정성을 위협하는 여러 한계를 안고 있다. 대표적으로 남미 리튬 삼각지대의 염호 증발법은 특정 기후 조건에 의존하며 12개월에서 18개월 이상 소요되는 긴 생산 시간, 막대한 물 소비, 그리고 넓은 토지 사용이라는 환경적 부담이 크다. 호주 등지에서 이루어지는 경암형 스포듀민 광석 처리 방식 또한 생산 속도는 상대적으로 빠르지만, 암석 파쇄와 고온 화학 처리 과정에서 막대한 에너지와 물을 소비하고 다량의 폐기물을 발생시키는 문제를 안고 있다.

결국 이러한 전통적인 리튬 추출 방식들은 폭증하는 수요를 감당하기에는 생산 효율성이 낮고, 환경에 미치는 영향이 크며, 특정 지역에 대한 공급 의존도를 심화시켜 글로벌 리튬 공급망에 상당한 불확실성을 야기한다. 따라서 이러한 근본적인 한계들을 극복하고, 보다 빠르고 효율적이면서도 친환경적으로 리튬을 생산할 수 있는 혁신적인 신기술 개발이 그 어느 때보다 절실한 상황이다.

게임 체인저의 등장, 직접 리튬 추출 기술

기존 리튬 추출 방식의 문제점을 해결할 가장 유력한 대안으로 최근 전 세계적인 주목을 받는 기술이 바로 직접 리튬 추출(Direct Lithium Extraction, DLE)이다. DLE는 염수(brine)에 녹아 있는 다양한 이온 중에서 리튬 이온(Li^+)만을 마치 자석처럼 선택적으로 뽑아내는 모든 기술을 통칭한다. 이는 거대한 증발 연못에서 하염없이 태양과 바람에 의존하던 기존 방식과는 근본적으로 다르다. 마치 정수기 필터가 물속의 특정 불순물만 정교하게 걸러내듯이, DLE는 특수하게 설계된 흡착제(adsorbents), 이온 교환 수지(ion exchange resins), 분리막(membranes), 또는 특정 용매(solvents) 등을 이용하여 염수로부터 리튬 이온만을 선택적으로 분리하고 농축한다.

DLE 기술의 일반적인 작업 흐름은 먼저 지하 저장층이나 염호에서 리튬이 풍부한 염수를 채취하는 것에서 시작된다. 추출에 앞서, 추출된 리튬의 순도를 높이기 위해 불순물과 원치 않는 원소를 제거하는 전처리 단계를 거칠 수 있다. DLE의 핵심은 바로 선택적 리튬 추출 공정으로, 여기에 다양한 기술들이 동원된다. 이 과정을 통해 리튬

이온만 목표로 포획하고 다른 이온들은 통과시킨다. 선택적 추출 후에는 포획된 리튬을 추출제나 농축 용액으로부터 회수하는 단계가 이어진다. 다양한 화학 공정, 침전 반응 또는 전해 채취(electrowinning) 방법을 사용하여 고순도의 리튬 화합물이나 리튬 금속을 얻을 수 있다. 일부 DLE 공정에서는 추출제나 이온 포획 물질을 재생하여 재사용함으로써 폐기물을 줄이고 운영 비용을 절감한다. 이렇게 추출되고 회수된 최종 리튬 제품은 산업 표준을 충족시키기 위해 추가 가공을 거치며, 용도에 따라 탄산리튬이나 수산화리튬 등 다양한 리튬 화합물로 전환된다.[1]

DLE 기술이 가져올 수 있는 가장 큰 잠재적 장점은 다음과 같다. 첫째, 획기적인 생산 시간 단축이다. 태양열 증발에 의존하지 않기 때문에, 수개월에서 길게는 1년 반 이상 걸리던 리튬 농축 및 추출 시간을 불과 수 시간 또는 수일 단위로 극적으로 단축시킬 수 있다. 이는 빠르게 증가하는 시장 수요에 훨씬 더 탄력적으로 대응할 수 있게 해준다. 둘째, 물 소비량 및 토지 사용량의 대폭 감소이다. 거대한 증발 연못이 필요 없어지므로 토지 사용 면적을 최소화할 수 있으며, 더욱 중요한 것은 리튬이 제거된 염수의 대부분을 다시 지하로 안전하게 주입(reinjection)함으로써 기존 방식 대비 물 사용량을 이론적으로 90% 이상 줄이고 주변 환경에 미치는 영향을 최소화할 수 있다는 점이다. 셋째, 적용 범위의 확대이다. DLE는 고농도 염호뿐만 아니라 기존에는 경제성이 낮아 개발이 어려웠던 저농도 리튬 함유 염수, 예를 들어 유전이나 가스전에서 부산물로 나오는 유전 염수(oilfield brine), 지열 발전 과정에서 얻어지는 지열 염수(geothermal brine), 심지어 해수(seawater)에서도 리튬 추출의 가능성을 열어준다. 또한, 마그네슘과 같은 불순물 함량이 높아 전통적인 방식으로는 처리가 까다로웠던 복잡한 조성의 염수에도 적용할 수 있다. 넷째, 높은 리튬 회수율이다. 전통적인 증발 방식은 증발 과정이나 침전 과정에서 상당량의 리튬 손실이 발생하여 회수율이 40~60% 수준에 머무는 경우가 많지만, DLE 기술은 이론적으로 80~90% 이상의 높은 회수율을 달성하여 한정된 자원으로부터 더 많은 리튬을 얻을 수 있게 해준다.

현재 미국의 라이벤트, 스탠다드 리튬(Standard Lithium), 독일의 불칸 에너지(Vulcan Energy), 미국의 컨트롤드 서멀 리소시스(CTR), 에너지소스 미네랄스(EnergySource Minerals), 그리고 빌 게이츠가 투자한 스타트업인 라일락 솔루션스(Lilac Solutions) 등 많은 기업이 각기 다른 방식의 DLE 기술 개발과 상용화에 박차를 가하고 있다. 아르헨티나의 여러 염호, 미국 캘리포니아의 솔튼호(Salton Sea) 지열 염수 지대, 독일 라인강 상류 지열 지대 등에서 DLE 기술을 적용한 상업 생산 프로젝트들이 활발히 추진되고 있으며, 이는 미래 리튬 공급 지형을 근본적으로 바꿀 게임 체인저가 될 수 있다는 큰 기대를 모으고 있다.

하지만 DLE 기술 역시 아직 넘어야 할 산이 많다. 대부분의 기술이 아직 대규모 상업 생산 단계에서 장기적인 운영 안정성과 효율성이 충분히 검증되지 않았으며, 초기 설비 투자 비용과 운영 비용이 기존 방식과 비교하여 확실한 경쟁력을 가질 수 있을지에 대한 의문도 여전히 남아있다. 또한, 리튬 추출 후 대량으로 발생하는 폐염수를 지하에 다시 주입하는 과정이 장기적으로 지하수 환경이나 지질 구조에 미치는 영향에 대한 면밀한 환경 영향 평가와 지속적인 모니터링도 필수적이다. 그럼에도 불구하고, DLE 기술은 리튬 생산의 효율성과 친환경성을 동시에 획기적으로 높일 수 있는 가장 유망한 혁신 분야임에는 틀

림없으며, 기술 성숙도와 경제성 확보 여부가 향후 리튬 시장의 판도를 결정짓는 중요한 변수가 될 것이다.

지열 염수와 같은 비전통적 리튬 자원의 활용

놀랍게도 미래 전기차 배터리의 핵심인 리튬이, 과거 내연기관 시대를 지배했던 석유나 천연가스를 생산하는 유전 지대 또는 지열 발전소의 뜨거운 지하수(지열 염수) 속에 상당량 녹아있다는 사실이 밝혀지고 있다. 석유나 가스를 퍼 올릴 때 함께 딸려 나오는 염수(produced water 또는 oilfield brine)나 지열 발전을 위해 끌어올린 고온의 지하 염수에는 지각 깊은 곳에서 용해된 다양한 광물 성분이 포함되어 있는데, 특정 지질 조건하에서는 경제적으로 회수 가능한 수준의 리튬이 포함된 경우가 발견되고 있다. 지열 발전은 지하 깊은 곳의 뜨거운 물(지열 염수)을 끌어 올려 그 열에너지로 터빈을 돌려 전기를 생산하는 방식이다. 과거에는 발전 후 이 염수를 그대로 다시 지하로 돌려보냈지만, 최근에는 발전 과정에서 사용된 염수로부터 리튬을 회수하려는 시도가 활발히 이루어지고 있다.

뜻밖의 장소에서 리튬을 추출하는 이 방식은 앞서 살펴본 직접 리튬 추출(DLE) 기술의 발전에 힘입어 현실화되고 있다. DLE 기술은 염수에서 리튬 이온만을 선택적으로 골라내는 방식이므로, 기존 염호 증발 방식으로는 처리가 어려웠던 저농도 또는 불순물이 많은 염수에서도 리튬 회수를 가능하게 할 잠재력이 있다. 특히 유전 염수나 지열 염수 개발은 다음과 같은 매력적인 장점을 가질 수 있다. 우선, 이미 석유/

가스 생산 또는 지열 발전을 위해 설치된 시추공(well), 파이프라인, 부지 등 기존 인프라를 활용할 수 있어, 새로운 염호나 광산을 개발하는 것보다 초기 투자 비용과 시간을 절약할 수 있다. 또한, DLE 기술이 성공적으로 적용된다면, 전통적인 증발 연못 방식에 비해 물 소비량과 토지 사용 면적을 획기적으로 줄여 환경 영향을 최소화할 수 있다. 특히 지열 염수에서 리튬을 추출하고 남은 염수를 다시 지하로 주입하여 지열 발전에 재활용하는 모델(예. 독일의 불칸 에너지)은 이론적으로 탄소 배출과 환경 영향을 거의 발생시키지 않는 궁극의 친환경 리튬 생산 방식으로 기대를 모으고 있다.

물론 이러한 비전통 염수 리튬 개발 역시 넘어야 할 과제는 많다. 대부분 유전/지열 염수는 남미 살라르 염호보다 리튬 농도가 현저히 낮고(수십~수백 ppm 수준), 대신 다른 염류나 유기물 등 복잡한 불순물을 다량 함유하고 있다. 때문에 특정 염수의 화학적 조성에 맞는 맞춤형 DLE 기술 개발과 그 장기적인 효율성 및 안정성 검증이 필수적이다. 또한, 추출 후 남은 폐염수를 환경 문제 없이 안전하게 지하에 재주입하는 기술과 관리 방안 마련도 중요하다. DLE 기술 자체가 아직 대규모 상업 생산 단계에서 완전히 검증되지 않았다는 점, 그리고 기존 석유/가스 또는 지열 발전 사업과의 연계 과정에서 발생할 수 있는 기술적·경제적 문제 등도 해결해야 한다. 하지만 성공한다면 이는 전통적인 리튬 공급원에 대한 의존도를 낮추고 공급처를 다변화하며, 동시에 보다 친환경적인 방식으로 리튬을 생산할 수 있는 매우 중요한 게임 체인저가 될 잠재력을 가지고 있다.

바닷물에서 리튬을?
궁극의 도전, 무한 자원을 향한 꿈

지구상에 존재하는 리튬의 궁극적인 보고는 바로 바닷물이다. 전 세계 바다에는 약 2,300억 톤의 리튬이 녹아 있는 것으로 추정되는데, 이는 육상 매장량 전체를 합친 것보다 수천 배 이상 많은, 실로 무한한 양이다. 만약 바닷물에서 리튬을 경제적으로 추출할 수만 있다면, 인류는 더 이상 리튬 고갈이나 특정 국가 의존성을 걱정할 필요가 없을 것이다.

문제는 바닷물 속 리튬 농도가 평균 약 0.17ppm으로 극도로 낮다는 점이다. 이는 염호 염수(수백~수천 ppm)는 물론이고, 일반적인 암석 속 리튬 함량(수십 ppm)보다도 훨씬 낮은 수준이다. 또한, 바닷물에는 나트륨, 마그네슘, 칼륨 등 리튬과 화학적으로 유사한 다른 양이온들이 리튬보다 수만 배에서 수십만 배 더 높은 농도로 존재한다. 따라서 이 엄청난 양의 다른 이온들 속에서 극미량의 리튬 이온만을 선택적으로, 그리고 경제적으로 분리·농축해 내는 것은 열역학적으로나 기술적으로 엄청나게 어려운 도전이다.

하지만 불가능에 가까워 보이는 이 목표를 향한 과학자들의 연구는 꾸준히 이어지고 있다. 주로 리튬 이온만을 선택적으로 달라붙게 하는 고성능 흡착제(adsorbent) 개발, 특정 이온만 통과시키는 이온 선택성 분리막(ion - selective membrane) 기술, 그리고 전기화학적 방법을 이용한 리튬 회수 기술 등이 연구되고 있다. 일부 연구실 수준에서는 상당한 기술적 진전을 보이기도 했지만, 이를 실제 바다 환경에서 대규모로 적용하여 상업적인 생산 단가를 맞추기까지는 아직 갈 길이 매우 멀다.

막대한 에너지 소비, 낮은 회수 효율, 흡착제나 분리막의 내구성 문제, 그리고 해양 생태계에 미칠 수 있는 영향 등 해결해야 할 과제가 산적해 있다.

따라서 바닷물 리튬 추출은 당장 핵심광물 위기를 해결할 수 있는 단기적인 대안이 되기는 어렵다. 하지만 장기적인 관점에서, 기술 혁신을 통해 언젠가 이 무한 자원을 활용할 수 있게 된다면 인류의 에너지 및 자원 문제 해결에 획기적인 돌파구를 마련할 수 있을 것이라는 점에서 궁극의 꿈과 같은 연구 분야라 할 수 있다.

다양한 광물의 친환경·고효율 회수 기술

리튬 분야에서의 혁신적인 기술 개발 노력은 다른 핵심광물 분야로도 확산되고 있다. 전통적인 채광 및 제련 방식이 가진 환경적 부담과 경제적 한계를 극복하기 위한 다양한 친환경·고효율 회수 기술들이 연구되고 상용화를 시도하고 있다.

대표적인 예가 바로 생물학적 침출(bioleaching) 기술이다. 이는 특정 박테리아와 같은 미생물을 이용하여 광석에서 유용한 금속을 추출하는 방법이다. 미생물은 황화광물 등을 산화시켜 금속 성분을 용액 속으로 녹아 나오게 하는데, 이 과정은 전통적인 제련 방식에 비해 에너지 소비가 적고 유독가스 발생도 거의 없다. 특히 품위가 낮아 기존 방식으로는 경제성이 없던 저품위 광석이나 폐광석에서도 금속을 회수할 수 있다는 장점이 있다. 핀란드의 국영기업 테라페임(Terrafame)은 이러한 생물학적 침출 기술을 상업적으로 성공시켜, 저품위 니켈-코발트 황화광(Ni‑Co sulfide ore)에서 니켈과 코발트를 효율적으로 회수하고 있다.

배터리 음극재의 핵심 소재인 흑연 분야에서는 기존의 친환경 정제 기술 개발이 활발하다. 천연흑연은 순도를 높이기 위해 불산(HF)과 같은 유독하고 부식성이 강한 화학약품을 사용하는 경우가 많았으나, 최근에는 2,500℃ 이상의 고온에서 열처리하여 불순물을 제거하는 방식이나, 알칼리 용액으로 배소(roasting)하는 방식 등 환경 부담을 줄인 새로운 정제 기술들이 개발되어 적용되고 있다.

희토류 분리 기술 역시 혁신이 진행 중이다. 희토류 원소들은 화학적 성질이 매우 유사하여 서로 분리하는 것이 매우 어렵고 복잡한 과정(주로 다단계 용매 추출법)을 거치는데, 이 과정에서 많은 화학 약품과 에너지가 소모된다. 이를 개선하기 위해 특정 희토류 원소에만 선택적으로 결합하는 새로운 추출제를 개발하거나, 분리막 기술, 이온 교환 크로마토그래피 등 기존 용매 추출법을 대체하거나 효율을 극적으로 높일 수 있는 차세대 분리 기술에 관한 연구가 활발히 진행되고 있다.

이러한 친환경·고효율 회수 기술들은 핵심광물 생산 과정에서 발생하는 탄소 발자국과 환경 오염을 줄이고, 에너지 효율을 높이며, 폐기물 발생을 최소화함으로써 공급망 전체의 지속 가능성을 강화하는 데 결정적인 역할을 할 것이다. 또한, 과거에는 경제성이 없어 버려지던 저품위 광석이나 광산 폐기물에서도 유가 금속을 회수할 수 있게 되어, 한정된 자원의 활용도를 극대화하고 실질적인 공급량을 늘리는 효과도 가져올 수 있다.

광산 폐기물로부터의 재자원화

광산에서 우리가 원하는 금속이나 광물을 캐내고 남은 찌꺼기들을 광물 찌꺼기라고 부른다. 이는 종종 미세한 암석 입자와 물, 그리고 선광 과정에서 사용된 화학 약품 등이 섞인 슬러리(slurry, 미세 입자 현탁액) 형태로 배출되어, 광산 인근에 거대한 댐이나 저수지 형태로 쌓이게 된다. 문제는 이 광물 찌꺼기의 양이 상상을 초월한다는 것이다. 전 세계적으로 매년 약 1,000억 톤의 광산 폐기물이 발생하며, 과거 수십 년간 운영된 광산들에 이미 쌓여있는 막대한 양의 기존 광물 찌꺼기까지 고려하면 그야말로 폐기물의 산을 이루고 있다. 과거에는 이 광물 찌꺼기가 환경 오염(중금속 유출, 수질 오염, 댐 붕괴 위험 등)을 유발하는 골칫거리이자, 안전하게 관리하는 데 막대한 비용이 드는 환경 부채로만 여겨졌다. 광물 찌꺼기 속에 미량 남아있는 유용 광물을 회수하는 것은 기술적으로 어렵고 경제성이 떨어진다고 생각했기 때문이다.

하지만 최근 들어 상황이 달라지고 있다. 땅속 깊은 곳에 묻힌 고품위 1차 광석은 점점 고갈되어 가는 반면 핵심광물의 가격은 변동성이 크며, 새로운 광산을 개발하는 것은 환경 규제와 지역사회 반대로 인해 점점 더 어려워지고 있다. 이러한 상황 변화 속에서 과거에는 거들떠보지도 않았던 광물 찌꺼기가 잠자는 보물, 즉 2차 광산(secondary mine)으로서 새롭게 주목받기 시작했다. 기술의 발전으로 과거에는 추출하기 어려웠던 저품위 광물 찌꺼기 속 유용 광물을 보다 효율적이고 경제적으로 회수하는 재채굴(re-mining)의 가능성이 열리고 있기 때문이다. 실제로 칠레의 오래된 구리 광산들의 광물 찌꺼기를 분석한 결과, 현재 새로 채굴하는 저품위 원광석보다 오히려 더 높은 함량의 구리가 포함되어 있는 경우도 확인되었다. 칠레 광물 찌꺼기 속 구리의 잠재적 회수 가능량이 2005년 160만 톤에서 2050년에는 560만 톤까지 증가할 것으로 예측된다. 이는 구리뿐만 아니라 코발트, 니켈, 희토류 등 다른 핵심광물 광물 찌꺼기에도 적용될 수 있는 가능성을 시사한다.

물론 이 폐기물에서 유용한 광물을 추출하기 위해서는 해결해야 할 과제들이 많다. 우선 전 세계에 흩어져 있는 수많은 광물 찌꺼기 더미 속에 어떤 유용 광물이 얼마나 들어있는지를 체계적으로 파악하는 것이 우선되어야 한다. 또한, 이미 잘게 부서져 쌓인 아주 부드럽고 미세한 점토 같은 광물 찌꺼기를 개발하기 위해서는 채굴 과정에서의 역학적 안정성 문제, 먼지 날림이나 침출수로 인한 주변 환경에 미치는 피해 등도 예상하여 대비해야 한다. 또한, 각 광물 찌꺼기의 특성에 맞는 최적의 회수 기술 개발을 위한 R&D 투자가 필수적이다. 그리고 기업들이 적극적으로 광물 찌꺼기 재처리에 나설 수 있도록 경제적 인센티브를 제공하고, 특히 이미 폐쇄된 광산의 광물 찌꺼기 처리에 따르는 규제 및 법적 책임 문제를 명확히 해결해 주는 제도적 장치 마련도 중요하다.

광물 찌꺼기 재처리는 단순히 버려진 자원을 재자원화하는 것을 넘어, 과거 산업 활동이 남긴 환경적 부담을 줄이면서 동시에 미래 산업에 필요한 귀중한 자원을 확보할 수 있는 잠재력을 지닌, 그야말로 일석이조의 기회가 될 수 있다.

차세대 배터리 경쟁

핵심광물 공급망 위기에 대응하는 또 다른 중요한 R&D 방향은 아예 특정 핵심광물에 대한 의존도 자체를 낮추거나 없애는 것, 즉 대체 소재를 사용하거나 새로운 작동 원리를 가진 차세대 기술을 개발하는 것이다. 특히 현재 핵심광물 수요 증가를 견인하고 있는 리튬이온 배터리 분야에서는 가격 변동성이 크고 채굴 과정에서의 ESG 이슈가 심각한 코발트와 니켈, 그리고 공급망이 중국에 극도로 집중된 흑연과 리튬 자체에 대한 의존도를 줄이려는 전 세계적인 기술 경쟁이 그 어느 때보다 치열하게 전개되고 있다.

가장 주목받는 후보 중 하나는 나트륨 이온 배터리이다. 나트륨은 리튬과 화학적으로 유사한 알칼리 금속이지만 지구상에 훨씬 풍부하게 존재하며, 가격 또한 매우 저렴하다는 결정적인 장점을 가지고 있다. 나트륨 이온 배터리는 양극재에서 고가의 코발트와 니켈을 사용하지 않으며, 음극재 역시 흑연 대신 하드 카본(hard carbon)이나 다양한 바이오매스 기반 탄소 소재를 활용할 수 있다. 이는 원자재 비용을 획기적으로 낮출 뿐만 아니라, 특정 국가에 편중된 핵심광물 공급망 리스크로부터 상대적으로 자유로울 수 있음을 의미한다. 나트륨 이온 배터리는 현재 기술 수준에서 리튬이온 배터리보다 에너지 밀도가 낮아 전기차의 경우 1회 충전 주행거리가 짧다는 단점이 있지만, 우수한 저온 성능, 높은 안정성, 그리고 긴 수명이라는 장점도 가지고 있다. 이 때문에 주로 대규모 ESS, 전기 이륜차, 지게차, 그리고 저가형 단거리 도심형 전기차 시장을 중심으로 상용화가 시도되고 있다. 중국의 CATL이나 BYD와 같은 배터리 기업들은 이미 나트륨 이온 배터리 양산 계획을 발표하고 실제 차량에 탑재하기 시작했다. 만약 지속적인 기술 개발을 통해 에너지 밀도의 한계를 극복하고 대량 생산 체제가 성공적으로 구축된다면, 나트륨 이온 배터리는 리튬과 흑연 수요의 상당 부분을 대체하며 배터리 광물 시장의 판도를 바꿀 수 있는 강력한 다크호스가 될 잠재력을 지니고 있다.

다음으로, 기존 리튬이온 배터리의 성능을 유지하면서 특정 금속 의존도를 낮추려는 시도로 망간 리치(Mn-rich) 배터리 개발이 활발하다. 이는 양극재에서 코발트와 니켈의 함량을 획기적으로 줄이거나 심지어 완전히 배제하는 대신, 상대적으로 저렴하고 풍부하며 공급망도 안정적인 망간의 함량을 극대화하여 높은 에너지 밀도와 우수한 열적 안정성, 그리고 뛰어난 가격 경쟁력까지 확보하려는 차세대 리튬이온 배터리 기술이다. LMR-NMC(리튬-망간 리치 NCM), LNMO(리튬니켈망간산화물), 그리고 최근에는 LMFP(리튬망간철인산염) 등이 대표적인 망간 리치 배터리 기술로 주목받고 있다. 이 기술이 성공적으로 상용화될 경우, 코발트와 니켈에 대한 글로벌 의존도를 크게 낮추는 대신 배터리 등급의 고순도 황산망간(HPMSM)과 같은 고품질 망간 소재에 대한 수요가 폭발적으로 증가할 수 있다는 점에서 또 다른 공급망 변화를 예고하고 있다.

궁극의 차세대 배터리로 불리는 전고체 배터리(all-solid-state battery, ASSB) 역시 특정 소재에 대한 의존도를 근본적으로 바꿀 수 있는 잠재력을 가지고 있다. 전고체 배터리는 현재 리튬이온 배터리에서 사용되는 액체 전해질 대신 고체 전해질을 사용하여, 배터리 내부의 이온 이동 통로를 고체로 만드는 기술이다. 이는 액체 전해질로 인한 화재나 폭발 위험을 원천적으로 차단하여 배터리 안전성을 극대화하고, 에너지 밀도를 현재 리튬이온 배터리보다 훨씬 높일 수 있어 '꿈의 배터리'로 불린다. 현재 황화물계, 산화물계, 폴리머계 등 다양한 종류의 고체 전해질 소재에 관한 연구가 전 세계적으로 치열하게 진행 중이며, 음극재로는 현재 사용되는 흑연 대신 리튬 금속을 직접 사용하여 에너지 밀도를 극대화하려는 시도가 주를 이루고 있다. 만약 전고체 배터리가 성공적으로 상용화된다면, 기존 리튬이온 배터리의 핵심 소재였던 흑연 음극재, 분리막, 그리고 액체 전해질에 대한 수요는 급격히 감소하거나 사라질 수 있다. 대신, 고순도 리튬 금속과 함께, 고체 전해질을 구성하는 새로운 원소들, 예를 들어 황(S), 인, 게르마늄, 지르코늄, 란타넘 등에 대한 새로운 수요가 크게 발생할 수 있다. 하지만 아직 해결해야 할 기술적 난제들, 예를 들어 고체 전해질과 전극 사이의 높은 계면 저항 문제, 충전과 방전 과정에서의 수명 저하 문제, 그리고 복잡한 고체 소재를 대량으로 균일하게 생산하고 조립하는 공정 기술 등이 산적해 있어, 본격적인 상용화까지는 상당한 시간이 더 필요할 것으로 예상된다.

이 외에도, 리튬 – 황(Li – S) 배터리, 아연 – 공기(Zn – air) 배터리, 철 – 공기(Fe – air) 배터리 등 더욱 저렴하고 지구상에 풍부하게 존재하는 원소를 기반으로 하는 다양한 종류의 차세대 배터리 기술들이 장기적인 관점에서 연구되고 있다. 비록 이들 기술은 아직 기술적 성숙도나 성능 면에서 현재의 리튬이온 배터리를 대체하기에는 부족한 점이 많지만, 이러한 끊임없는 연구들은 장기적으로 특정 핵심광물에 대한 과도한 의존도를 낮추고, 배터리 기술 포트폴리오를 다변화하며, 궁극적으로는 더욱 지속 가능하고 안정적인 에너지 저장 솔루션을 제공하는 데 중요한 기여를 할 수 있을 것이다.

소재 효율성 향상 및 대체재 개발

배터리 분야 외에 다른 첨단산업 분야에서도 특정 핵심광물의 사용량을 줄이거나(소재 효율성 향상, material efficiency), 아예 다른 물질로 대체하려는(대체재 개발, substitution) 연구개발 노력이 활발하게 이루어지고 있다. 이는 한정된 자원의 제약 속에서 지속 가능한 성장을 달성하기 위한 필수적인 전략이다.

예를 들어, 그린 수소 생산의 핵심 기술인 PEM(고분자전해질막) 방식 수전해 장치에서는 양극(+)과 음극(-)에서 물을 분해하는 촉매로 매우 희귀하고 가격이 비싼 백금족 금속인 이리듐과 백금이 각각 사용된다. 특히 이리듐은 전 세계 연간 생산량이 수 톤에 불과할 정도로 극히 희소하여, PEM 수전해 기술이 대규모로 확산되는데 가장 큰 걸림돌 중 하나로 지적되고 있다. 따라서 전 세계 연구기관과 기업들은 이리듐 촉매의 사용량을 획기적으로 줄이면서도 동일한 성능을 내는 기술을 개발하거나, 성능은 다소 낮더라도 더 풍부하고 저렴한 루테늄 기반 촉매, 또는 아예 백금족 금속을 사용하지 않는 비(非)PGM 촉매로 대체하려는 연구에 총력을 기울이고 있다. 수소 연료전지 역시 음극과 양극에 사용되는 백금 촉매의 사용량을 줄이고 내구성을 높이는 것이 상용화의 핵심 과제이다.

전기차 구동 모터나 풍력발전기 터빈에 사용되는 고성능 영구자석은 네오디뮴, 프라세오디뮴과 같은 경희토류와 함께, 고온에서의 자성 유지를 위해 디스프로슘, 터븀과 같은 중희토류를 첨가해야 한다. 하지만 이들 중희토류는 중국에 생산이 극도로 편중되어 있어 공급망 리스크가 매우 크다. 이에 따라 중희토류 첨가량을 최소화하면서도 고온 내열성을 유지하는 기술, 예를 들어 자석 입자를 매우 미세하게 만들거나 결정의 방향을 정밀하게 제어하는 기술, 또는 중희토류를 자석 표면에만 선택적으로 확산시키는 입계확산법(grain boundary diffusion, GBD) 등이 활발히 개발되고 있다. 더 나아가 희토류를 전혀 사용하지 않으면서도 유사한 성능을 내는 비(非)희토류계 고성능 자석, 예를 들어 기존 페라이트 자석의 성능을 개선하거나, 망간 기반의 새로운 합금 자석을 개발하려는 연구도 중요한 R&D 분야이다.

반도체 산업에서도 특정 핵심광물에 대한 의존도를 줄이려는 노력이 진행 중이다. 예를 들어, 투명 전극에 널리 사용되는 인듐 주석 산화물(ITO)의 핵심 원료인 인듐은 중국이 주요 생산국인데, 이를 대체하기 위한 산화아연(ZnO) 기반 투명 전극이나 은 나노와이어, 탄소나노튜브(CNT) 등에 관한 연구가 이루어지고 있다. 또한, 반도체 제조 공정 자체를 개선하여 특정 소재의 사용량을 줄이거나, 아예 새로운 구조나 원리를 가진 반도체 소자를 개발하여 특정 핵심광물의 필요성을 원천적으로 제거하려는 시도도 있다.

이처럼 다양한 산업 분야에서 이루어지고 있는 소재 효율성 향상 및 대체재 개발 노력은 당장 핵심광물 수요를 극적으로 줄이지는 못하더라도, 장기적으로는 수요 증가 압력을 완화하고 특정 자원에 대한 과도한 의존으로 인해 발생할 수 있는 공급망의 취약성을 줄이는 데 매우 중요한 기여를 할 수 있다. 이는 기술 혁신이 자원 안보를 강화하는 또 다른 핵심적인 방법임을 보여준다.

AI가 여는
광물 탐사의 새로운 지평

호주와 미국을 무대로 활동하는 광산 스타트업 어스 AI(Earth AI)는 최근 수십 년간 다른 회사들이 간과했던 호주 오지에서 핵심광물 광맥을 발견하며 업계의 주목을 받고 있다. 이들의 성공 비결은 바로 방대한 현장 데이터를 AI로 분석하여 광물 매장 가능성이 높은 지역을 정확히 예측하는 기술에 있다. 어스 AI의 창업자이자 CEO인 로만 테슬리우크(Roman Teslyuk)는 "광물 탐사의 진정한 미개척지는 지리적인 공간이 아니라 기술 그 자체에 있다"라고 단언한다. 우크라이나 출신인 그는 시드니대학교 박사 과정 중 호주 광업계의 독특한 시스템에 주목했다. 호주에서는 정부가 광물 매장지에 대한 권리를 소유하고 6년 단위로 임대하는데, 이때 탐사 기업은 모든 데이터를 국가 아카이브에 제출해야 한다. 테슬리우크는 "어째서인지 아무도 이 방대한 데이터를 제대로 활용하지 않고 있었다. 만약 과거 수백만 지질학자들의 성공과 실패 사례로부터 학습하는 알고리즘을 만들 수 있다면, 미래의 광물 매장지를 훨씬 더 정확하게 예측할 수 있을 것이라고 확신했다"고 말한다.[2]

어스 AI는 초기에 잠재적 광상 예측 소프트웨어 개발에 집중했지만, 검증되지 않은 기술의 예측에 수백만 달러를 투자하길 주저하는 고객들을 설득하기 위해 자체적으로 시추 장비까지 개발하여 AI 예측의 정확성을 직접 증명하는 길을 선택했다. 이 과감한 도전은 세계적인 스타트업 액셀러레이터인 와이 콤비네이터(Y Combinator)의 2019년 프로그램에 합류하는 계기가 되었고, 이후 수년간 하드웨어와 소프트웨어를 다듬으며 기술력을 축적했다. 그 결과 2025년 1월, 어스 AI는 2,000만 달러 규모의 시리즈 B 투자 유치에 성공하며 그 가능성을 인정받았다. 어스 AI의 핵심 기술은 바로 '광물 발견 엔진(Mineral Discovery Engine)'이다. 이 시스템은 호주 대륙 전체의 4억 건에 달하는 지질 사례를 학습하여, 인간 지질학자의 통찰력을 모방하고 확장하는 방식으로 새로운 광맥을 예측한다. 어스 AI는 이 기술을 통해 전통적인 탐사 방식으로는 간과되었을 구리, 코발트, 금 광맥을 호주 북부에서, 그리고 은, 몰리브덴, 주석 광맥을 뉴사우스웨일스에서 발견하는 성과를 거두었다. 이들은 AI 기반의 정밀한 탐사 목표 설정, 모듈식 시추 장비, 그리고 효율적인 현장 운영을 결합하여 탐사에서 시추까지 걸리는 시간을 기존 방식의 4분의 1 수준인 3~6개월로 단축시켰다. 어스 AI의 성공은 AI가 광물 탐사의 패러다임을 어떻게 바꾸고 있는지를 보여주는 생생한 사례이다.

현대 광물 탐사의 위기와 AI의 등장

어스 AI와 같은 혁신적인 기업의 등장은 결코 우연이 아니다. 현대 광물 탐사는 그 어느 때보다 심각한 도전에 직면해 있으며, 전통적인 방식만으로는 한계에 봉착했다는 위기감이 업계 전반에 팽배해 있다. 가장 큰 문제는 바로 발견율의 감소이다. 지난 수십 년간 지표면에 드러나 있거나 찾기 쉬운 대규모 광상은 대부분 이미 발견되었다. 이제 남은 잠재적 광상들은 더 깊은 땅속이나 접근하기 어려운 오지에 숨겨져 있으며, 이를 찾아내기 위한 기술적 난이도와 비용은 기하급수적으로 증가하고 있다. 실제로 지난 20년간 광물 발견 비용은 400% 이상 증가했지만, 성공률은 오히려 약 30% 감소했다는 통계는 이러한 현실을 뒷받침한다. [3]

이와 동시에, 광물 탐사 기술의 발전은 역설적으로 데이터의 홍수라는 새로운 과제를 안겨주었다. 항공 및 위성 기반의 원격 탐사 기술, 고해상도 초분광 이미지 촬영 기술, 그리고 각종 지구물리·지구화학적 탐사 장비들은 과거와는 비교할 수 없을 정도로 방대하고 다양한 데이터를 쏟아내고 있다. 이른바 광물 탐사 분야의 빅데이터 시대가 도래한 것이다. 지구 시스템 데이터는 그 엄청난 양(volume), 빠른 생성 및 변화 속도(velocity), 지질·지구물리·지구화학·원격탐사 등 다양한 형태(variety), 그리고 데이터 수집 과정에서의 불확실성(veracity)이라는 빅데이터의 4V 특성을 고스란히 가지고 있다. 이러한 데이터의 홍수는 최근 무인항공기(UAV, 드론) 기술의 발전으로 더욱 가속화되고 있다. 과거 항공기나 위성에 의존했던 고해상도 영상, 정밀 지형 정보(LiDAR), 자기장 및 방사능 탐사, 초분광 이미지 데이터 수집이 이제는 드론을 통해 훨씬 더 빠르고, 저렴하며, 유연하게 이루어질 수 있게 되었다. 특히 인간의 접근이 어렵거나 위험한 지역, 또는 특정 유망 지역에 대한 정밀 탐사에 드론은 매우 효과적인 도구로 부상하며, AI 분석을 위한 고품질 데이터를 실시간으로 공급하는 중요한 역할을 하고 있다. 하지만 이처럼 복잡하고 방대한 데이터를 전통적인 방식으로 분석하고 의미 있는 패턴을 찾아내는 것은 거의 불가능에 가깝다.

바로 이 지점에서 AI와 머신러닝이 새로운 해결사로 등장했다. AI는 본질적으로 복잡한 시스템 내에 숨겨진 비선형적 관계를 학습하고 예측하는 데 탁월한 능력을 가지고 있다. 광물 생성 과정 자체가 다양한 지질학적 요인들이 수백만 년에 걸쳐 복잡하게 상호작용한 결과물이라는 점을 고려할 때, AI는 광물 탐사 분야와 매우 유사한 목적, 즉 다중 요인이 복합적으로 작용하는 시스템을 이해하려는 목적을 공유한다. 따라서 노동 집약적이고 반복적인 탐사 작업의 효율성을 높이고, 인간의 직관만으로는 파악하기 어려운 복잡한 데이터 패턴을 학습하여 예측 정확도를 향상시키며, 축적된 전문가의 지식을 보존하고 공유함으로써 광물 탐사의 과학적 연구와 실용적 적용 모두에서 혁신적인 진보를 이끌 잠재력을 가지고 있다.

AI는 광물 탐사에서 무엇을 할 수 있는가?

AI는 광물 탐사의 거의 모든 단계에서 인간의 능력을 확장하고 과거 전통적인 방식의 한계를 극복하는 데 기여하고 있다. 그중에서도 특히 주목할 만한 핵심 적용 분야는 대략 여섯 가지 정도로 정리할 수

있다.[4]

첫째, 잠자는 데이터를 깨우는 데이터 마이닝과 데이터 정제에 활용될 수 있다. 광물 탐사 데이터는 여러 출처에서 다양한 형태로 수집되기 때문에 종종 불완전하고, 오류를 포함하며, 일관성이 부족하다. AI는 이러한 더러운 데이터를 정제하고 숨겨진 패턴을 찾아내는 데 강력한 도구가 된다. 예를 들어, 퍼지 전문가 시스템은 데이터베이스 내의 모호한 중복 기록을 자동으로 찾아 제거하며, 딥러닝 기반의 컨볼루션 신경망(CNN)은 주변 지형 정보를 활용하여 누락된 지구화학적 데이터 값을 예측하고 보완한다. 또한, 자연어 처리(NLP) 기술은 방대한 양의 지질 보고서에서 핵심 정보를 신속하게 추출하며(예. GeoDocA 시스템), 주성분 분석(PCA)과 같은 비지도 학습 방법은 복잡한 지구화학 데이터에서 특정 광화작용과 관련된 원소들의 미세한 연관성을 포착하여 새로운 탐사 지표를 발굴한다. 최근에는 드론으로 촬영한 이미지와 지질학적 설명을 동시에 이해하여 인간이 접근하기 어려운 험준한 지역의 지질 조사를 수행하는 시각 – 언어 모델까지 등장하고 있다.

둘째, 지질학자의 눈을 대신하는 지질도 및 광물 매핑에도 AI가 활용될 수 있다. 전통적인 지질도 작성은 지질학자의 현장 조사와 경험에 크게 의존하지만, AI는 지구물리, 지구화학, 위성 이미지 등 다양한 데이터를 종합적으로 분석하여 보다 객관적이고 광범위한 지질도 및 광물 분포도를 신속하게 작성할 수 있다. 예를 들어, 머신러닝 모델은 고해상도 위성 이미지(ASTER 등)와 소수의 지구화학 샘플 데이터를 융합하여 접근이 어려운 지역의 암석 종류를 분류하고, 컨볼루션 신경망은 지형 및 지구물리 데이터에서 단층선과 같은 지질 구조선을 자동으로 추출한다. 광물 매핑 분야에서는 미국 지질조사국이 개발한 전문가 시스템 테트라코더(Tetracorder)가 이미 구축된 광물 스펙트럼 라이브러리를 기반으로 위성 이미지에서 특정 광물의 분포를 식별하는 데 활용되고 있으며, 딥러닝 모델은 미세한 스펙트럼 차이를 보이는 유사 광물들까지 정확하게 구별해내는 능력을 보여준다.

셋째, 좀 더 원론적으로 AI는 광상의 기원을 밝히는 지체구조 및 광상 성인 분석에도 활용할 수 있다. 특정 유형의 광상은 특정한 지체구조 환경(예. 해령, 섭입대, 대륙 열곡대)에서 형성되는 경향이 있다. AI는 전 세계적으로 축적된 방대한 암석 및 광물 지구화학 데이터베이스(예. 어스켐(EarthChem), 마인데트(Mindat))를 학습하여, 과거에는 지질학자들의 경험적 판단에 의존했던 암석의 생성 당시 지체구조 환경을 보다 객관적으로 분류하고, 특정 광화작용에 유리한 지체구조적 요인들(예. 안데스 반암형 구리 광상의 경우 약 15°의 섭입각과 연간 100킬로미터의 빠른 수렴 속도)을 규명하는 데 기여한다. 또한, AI는 특정 광물(예. 자철석, 섬아연석) 내 미량 원소들의 복잡한 조합 패턴을 분석하여 해당 광상이 마그마 기원인지 열수 기원인지를 판별하고, 이를 통해 광상의 잠재적 규모나 품위를 예측하는 단서를 제공한다.

넷째, 숨겨진 광맥을 예측하는 광물 잠재성 매핑(Mineral Prospectivity Mapping, MPM)에 활용될 수 있다. 이는 광물 탐사의 궁극적인 목표 중 하나로 다양한 지질학적 증거들을 종합하여 광물이 존재할 가능성이 높은 지역을 예측하는 작업이다. 과거에는 전문가의 지식에 기반한 전문가 시스템(예. 프로스펙터(PROSPECTOR))이나 퍼지 논리(fuzzy logic)가 주로 활용되었지만, 최근에는 방대한 탐사 데이터를 학습한 데이터 기반 AI 모델이 더욱 각광받고 있다. 인공신경망(ANN), 컨볼루션 신경망, 그래프 신경망(GNN) 등 다양한 딥러닝 모델들은 지질도, 지구물리

탐사 자료, 지구화학 분석 결과, 원격탐사 이미지 등을 입력받아 복잡한 공간적 패턴을 학습하고, 이를 바탕으로 광물 부존 가능성이 높은 지역을 확률적으로 예측한다. 특히 3차원 MPM 기술은 지표면에 드러나지 않은 심부 광체 탐사에 새로운 가능성을 열고 있다. 학습 데이터가 부족한 경우에는 생성적 적대 신경망(GAN)이나 확산 모델(diffusion model)과 같은 생성형 AI를 이용해 가상의 탐사 데이터를 만들어 모델의 성능을 높이기도 한다. 코볼드 메탈스(KoBold Metals)와 같은 기업은 이미 머신러닝을 활용하여 캐나다 북부 퀘벡에서 니켈-황화물 광상의 잠재 지역을 예측하고, 현장 조사를 통해 그 가능성을 확인하는 방식으로 실제 탐사에 AI를 적용하고 있다.

다섯째, 땅속을 정밀하게 들여다보는 지구물리 모델링 및 역산에 적극적으로 활용될 수 있다. 지구물리 탐사는 땅속으로 직접 들어가지 않고 지표면에서 물리적 특성(예. 밀도, 자성, 전기 전도도)을 측정하여 지하 구조를 예측하는 기술이다. AI는 이 과정에서 두 가지 중요한 역할을 한다. 하나는 순산 모델링(forward modeling)으로, 특정 지질 모델이 주어졌을 때 예상되는 지구물리 반응을 시뮬레이션하는 과정인데, AI는 복잡한 물리 방정식을 직접 푸는 대신 데이터로부터 학습하여 훨씬 빠른 속도로 정확한 시뮬레이션 결과를 제공한다. 다른 하나는 역산(inversion)으로, 관측된 지구물리 데이터로부터 지하의 물리적 특성 분포를 추론하는 과정인데, 딥러닝 모델은 기존의 반복적 역산 방법에 비해 더 빠르고 정확하게 지하 구조를 재구성하는 능력을 보여준다. 최근에는 물리 법칙을 신경망 학습 과정에 직접 통합하는 물리 정보 기반 신경망(physics-informed neural networks, PINN) 기술이 지구물리 역산의 정확성과 신뢰도를 높이는 데 기여하고 있다.

 핵심광물 공급망 전쟁

여섯째, 시추 코어를 기록하고 이를 다음 탐사에 활용할 수 있는 기반 데이터로 활용하는데 AI가 기여할 수 있다. 시추 코어는 지하 암석의 실물 표본으로, 광상의 존재 여부와 특성을 파악하는 데 가장 직접적인 정보를 제공한다. 전통적인 코어 로깅은 지질학자가 육안 관찰과 수작업 측정을 통해 암석의 종류, 광물 구성, 변질 상태 등을 기록하는 매우 노동 집약적이고 주관적인 과정이었다. AI는 이 과정을 자동화하고 객관화하는 데 크게 기여하고 있다. 초분광 센서로 촬영한 코어 이미지나 XRF(X선 형광분석)로 얻은 지구화학 데이터를 딥러닝 모델로 분석하여 암석의 종류와 광물 조성을 자동으로 분류하고, 심지어 특정 광물의 품위까지 예측하는 기술이 개발되고 있다. 예를 들어, 컨볼루션 신경망은 코어의 디지털 이미지만으로 암석 종류를 높은 정확도로 분류하며, 딕셔너리 학습 기법은 코어의 초분광 데이터와 주사전자현미경 분석 결과를 연관시켜 광물 비율을 고해상도로 매핑한다. 지올로직AI(GeologicAI)와 같은 기업들은 이미 다양한 센서가 통합된 하드웨어와 AI 기반 분석 소프트웨어를 결합한 자동 코어 로깅 시스템을 상용화하고 있다.

이론적인 가능성을 넘어, AI는 이미 실제 광물 탐사 현장에서 놀라운 성공 사례들을 만들어내고 있다. 앞서 소개한 어스 AI 외에도 빌 게이츠, 제프 베이조스, 그리고 광산 대기업 BHP의 투자를 유치하며 29억 6천만 달러의 기업 가치를 인정받은 코볼드 메탈스는 AI 광물 탐사의 대표적인 성공 아이콘이다. 구글, NASA, 애플 등에서 영입한 100여 명의 과학자로 구성된 이 회사는 연간 1억 달러 이상의 연구개발 예산을 투입하여, 전기차와 재생에너지 저장 장치에 필수적인 배터리 광물 탐사에 AI와 머신러닝을 적극적으로 활용하고 있다. 이들의 접근 방식은 정교한 AI 모델을 개발하여 아직 발견되지 않은 광물 매장 가능성이 높은 지역을 예측하는 것이며, 이는 탐사 기간을 단축시키고 투자 위험을 줄여 주니어 광산 투자 시장에 새로운 활력을 불어넣고 있다.[5]

호주에서는 이미 다수의 상장 탐사 기업들이 AI 기술을 적극적으로 도입하고 있다. 힐그로브 리소시스(Hillgrove Resources)는 칸만투(Kanmantoo) 구리 프로젝트의 탐사 최적화에 AI를 적용했으며, 코다 미네랄스(Coda Minerals)는 구리와 코발트 광상 탐사의 정확도를 높이기 위해 머신러닝을 활용하고 있다. 특히 센소어(SensOre)는 AI를 이용해 서호주 14마일 웰(14 Mile Well) 프로젝트에서 40개의 새로운 금 탐사 유망 지역을 찾아내며, AI가 기존에 간과되었던 광물자원을 발견할 수 있는 잠재력을 입증했다.[6] 한국에서도 지질자원연구원(KIGAM)이 AI를 활용한 국내 광물자원 지도를 제작하고 있고, 최근 몽골 서부의 니켈 황화광을 탐사하는데 적용하고 있다.

이러한 적극적인 확산의 배경에는 AI가 전통적인 지구 통계학적 방법과 근본적으로 다른 방식으로 데이터에 접근한다는 점이 강력하게 작용한다. 전통적인 방법이 지질학자의 사전 지식이나 가정에 기반하여 소수의 지표 원소를 분석하는 반면, AI는 수십 가지 원소들 간의 복잡하고 비선형적인 관계를 데이터 자체로부터 직접 학습한다. 예를 들어, AI는 피어슨(Pearson), 스피어만(Spearman), 켄달타우(Kendall's tau) 상관계수 등 다양한 통계 기법을 동시에 활용하여 특정 광화작용과 관련된 지시 원소들(pathfinders)의 미세한 지구화학적 패턴을 찾아낸다. 또한, 지질학자마다 다를 수 있는 주관적인 암석 분류 대신, 측정 가능한 물리·화학적 데이터를 기반으로 객관적이고 일관된 암석 분류 기준을 설정하며, 과거에는 중요하게 여겨지지 않았던 미세한 지질 구조(예. 특정 금 광상에서의 암맥 존재 여부)가 광화작용에 미치는 영향을 밝혀내기도 한다.

AI, 만능 해결사인가?

AI가 광물 탐사에 혁명적인 변화를 가져오고 있는 것은 분명하지만, AI가 모든 문제를 해결해 주는 만능 해결사는 아니다. 특히, 지질 자원 데이터가 가진 고유한 특성은 일반적인 AI 응용 분야와 비교하여 광물 탐사 AI가 특별히 더 어려운 과제에 직면하는 이유이기도 하다. 첫째, 땅속 깊은 곳에 숨겨진 광체를 다루기에 모델 학습에 필수적인 정답(ground truth) 데이터, 즉 실제 광체의 정확한 위치, 형태, 품위에 대한 정보를 확보하는 것 자체가 매우 제한적이고, 막대한 비용이 드는 시추 작업에 의존한다. 이는 AI 모델이 학습할 수 있는 레이블링된 데이터의 양이 절대적으로 부족함을 의미하며, 예측의 불확실성을 근본적으로 내포하게 만든다. 둘째, 광체는 단순한 2차원 이미지가 아니라 매우 불규칙하고 복잡한 3차원 공간 구조를 가진다. 이러한 3차원적 특성을 AI 모델이 정확하게 이해하고 분석하기 위해서는 고도의 계산 능력과 특화된 알고리즘이 요구된다. 셋째, 광물 탐사 데이터는 그 양이 방대할 뿐만 아니라, 지질조사, 지구물리탐사, 지구화학 분석, 원격탐사, 시추 데이터 등 매우 다양한 출처에서 서로 다른 형태와 해상도로 수집되는 이종 빅데이터(heterogeneous big data)의 특성을 띤다. 이처럼 차원과 스케일이 다른 방대한 데이터들을 효과적으로 융합하고, 그 속에서 의미 있는 패턴을 추출하는 것은 AI에게도 여전히 어려운 과제다. 이렇듯 정답 부족, 3차원 공간성, 데이터의 이질성과 방대함이라는 특성은 광물 탐사 AI 개발의 난이도를 높이는 핵심 요인이다.

따라서 AI의 성공적인 적용을 위해서는 여전히 인간의 전문성과 양질의 데이터가 필수적이다. "쓰레기를 넣으면 쓰레기가 나온다(rubbish in, rubbish out)"는 데이터 과학의 기본 원칙은 AI 광물 탐사에도 그대로 적용된다. AI 모델의 예측 정확도는 학습 데이터의 질과 양에 절대적으로 의존한다. 부정확하거나 편향된 데이터, 또는 분석에 필요한 핵심 정보가 누락된 데이터로 학습된 AI는 잘못된 예측 결과를 도출하여 오히려 탐사 비용을 낭비하고 잘못된 의사 결정을 유도할 수 있다. 따라서 체계적이고 일관된 방식으로 수집된 고품질의 탐사 데이터베이스를 구축하고, AI가 학습하기 전에 데이터 정제 및 전처리 과정을 철저히 거치는 것이 무엇보다 중요하다.

또한, 인간 전문가와의 협력도 매우 중요한 조건 중 하나이다. AI는 방대한 데이터를 분석하고 복잡한 패턴을 찾아내는 데 탁월하지만, 그 결과를 지질학적 맥락에서 해석하고 최종적인 의사 결정을 내리는 것은 여전히 인간의 역할이다. AI가 제시한 유망 지역이 실제 광상으로 이어질 가능성이 있는지, 어떤 추가적인 탐사가 필요한지, 그리고 경제적 타당성은 있는지 등을 판단하는 데에는 수년간 축적된 현장 경험과 전문 지식이 필수적이다. 따라서 AI는 전문가를 대체하는 것이 아니라, 전문가의 능력을 증강시키고 더 나은 결정을 내릴 수 있도록 돕는 강력한 협업 도구로 인식되어야 한다.

광물 탐사를 위한 AI 모델이 극복해야 할 근본적인 과제 중 하나로 낮은 해석 가능성(interpretability)도 제기할 수 있다.[7] 특히, 딥러닝처럼 여러 계층으로 복잡하게 구성된 모델은 내부 작동 원리가 명확히 드러나지 않아, 마치 속을 알 수 없는 블랙박스처럼 여겨지곤 한다. 이 때문에 AI가 제시한 예측 결과가 어떤 논리적 과정을 거쳐 도출되었는지 사용자가 명확히 파악하기 어려운 경우가 많다. 이러한 설명 불가능성은 현장의 지질 전문가들이 AI의 분석 결과를 전적으로 신뢰하고, 막대한 비용과 위험이 수반되는 실제 탐사 결정에 적극적으로 적용하는 것을 주저하게 만드는 핵심적인 장벽으로 작용한다. 예측의 근거를 알 수 없으니 결과의 신뢰성을 검증하거나 오류 발생 시 원인을 규명하기도 어렵기 때문이다. 만약 고성능 AI 모델 개발이 방대한 데이터를 확보한 소수의 기업에 의해 주도되고 그 내부 로직이 공개되지 않는다면, 사용자의 기술 종속이 심화되거나 시장 전체의 투명성이 저해될 수 있다는 우려도 제기된다. 이러한 한계를 극복하고 AI에 대한 신뢰도를 높이기 위해, 최근에는 AI 모델을 설계하는 초기 단계부터 지질학적 지식이나 제약 조건(예. 특정 광물 조합은 특정 지질 환경에서만 나타난다는 규칙)을 명시적으로 통합하려는 시도가 이루어지고 있다. 또한, 학습이 완료된 모델에 대해서는 어떤 입력 변수들이 예측 결과에 결정적인 영향을 미쳤는지 사후적으로 분석하는 기술(예. SHAP 분석을 통한 기여도 파악, 특성 맵 시각화를 통한 판단 근거 확인 등)을 통해 그 의사 결정 과정을 투명하게 이해하려는 연구와 노력이 활발하게 진행되고 있다.[8]

광물 탐사의 새로운 시대

AI와 머신러닝 기술은 이제 막 광물 탐사 분야에 본격적으로 적용되기 시작했으며, 그 잠재력은 무궁무진하다. 전 세계적으로 핵심광물 수요가 급증하고 쉽게 찾을 수 있는 광상이 고갈됨에 따라, AI는 더욱 깊고, 더 복잡하며, 더 접근하기 어려운 곳에 숨겨진 미래의 자원을 찾아내는 핵심적인 역할을 수행할 것이다. 앞으로는 IoT 센서 기술과 결합하여 실시간으로 탐사 데이터를 수집하고 분석하며, 자율주행 드론이나 로봇이 인간이 접근하기 어려운 지역의 탐사를 수행하고, 디지털 트윈 기술을 통해 가상의 광산을 만들어 다양한 탐사 시나리오를 시뮬레이션하는 등 AI의 활용 범위는 더욱 확장될 것이다. 또한, 지질학적 지식과 데이터를 효과적으로 결합하는 지식 기반 AI(knowledge-driven AI)와 데이터 기반 AI(data-driven AI)의 융합은 AI 모델의 예측 정확도와 신뢰성을 한층 더 높일 것으로 기대된다.

AI는 광물 탐사의 효율성과 정확성을 획기적으로 향상시켜 새로운 광산 발견의 가능성을 높이는 동시에, 불필요한 시추를 줄여 환경에 미치는 영향을 최소화하고, 탐사 비용과 시간을 절감하여 자원 개발의 경제성을 높이는 데 결정적인 기여를 할 것이다. AI 기술의 발전과 함께 광물 탐사는 과거의 경험과 직관에 의존하던 방식에서 벗어나, 데이터에 기반한 과학적이고 정밀한 예측의 시대로 빠르게 전환하고 있다. 이는 인류가 지속 가능한 방식으로 미래 사회에 필요한 자원을 확보해 나가는 데 있어 매우 중요한 진전이라 할 수 있다.

똑똑해지는 광산, AI와 무인 기술의 도입

칠레의 수도 산티아고에서 동쪽으로 약 50킬로미터, 안데스산맥의 준봉들이 하얗게 빛나는 험준한 산길을 구불구불 달려가면 해발 2,200미터 고지에 거대한 지하 도시가 나타난다. 바로 세계 최대의 지하 구리 광산인 엘 테니엔테(El Teniente)이다. 1905년부터 채굴이 시작된 이곳은 지하 터널의 총길이만 약 4,500킬로미터에 달하며, 칠레 국영 구리 회사이자 세계 최대 구리 공급사인 코델코(Codelco)가 운영하고 있다. 매년 약 35만 톤의 구리를 생산하며 코델코 전체 생산량에 가장 크게 기여하는 이곳은, 거친 바람이 몰아치는 지상의 황량함과는 대조적으로 지하 수천 미터 아래에서 쉴 새 없이 움직이는 거대한 산업 현장이다.

엘 테니엔테는 단순한 구리 광산을 넘어, 미래 광업의 모습을 보여주는 거대한 실험장이기도 하다. 코델코는 2023년 132만 톤의 구리를 생산하여 여전히 세계 선두 자리를 지키고 있지만 이는 전년 대비 8.4% 감소한 수치로, 노후화된 광상과 투자 부족으로 인한 프로젝트 지연이라는 구조적 문제에 직면해 있었다. 이에 코델코는 향후 10년간 400억 달러라는 천문학적인 자금을 투입하여 생산량을 증대시키고 노후 광산을 현대화하는 동시에, 더 깨끗한 채광(greener mining)이라는 목표 아래 2030년까지 탄소 발자국 70% 감축, 2050년 탄소 중립 달성을 추진하고 있다. 코델코의 CEO 루벤 알바라도는 "지속 가능성과 생산성은 상충하지 않는다"고 강조하며, 환경 인증이야말로 시장이 요구하는 핵심 자산이라고 말한다.[9]

이러한 비전은 엘 테니엔테의 깊고 어두운 지하 갱도 곳곳에서 현실로 나타나고 있다. 광부들을 작업장으로 실어 나르는 버스는 100% 전기로 움직이며, 총 104대의 전기 버스는 광산 운영 부문에서 세계 최대 규모의 전기차 플릿 중 하나이다. 이 버스들은 란카과 외곽에서 리본 일렉트릭 모터스(Reborn Electric Motors)라는 칠레 유일의 전기 버스 제조사가 생산하는데, 이 회사 설립자 중 한 명인 리카르도 레페닝은 "광산업이 우리 회사를 가능하게 했다"고 말할 정도로 광산업과 첨단 기술의 융합을 상징한다. 또한, 총길이 32킬로미터에 달하는 지하 철도에는 9대의 전기 기차가 약 시속 34킬로미터로 광물을 실어 나르는데, 이 모든 열차 운행은 지상의 란카과에 위치한 코델코 통합운영센터(CIO)에서 원격으로 완벽하게 통제된다.

놀라운 점은 열차뿐만이 아니다. 암석을 뚫는 거대한 드릴링 장비 상당수도 이미 자동화되어 원격으로 조종된다. 지하 사무실의 안락한 의자에 앉아 여러 대의 스크린을 주시하며 조이스틱을 움직이는 46세의 여성 작업자 릴리아나 로데나는 "과거에는 엄청난 먼지와 소음에 직접 노출되었지만, 이 원격 조종 장비들 덕분에 삶의 질이 완전히 바뀌었다"고 말한다. 12년 경력의 그녀는 자동화가 더 많은 여성에게 광산업의 문을 열어주었다고 덧붙인다. 실제로 코델코의 여성 인력 비중은 2023년 16.6%에 달했으며, 2027년까지 35%로 높이는 것을 목표로 하고 있다. 엘 테니엔테의 사례는 광산 자동화와 무인화가 단순히 생산성 향상을 넘어, 작업 환경 개선, 안전 확보, 그리고 포용적 고용 확대라는 다층적인 가치를 창출하며 광산업의 패러다임을 근본적으로 바꾸고 있음을 생생하게 보여준다.

수동에서 지능형 시스템까지

엘 테니엔테의 현재 모습은 하루아침에 이루어진 것이 아니다. 광산업은 그 오랜 역사만큼이나 수많은 기술적 도약을 거쳐왔다. 18세기 이전, 광업은 전적으로 인간의 노동력과 단순한 도구에 의존하는 수동적 단계였다. 그러다 1700년대 증기기관의 발명과 함께 시작된 1차 산업혁명은 광산에도 기계화의 바람을 불어넣었다. 증기기관으로 움직이는 펌프와 초기 단계의 기계 장비, 그리고 광물 운반을 위한 철도 시스템이 도입되면서 생산성은 향상되고 인간 노동에 대한 의존도는 점차 낮아지기 시작했다. 19세기에서 20세기 초에 걸친 2차 산업혁명기에는 전기가 광산에 본격적으로 도입되면서 변화는 더욱 가속화되었다. 전기 펌프는 지하수를 효과적으로 배출했고, 연속 채탄기나 롱월(Longwall) 채굴기와 같은 대형 석탄 채굴 장비가 개발되어 대부분의 생산 작업을 기계가 담당하게 되었다. 웨스트버지니아 탄광의 경우 1920년대부터 기계화가 시작되어 1970년대에는 대부분 작업이 기계로 이루어졌다고 한다. 이 시기, 대규모 노동력의 필요성은 줄어들고 효율성과 안전성은 비약적으로 향상되었다. 실제로 미국의 광산 사망자 수는 1911년 883명에서 1941년 322명, 1971년에는 164명으로 급감했는데, 이는 상당 부분 기계화 덕분이었다.

20세기 후반, 컴퓨터와 프로그래머블 로직 컨트롤러(PLC)의 등장은 광산 자동화의 서막을 알렸다. 초기의 자동화는 무인 궤도 차량, 원격 조종 광물 추출기, 자동 암반 볼팅 머신 등 비교적 단순하고 반복적인 작업에 집중되었다. 석탄 선별 공장에서는 PLC를 이용해 시동 및 정지 절차를 자동화하기도 했다. 그러나 이러한 초기 자동화는 기존의 기계화와는 다른 차원의 혁신이었다. 인간 작업자를 잠재적으로 위험한 환경에서 분리시키면서도, 인간이 할 수 없는 정밀성과 속도로 작업을 수행할 수 있는 가능성을 열었기 때문이다. 하지만 본격적인 자동화 혁명은 수십 년간 더딘 속도로 진행되었다. 그리고 최근 AI, 머신러닝, IoT, 로봇공학 등 첨단기술이 융합된 스마트 마이닝(smart mining) 또는 광업 4.0(Mining 4.0) 시대가 도래하며, 광산업은 또 한 번의 근본적인 변혁을 맞이하고 있다.

지능과 연결성으로 움직이는 현대 광산

오늘날 현대 광산의 자동화는 단순한 기계 대체를 넘어, 데이터와 인공지능을 기반으로 스스로 판단하고 최적화하며, 인간과는 비교할

     핵심광물 공급망 전쟁

수 없는 수준의 안전과 효율성을 달성하는 방향으로 진화하고 있다.

가장 대표적인 기술은 단연 자율 운반 시스템(Autonomous Haulage Systems, AHS)이다. 거대한 노천 광산에서 수백 톤의 광석을 실어 나르는 초대형 트럭들이 운전자 없이 스스로 경로를 탐색하고, 적재 지점과 하역 지점을 오가는 모습은 이제 더 이상 공상과학 영화의 장면이 아니다. 호주의 리오 틴토나 칠레의 코델코와 같은 글로벌 광산 기업들은 이미 수백 대의 자율주행 트럭을 성공적으로 운영하고 있다. 이 무인 트럭들은 중앙 관제 시스템의 지시에 따라 움직이지만, 장애물 회피나 경로 최적화 등은 스스로 판단한다. 이를 통해 얻는 이익은 막대하다. 리오 틴토의 경우, 자율주행 트럭 한 대당 연간 약 700시간을 더 운행하며 운송 비용은 15% 절감되었다고 보고했다. 운전자의 피로나 비효율성이 사라지고, 연료 소모와 타이어 마모까지 줄어드니 그야말로 쉬지 않고 일하는 똑똑한 일꾼인 셈이다. 무엇보다 중요한 것은 안전이다. 리오 틴토는 AHS 도입 이후 자율주행 트럭으로 인한 부상 사고가 단 한 건도 발생하지 않았다고 밝혔는데, 이는 위험천만한 채굴 현장에서 인간 작업자를 보호하는 데 자동화가 얼마나 결정적인 역할을 하는지 보여준다.[10]

AHS와 함께 광산 자동화의 양대 산맥을 이루는 기술은 자동화 드릴링 시스템(Automated Drilling Rigs, ADRs)이다. 광산 개발의 첫 단계인 탐사부터 실제 생산을 위한 발파공 천공(blast-hole drilling)에 이르기까지 드릴링은 필수적인 작업이다. 전통적으로 드릴 작업자는 극심한 소음, 분진, 진동에 노출되었지만, ADR은 이러한 위험으로부터 작업자를 해방시켰다. ADR은 사전 입력된 시추 계획에 따라 스스로 정확한 위치에 구멍을 뚫고, 암석의 상태 변화를 실시간으로 감지하여 회전 속도나 압력 등 드릴링 변수를 최적화함으로써 작업 속도를 높이고 홀의 품질을 향상시킨다. 또한, 홀 네비게이션 시스템(HNS)과 같은 기술은 발파공의 정밀도를 극대화하여 균일한 암석 파쇄를 유도하고 발파 효율을 높인다. 여러 대의 ADR을 소수의 작업자가 원격으로 동시에 감독하고 관리할 수 있게 되면서, 인력 운영의 효율성 또한 크게 증대되었다.

이러한 개별 장비의 자동화를 넘어, 전체 광산 운영을 통합적으로 관리하는 원격 운영 센터(Remote Operations Centers, ROCs)의 등장은 광산 관리 패러다임의 근본적인 변화를 가져왔다. 호주 퍼스 공항에 위치한 리오 틴토의 ROC는 수백 킬로미터 떨어진 여러 광산의 자율주행 트럭, 자동 드릴, 각종 센서로부터 수집되는 방대한 데이터를 실시간으로 통합 분석하고, 모든 작업을 중앙에서 원격으로 통제한다. 이는 마치 첨단기술로 무장한 우주선 관제센터를 연상시킨다. ROC는 작업자들이 위험한 현장에 직접 나가지 않고도 안전하고 쾌적한 환경에서 근무할 수 있게 하여 삶의 질을 향상시키고, 다양한 분야의 전문가들이 한곳에 모여 협업함으로써 전체 생산 시스템을 최적화하는 시너지를 창출한다.

지상 광산에 비해 훨씬 더 도전적인 환경인 지하 채굴 현장의 자동화 역시 꾸준히 발전하고 있다. 지하 수백, 수천 미터 깊이의 갱도는 위성항법시스템(GPS) 신호가 도달하지 않아 장비의 정확한 위치 파악이 어렵고, 복잡하고 예측 불가능한 지질 구조와 제한된 통신 환경은 자동화 기술 도입의 큰 걸림돌이었다. 하지만 동시적 위치 추정 및 지도작성(SLAM), 관성항법장치(INS), 무선 센서 네트워크(WSN) 등 새로운 기술들이 개발되면서 지하 환경의 한계를 극복하려는 노력이 이어지고 있다. 석탄 채굴에 주로 사용되는 롱월 시스템의 경우, 이미 1990년대부터 전단기가 지나가면 자동으로 지보재(shield)가 전진하는 시스템(SISA)이 도입되었으며, 최근에는 카메라와 센서를 이용해 지상 또는 안전한 지하 공간에서 원격으로 전단기를 조종하는 기술까지 발전했다. 광석을 적재하고 운반하는 로드-홀-덤프(LHD) 장비 역시 초기에는 바닥에 설치된 유도선이나 페인트 라인을 따라 움직이는 수준이었으나, 이제는 SLAM 기술을 이용해 스스로 주변 환경을 인식하고 자율 주행하는 단계로 진화하고 있다. 칠레 국영기업 코델코의 엘 테니엔테 광산에서도 이미 2004년부터 일부 구간에 반자동 LHD가 도입되어 운영 중이다.

이 모든 자동화 기술의 두뇌 역할을 하는 것은 바로 AI와 머신러닝이다. 최근 산업 박람회에서는 광산 장비 및 기술 서비스(METS) 기업의 약 30%가 AI 기반 솔루션을 선보일 정도로 AI는 광산업 전반에 빠르게 확산되고 있다. AI는 단순히 반복 작업을 자동화하는 것을 넘어, 방대한 데이터를 분석하여 인간의 눈으로는 발견할 수 없는 패턴을 찾아내고, 예측하며, 최적의 의사 결정을 지원한다. 예를 들어, 리오 틴토는 AI 기반 광석 선별 시스템을 통해 구리 회수율을 93%에서 98% 이상으로 향상시켰다고 보고했다. AI는 또한 위성 이미지나 시추 데이터를 분석하여 새로운 광맥을 탐사하고, 장비 센서 데이터를 실시간으로 모니터링하여 고장을 예측하고 예방 정비를 가능하게 하며, 발파 패턴을 최적화하여 암석 파쇄 효율을 높이고 진동을 줄이는 등 광산 운영의 모든 단계에서 혁명적인 변화를 이끌고 있다. 최근에는 대규모 언어 모델(LLM)을 활용하여 인간 작업자가 자연어 명령으로 자동화된 프로세스를 제어하는 연구까지 진행되고 있어, AI와 인간의 협업은

더욱 직관적이고 효율적인 방향으로 발전할 것이다.[11]

머지않은 미래에는 로봇 기술이 지하 채굴 현장의 모습을 더욱 근본적으로 바꿀 것으로 예상된다. 현재 군사 및 보안 분야에서 활용되는 인간형 로봇(humanoid robots) 기술이 광산업에 적용되어, 과거 인간 작업자들이 직접 수행해야 했던 암반 볼팅, 낙석 제거, 환기 시설 관리 등 복잡하고 위험한 작업을 로봇이 대신하게 될 것이라는 전망이 나온다. 보스턴 다이내믹스와 같은 기업들은 이미 이러한 기능을 수행할 수 있는 로봇을 개발 중이며, 전문가들은 향후 10년 내에 이러한 로봇들이 실제 광산에 투입될 것으로 예측하고 있다. 이는 단순한 자동화를 넘어, 인간과 유사한 수준의 판단력과 손재주를 갖춘 로봇이 인간과 협력하여 작업하는 새로운 시대를 열 것이다.

자동화 도입의 장애물과 과제

이처럼 자동화와 기술 혁신이 가져올 밝은 미래에도 불구하고, 실제 광산 현장에 이러한 기술들이 보편적으로 적용되기까지는 넘어야 할 산들이 많다.

가장 큰 장애물 중 하나는 산업계의 보수성이다. 광산업은 초기 투자 비용이 막대하고, 생산 중단 시 발생하는 손실이 천문학적인 규모에 이른다. 그래서 검증되지 않은 새로운 기술을 섣불리 도입하기보다는 경쟁사가 성공적으로 적용한 기술을 뒤따라가는 두 번째가 되는 첫 번째(First to Be Second) 경향이 강하다. 이는 AI나 실시간 데이터 분석과 같은 혁신적인 기술의 현장 적용을 지연시켜 산업 전체의 발전을 저해

핵심광물 공급망 전쟁

하는 요인이 된다.

자본 시장의 한계 역시 무시할 수 없다. 특히 금이나 구리와 같이 전통적이고 시장이 성숙한 광물이 아닌, 새로운 핵심광물 프로젝트를 추진하는 중소 규모의 탐사 기업(junior miners)들은 비전통적인 기술이나 프로젝트에 대한 투자 유치에 큰 어려움을 겪는다. 투자자들의 첨단 광산 기술(METS)에 대한 이해 부족은 이러한 자금조달의 어려움을 더욱 심화시킨다. 비록 최근 핵심광물의 전략적 중요성이 부각되면서 정부 지원이나 특수 목적 펀드가 등장하고는 있지만, 여전히 높은 자본 장벽은 기술 혁신의 발목을 잡고 있다.

인재 및 노동력 문제도 심각하다. 전 세계적으로 광산 공학 프로그램에 대한 학생들의 지원이 감소하면서 미래의 광산 전문가 부족 현상이 우려되고 있다. 호주의 울런공대학교가 광산학과를 폐지한 것은 이러한 현실을 단적으로 보여준다. 동시에, 기존의 노동력은 데이터 과학, 로봇 공학, AI 운영 등 새로운 시대가 요구하는 기술 역량을 갖추기 위한 재교육과 전환이 필요하지만, 많은 기업들이 이러한 변화 관리에 어려움을 겪고 있다. 숙련된 세대의 은퇴와 젊은 인력의 유입 감소라는 인구 구조적 변화는 기술 집약적인 현대 광산업의 또 다른 도전 과제이다.

마지막으로, 인간과 로봇의 협업(human - robot collaboration)이라는 새로운 과제도 등장했다. 아무리 자동화가 진전되더라도 당분간은 인간 작업자와 로봇이 공존하는 현장이 불가피하다. 따라서 로봇이 인간 작업자의 존재를 인식하고 안전하게 상호작용할 수 있도록 하는 기술, 인간이 로봇의 작업을 직관적으로 이해하고 필요시 쉽게 개입할 수 있도록 하는 인터페이스, 그리고 로봇이 실수를 반복하지 않고 스스로 학습하며 작업 상황을 인간에게 명확히 전달할 수 있도록 하는 인간 중심적 설계가 필수적이다. 이는 단순한 기술적 문제를 넘어, 작업 현장의 문화와 신뢰를 구축하는 문제와도 연결된다.[12]

광산업은 인류 역사상 가장 오래된 산업 중 하나이지만, 지금 그 어느 때보다 역동적이고 혁신적인 변화의 시기를 맞이하고 있다. 엘 테니엔테의 지하 도시에서부터 호주의 광활한 노천광산에 이르기까지, 자동화, AI, 로봇 기술은 과거 인간의 육체노동에 의존했던 채굴 현장을 더 안전하고, 더 효율적이며, 더 지속 가능한 공간으로 바꾸어 놓고 있다. 머지 않은 미래에 기계는 지하에서 자율적으로 작동하고, 로봇이 발파와 채굴 작업을 처리하게 될 것이며, 이러한 진화는 과거 그 어느 때보다 빠르게 진행될 것이다.

물론 완전한 무인 광산, 즉 제로 엔트리(zero entry) 광산의 실현까지는 아직 시간이 더 필요할 것이다. 하지만 인간 작업자는 점차 위험하고 반복적인 육체노동에서 벗어나, 첨단기술을 관리하고 감독하며, 더 창의적이고 전략적인 업무를 수행하는 지식 노동자로 진화해 나갈 것이다. 광산의 깊이가 더 깊어지고, 채굴 조건이 더욱 열악해지며, 환경에 대한 요구 수준이 높아질수록, 이러한 기술 혁신의 중요성은 더욱 커질 수밖에 없다. 결국 더 안전하고, 더 지능적이며, 환경과 공존하는 광산을 향한 인류의 도전은 기술 혁신이라는 강력한 엔진을 통해 계속될 것이다.

심해저 자원 개발은
블루오션인가,
판도라의 상자인가?

육상 광물자원의 점진적인 품위 저하와 고갈 문제, 그리고 특정 국가에 과도하게 편중된 핵심광물 공급망에 대한 우려는 전 세계 각국 정부와 기업들이 새로운 자원의 보고(寶庫)로 눈을 돌리게 만들고 있다. 그 마지막 프런티어로 불리는 곳이 바로 인간의 발길이 거의 닿지 않은 깊고 어두운 바닷속, 심해저(deep seabed)이다. 인류는 수십 년간 심해 석유 및 가스 생산을 통해 축적된 해양 기술과 경험을 바탕으로, 이제는 바닷속 수천 미터 아래에 잠들어 있는 고체 광물자원에 주목하기 시작했다. 수심 200미터를 넘어가는 심해저에는 우리가 상상하는 것 이상의 막대한 양과 다양한 종류의 핵심광물이 존재하며, 이는 미래 산업의 동력이자 새로운 자원 패권 경쟁의 무대가 될 잠재력을 품고 있다.

심해저 광물자원은 크게 세 가지 형태로 구분된다. 첫째는 수심 4,000~6,000미터의 광활한 심해 평원에 감자나 주먹 크기로 흩뿌려져 있는 다금속 망간 단괴(polymetallic nodules)이다. 이 검은색 덩어리들은 수백만 년에 걸쳐 해수 속의 금속 성분들이 미세한 핵 주위에 서서히 침전·성장한 것으로, 주성분인 망간과 철 외에도 니켈, 구리, 코발트와 같은 배터리 핵심 금속은 물론, 몰리브덴과 다양한 희토류까지 함유하고 있어 바닷속의 종합선물 세트로 불린다. 둘째는 해저 화산 활동으로 형성된 해산(seamount)의 경사면이나 정상부에 수 센티미터 두께로 철과 망간 산화물이 암반처럼 굳어 형성된 코발트 각(cobalt‑rich ferromanganese crusts)이다. 이름에서 알 수 있듯이 코발트 함량이 특히 높으며, 망간, 니켈, 구리, 백금 등 다양한 전략 금속과 텔루륨, 이트륨과 같은 희소금속도 풍부하게 포함하고 있다. 셋째는 해저 열수 분출공 주변에 형성되는 해저열수광상(seafloor massive sulphides, SMS)으로, 마그마에 의해 뜨거워진 해수가 해저 암석의 금속 성분을 녹여 분출하다가 차가운 심해수와 만나면서 금속 황화물이 굴뚝이나 언덕 형태로 침전된 것이다. 이곳에는 구리, 아연, 납뿐만 아니라 금과 은 같은 귀금속이 고농도로 집적되어 있다.[13]

이들 심해저 광물에 매장된 자원의 양은 실로 어마어마하다. 가장 많은 연구가 진행된 태평양의 클라리온‑클리퍼턴 해역(Clarion‑Clipperton Zone, CCZ)은 멕시코와 하와이 사이에 위치한 약 450만 제곱킬로미터(한반도의 약 20배)의 광대한 지역으로, 이곳에만 약 210억 톤 이상의 망간 단괴가 부존된 것으로 추정된다. IEA의 2021년 보고서에 따르면, 이 단괴 속에 포함된 니켈의 양은 약 2억 7,400만 톤, 코발트는 약 4,400만 톤에 달하는데, 이는 현재까지 확인된 육상 매장량 전

자료 6-1 주요 심해저 망간 단괴 분포 지역과 클라리온 – 클리퍼턴 해역(CCZ)[14]

체의 몇 배를 뛰어넘는 규모이다. 다른 주요 금속인 구리 역시 약 2억 2,600만 톤, 망간은 약 59억 9,700만 톤이 함유된 것으로 추산된다.[15] 이러한 광물들의 잠재적 경제 가치는 현재의 시장 가격 변동성을 고려하더라도 실로 천문학적인 수준이다. 예를 들어, CCZ 단괴 속 니켈과 코발트의 현재 시장 가치만을 단순 합산하더라도 수천조 원(수조 달러)을 훌쩍 넘어설 것으로 추산되며, 여기에 구리, 망간, 그리고 아직 정확한 양이 파악되지 않은 희토류 등의 가치를 더하면 그 규모는 상상을 초월한다. 전 세계 심해저에 흩어져 있는 다른 유형의 광물자원(코발트 각, 해저열수광상)까지 고려하면 그 총량과 경제적 가치는 실로 가늠하기 어렵지만, 일부 전문가들은 인류가 현재까지 육상에서 채굴해 온 주요 금속의 총량을 능가할 것이라는 전망까지 내놓고 있다.

심해저 탐사와 개발

이처럼 막대한 잠재력 때문에 이미 1960년대와 70년대부터 미국, 독일, 일본, 프랑스 등을 중심으로 한 다국적 기업 컨소시엄들이 심해 망간 단괴 탐사와 채광 기술 개발에 뛰어들었으나, 당시에는 낮은 금속 가격, 불확실한 국제 해양법 질서, 그리고 기술적 한계 등으로 인해 상업적 개발에는 이르지 못하고 대부분 중단되었다. 그러나 21세기 들어 핵심광물 수요가 급증하고 가격이 치솟으면서 심해저 자원 개발은 다시금 뜨거운 감자로 떠오르고 있다.

현재 일부 국가들은 자국의 배타적경제수역(EEZ) 내에서 비교적 활발하게 해저 광물 탐사 및 개발 프로젝트를 추진하고 있다. 일본은 자국 EEZ 내 오키나와 해역 등에서 해저열수광상(SMS) 탐사를 통해 상당량의 구리, 아연, 금, 은 등을 확인했으며, 2017년에는 세계 최초로 수심 1,600미터에서 해저열수광상을 시험적으로 채굴하고 양광(lifting, 채굴한 광물을 해양 표면까지 끌어올림)하는 데 성공하기도 했다. 파푸아뉴기니는 캐나다 기업 노틸러스 미네랄스(Nautilus Minerals)에 세계 최초의 상업적 심해 채굴 허가를 내주었으나, 자금조달 및 환경 문제 등으로 실제 생산에는 이르지 못하고 좌초된 바 있다. 가장 주목받는 국가는 노르웨이로, 자국 대륙붕 해역에 대규모 해저열수광상이 발견되면서 2024년 초 의회가 심해 채굴을 위한 해역을 개방하기로 최종 결정했다. 이는 환경 단체의 강력한 반발에도 불구하고 내려진 결정으로, 노르웨이가 상업적 심해 광물 채굴을 시작하는 첫 번째 국가가 될 가능성을 높이고 있다.

하지만 대부분의 유망한 심해 광물자원, 특히 망간 단괴와 코발트 각은 특정 국가의 관할권을 넘어선 공해(the Area)의 심해저에 분포한다. 이 공해상의 자원은 유엔해양법협약(UNCLOS)에 따라 인류 공동의 유산(Common Heritage of Mankind)으로 규정되며, 자메이카에 본부를 둔 국제해저기구(ISA, International Seabed Authority)가 모든 탐사 및 개발 활동을 관리하고 감독한다. ISA는 1994년부터 2024년 기준 총 31건의 탐사 계약을 승인했으며, 이는 몽골의 영토와 맞먹는 약 150만 제곱킬로미터 이상의 광대한 해저 면적에 해당한다. 탐사 계약자에는 중국(5건), 러시아(3건), 한국(3건), 일본(2건), 인도(2건), 프랑스(2건), 독일(2건) 등 국가 기관이나 국영기업뿐만 아니라, 캐나다의 더 메탈스 컴퍼니(The Metals Company, TMC), 벨기에의 GSR(Global Sea Mineral Resources)과 같은 민간 기업도 포함되어 있다. 이들 탐사 계약자들은 막대한 자금을 투입하여 태평양 CCZ를 중심으로 정밀 해저 지형 조사, 자원량 평가, 환경 영향 기초 조사 등을 수행하는 한편, 채집 로봇, 수직 양광 시스템, 선상 처리 설비 등 상업적 채굴에 필요한 핵심 기술의 실증 테스트를 진행하며 본격적인 개발 시대를 준비하고 있다.

경제적 기회인가, 환경적 재앙인가?

망간 단괴가 바닷속 검은 황금으로 불리며 엄청난 경제적 기대를 모으고 있지만, 그 개발을 둘러싼 논쟁은 그 어느 때보다 뜨겁다. 상업적 채굴이 아직 본격적으로 시작되지 못한 가장 근본적인 이유는, 바로 심해 생태계에 미칠 수 있는 예측 불가능하고 잠재적으로 파괴적이며, 한번 훼손되면 되돌릴 수 없는 환경 영향에 대한 심각한 우려 때문이다.

심해는 지구상에서 가장 넓고, 가장 탐사가 덜 된 미지의 영역이다. 수심 200미터 이하는 전체 해양 부피의 95%를 차지하며, 햇빛이 거의 또는 전혀 도달하지 않는 영원한 어둠, 뼈를 으스러뜨릴 듯한 엄청난 수압, 그리고 극도로 낮은 온도가 지배하는 극한 환경이다. 그럼에도 불구하고 이곳에는 수백만 년에 걸쳐 이 독특한 환경에 완벽하게 적응한, 우리가 아직 상상조차 하지 못하는 다양하고 희귀한 생물들이 서식하고 있다. 과학자들은 심해 생물 종의 대부분이 아직 인류에게 발견되지 않았을 것으로 추정하며, 이들이 해양 생태계 전체와 지구의 탄소 순환 등에서 수행하는 중요한 역할에 대해서는 이제 막 연구가 시작되는 단계이다. 망간 단괴가 깔린 심해 평원, 코발트 각이 덮인 해산, 그리고 뜨거운 물이 솟아나는 해저열수광상 주변은 각각 독특한 생물 군집을 이루고 있으며, 이곳의 생물들은 극도로 느린 성장 속도와 긴 수명을 가진 경우가 많아 한번 훼손될 경우 회복에 수백 년에서 수천 년이 걸리거나 아예 불가능할 수도 있다.

이러한 미지의 세계에서 이루어질 심해 채굴 활동은 여러 가지 방식으로 심각한 환경 파괴를 야기할 수 있다. 거대한 채집 로봇이나 굴착기가 해저 면을 긁거나 파헤치면서 광물을 수집할 때, 수백만 년 동안 안정적으로 유지되어 온 해저 서식지 자체가 물리적으로 파괴될 수 있다. 이는 해당 지역에 서식하는 저서생물(benthic organisms)의 즉각적인 폐사와 함께, 그들이 의존해 온 미세 서식 환경의 영구적인 손실을 의미한다. 또한, 미세 퇴적물 기둥(sediment plumes)은 미세한 진흙 입자들이 거대한 먼지 구름처럼 물기둥을 따라 확산되는 현상을 말하는데, 채집 과정에서 미세 퇴적물 기둥이 발생해 수백 킬로미터까지 퍼져나

    핵심광물 공급망 전쟁

가 광범위한 지역에 영향을 미칠 수 있다. 이 퇴적물 기둥은 해저 생물들의 호흡기관을 막거나 먹이 섭취 활동을 방해하여 질식사시키거나 성장을 저해하며, 시야를 가려 포식자와 피식자 관계를 교란하고, 심지어 화학적 조성을 변화시켜 주변 생태계에 연쇄적인 악영향을 미칠 수 있다. 또한 채광 선박에서 처리 수를 해수면 가까이에 배출할 경우, 이는 또 다른 부유 퇴적물 기둥을 형성하여 해양 표층 생태계까지 위협할 수 있다. 소음, 진동, 빛 공해도 무시할 수 없다. 채집 장비와 선박 운영 과정에서 발생하는 강력한 소음과 진동은 소리에 민감한 고래, 돌고래 등 해양 포유류의 의사소통과 먹이 탐색, 이동 경로를 심각하게 교란할 수 있다. 또한, 빛이 없는 심해 환경에 인공적인 빛을 조사하는 것은 심해 생물들의 행동 양식에 예측 불가능한 영향을 미칠 수 있다. 채집 과정에서 심해저 퇴적물 속에 오랫동안 격리되어 있던 중금속이나 유독성 물질, 심지어 메탄(표준용어 '메테인')과 같은 온실가스가 해수 중으로 방출되어 주변 해양 환경을 오염시킬 가능성도 작게나마 존재한다.[16]

이러한 잠재적 영향의 정확한 규모와 장기적인 결과를 예측하기에는 현재 인류가 가진 과학적 데이터가 턱없이 부족하다. 바로 이 과학적 불확실성이 심해 채굴을 둘러싼 논쟁의 핵심이다. 2025년 4월 기준으로 프랑스, 독일, 칠레, 뉴질랜드, 스페인, 스위스, 코스타리카 등 이미 32개국이 심해 채굴 활동에 대한 금지, 일시적 유예(모라토리엄), 또는 최소한 예방적 중단(precautionary pause)을 지지하고 나섰다.[17] 이들은 현재의 과학적 지식수준으로는 심해 생태계를 효과적으로 보호할 수 있는 견고한 규제 프레임워크를 마련할 수 없으므로, 충분한 과학적 연구와 환경 영향 평가가 이루어지기 전까지는 상업적 채굴을 시작해서는 안 된다는 입장이다. 세계자연보전연맹(IUCN) 역시 2021년 세계보전총회에서 심해 채굴 모라토리엄을 촉구하는 결의안을 채택했으며, BMW, 삼성SDI, 볼보, 구글과 같은 글로벌 기업들 역시 2021년 경부터 심해 채굴로 얻어진 원료를 사용하지 않겠다는 자발적인 모라토리엄을 선언하며 이러한 우려에 힘을 싣고 있다.[18]

국제 규범과 강대국의 독자 행보

육상 핵심광물의 공급 불안이 심화되면서 인류의 마지막 자원 보고로 불리는 심해저에 대한 관심이 뜨겁지만, 이러한 잠재적 영향의 정확한 규모와 장기적인 결과를 예측하기에는 현재 인류가 가진 과학적 데이터가 턱없이 부족하며, 심해저 자원 개발을 둘러싼 국제 사회의 합의는 요원한 상황이다. 대부분의 유망 심해 광물자원이 특정 국가의 관할권을 넘어선 공해에 존재하기에, 유엔해양법협약(UNCLOS)에 따라 설립된 국제해저기구(ISA)가 인류 공동 유산으로서 이 자원의 개발을 관리하고 있다. 그러나 ISA는 수년간 심해 채굴 활동에 적용될 환경 규제, 재정 조건, 이익 공유 등을 담은 채굴 규약(Mining Code)을 마련하기 위해 논의를 거듭해왔으나, 환경 파괴에 대한 심각한 우려와 회원국 간의 이해관계 대립으로 최종 합의에 이르지 못하고 있다. 앞서 살펴본 것처럼 2025년 4월 기준으로 프랑스, 독일 등 32개국이 과학적 불확실성을 이유로 심해 채굴에 대한 유예 또는 금지를 촉구했고, 2021년에는 BMW, 구글 등 글로벌 기업들까지 심해 채굴 원료 사용 중단에 대한 자발적인 모라토리엄을 선언했다. 2025년 3월, 포르

투갈은 심해 채굴을 향후 25년간 유예하는 법안을 통과시키는 최초의 국가가 되면서 다른 유럽 국가들로 확산될 분위기이며, 이에 따라 국제 규범 마련은 더욱 큰 난관에 봉착하게 되었다.[19]

이러한 국제 사회의 교착 상태 속에서, 2025년 4월 25일 도널드 트럼프 미국 대통령이 국제 해역에서의 심해 광물 채굴을 독자적으로 허용하는 행정명령에 서명하면서 파장이 일고 있다. 미국은 유엔해양법협약 비준국이 아니므로 ISA의 정식 회원국은 아니지만, 그간 ISA의 협상 과정에 참여해 왔다. 이번 행정명령은 상무부와 내무부에 60일 이내 심해 광물자원 탐사, 채굴 및 가공 역량을 신속히 마련하고, 상무부 산하 국가해양대기청(NOAA)이 자국법인 1980년 제정 심해저 경성광물자원법(Deep Seabed Hard Minerals Resource Act)에 근거하여 국제 수역에서의 채굴 허가 절차까지 신속히 진행하도록 지시하는 내용을 담고 있다. 백악관은 "첨단기술과 군사 안보에 필수적인 니켈, 구리, 망간 등 핵심광물 확보를 강화하고, 미국이 심해 광물 탐사 및 개발의 글로벌 리더로 자리매김할 것"이라고 그 배경을 설명했다.[20] 이는 중국의 핵심광물 시장 통제와 수출 제한에 대응하여 자체 공급망을 확보하려는 미국의 강력한 의지를 드러낸 것이지만, ISA 중심의 국제 질서를 무시한 독자 노선이 동맹국과 경쟁국 모두로부터 격렬한 반발을 초래할 수 있음이 우려되는 대목이다. 미국의 이러한 독자적 행보는 수백조 원의 경제적 가치와 공급망 안정이라는 국가적 이익을 추구하는 동시에, 심해저 관리라는 국제적 규범과 환경 보호라는 인류 보편의 가치 사이에서 심각한 갈등을 야기하며 향후 심해저 개발의 미래를 더욱 안갯속으로 밀어 넣고 있다.

기술적·경제적 과제는 무엇인가?

설령 국제적인 규범이 마련되고 환경 문제에 대한 합의가 이루어진다고 하더라도, 심해저 자원 개발이 상업적으로 성공하기까지는 넘어야 할 기술적·경제적 장벽이 여전히 높다. 수천 미터 깊이의 심해는 인간이 직접 접근할 수 없는 극한의 환경이다. 엄청난 수압, 칠흑 같은 어둠, 그리고 낮은 온도는 육상 채광이나 천해 석유·가스 추출 기술과는 전혀 다른 차원의 기술적 도전을 제기한다.

망간 단괴를 예로 들면, 해저 면에 흩어져 있는 단괴들을 효율적으로 수집하는 원격 조종 또는 자율주행 채집 로봇(collector vehicle) 기술, 수집된 단괴와 해저 퇴적물, 해수 혼합물(slurry)을 수천 미터 위의 채광 선박까지 안정적으로 끌어올리는 수직 양광 시스템(riser and lifting system), 그리고 선상에서 단괴와 물, 퇴적물을 분리하고 기본적인 처리를 하는 시스템 등이 핵심 기술이다. 코발트 각은 해산 경사면의 단단한 암반에 고착되어 있어 이를 효과적으로 파쇄하고 회수하는 기술이 필요하며, 해저열수광상은 불규칙한 굴뚝 형태의 광체를 정밀하게 절삭하고 채집하는 기술이 요구된다. 일본이 2017년 자국 EEZ 내 해저열수광상에서 시험적으로 광석을 양광하는 데 성공한 바 있으나 이는 매우 작은 규모였으며, 대부분의 심해 자원 개발 기술은 아직 대규모 상업 생산의 타당성을 확보하기 위한 추가적인 연구개발과 실증이 필요한 단계이다.

경제성 또한 중요한 변수이다. 심해 채굴 시스템 구축에 필요한 초기 설비 투자(CAPEX)는 수십억 달러, 우리 돈으로 수조 원에 달할 것으로 예상되며, 운영 비용(OPEX) 또한 만만치 않다. 최근 업계에서는

30억~40억 달러(약 4조~5조 5천억 원)의 초기 투자 비용과 연간 6억~11억 달러(약 8천억~1조 5천억 원)의 운영 비용을 예상하고 있다. 이러한 막대한 비용을 회수하고 수익을 내기 위해서는 국제 광물 가격이 일정 수준 이상으로 유지되어야 하며, ISA가 앞으로 결정할 로열티 등 이익 분배 조건 또한 사업의 성패를 좌우할 중요한 요소이다.

인류 공동 유산의 미래, 신중한 접근이 필요한 때

심해저 광물자원은 의심할 여지 없이 인류에게 주어진 마지막 자원의 보고일 수 있다. 청정에너지 전환에 필수적인 핵심광물의 막대한 잠재력은 매력적이지만, 그 이면에는 우리가 아직 제대로 알지 못하는 심해 생태계에 대한 심각하고 돌이킬 수 없는 파괴의 위험이 도사리고 있다. 인류 공동의 유산이라는 무거운 이름표를 가진 이 미지의 영역을 어떻게 개발하고 관리할 것인지는 현세대에게 주어진 매우 어려운 숙제이다.

앞으로 다가올 ISA 회의들, 특히 미국의 독자적인 개발 움직임이 가시화될 것으로 예상되는 이후의 결정들은 심해저의 미래에 중요한 분수령이 될 것이다. 만약 회원국들이 주요 쟁점에 합의하여 강력하고 포괄적인 환경 보호 규제와 공정한 이익 공유 체계를 포함한 채굴 규약을 마련한다면, 제한적이나마 책임 있는 방식의 상업적 개발이 시작될 수도 있다. 하지만 그렇지 못하고 각국의 이해관계가 충돌하거나, 일부 국가가 국제적 합의 없이 독자적인 개발을 강행한다면 심해는 무분별한 자원 경쟁의 새로운 각축장이 될 수도 있다.

심해 망간 단괴를 포함한 심해저 자원의 상업적 채굴이 현실화된다면, 이는 분명 특정 핵심광물의 글로벌 공급 지형을 근본적으로 바꿀 수 있는 강력한 와일드카드가 될 것이다. 하지만 그 과정에서 발생하는 환경적 발자국과 예측 불가능한 위험 요인에 대한 철저한 대비가 반드시 전제되어야 한다. 지금 우리에게 필요한 것은 성급한 개발 경쟁이 아니라, 과학에 기반한 깊이 있는 연구, 투명한 정보 공개, 그리고 미래 세대까지 고려하는 예방적 원칙에 입각한 신중하고 또 신중한 접근이다. 심해는 단순한 광물 창고가 아니라, 지구 생명체의 마지막 보고이자 인류 공동의 책임 영역이기 때문이다.

총성 없는 자원 전쟁,
우리는 어떻게 살아남아야 할까?

2008년, 필자는 이명박 정부가 야심 차게 출범시킨 자원특성화대학 프로그램의 첫 입학생이었다. 그때만 해도 '자원 외교'라는 말이 매일 신문 1면을 장식하던 시절이었다. 정부와 기업이 한 팀이 되어 아프리카의 다이아몬드 광산부터 남미의 구리 광산까지, 마치 21세기 대항해시대를 열어가는 듯한 기세였다.

프로그램은 솔직히 미숙했다. 커리큘럼도 생경했고, 진로도 불분명했다. 하지만 선배들의 고민과 정부의 전폭적인 지원이 있었다. 덕분에 전 세계 자원 현장을 발로 뛰며 배울 수 있었고, 15년이 넘게 흐른 지금 자원 분야 전문가로 일하고 있다. 그때야 깨달았다. 사람을 기르는 일은 정말 오래 걸린다는 것을.

그 시절을 회상하면 가슴이 벅차오른다. 해외자원개발이라는 기치 아래 우리는 야심에 찬 도전을 시작했었다. 물론 그 과정에서 수많은 논란과 비판이 있었다. 정권이 바뀌면서 부실 사업이라는 오명과 함께 대부분 자산이 헐값에 정리되는 아픔도 겪었다. 하지만 그 시도가 남긴 것은 상처만이 아니었다. 그때 길러진 소수 전문가와 값비싼 실패의 경험이라는 무형의 자산은 우리가 오늘날의 자원 전쟁을 이해하고 대비할 수 있는 최소한의 씨앗이 되어주었다.

그런데 우리는 그 소중한 씨앗마저 뽑아버리려 했다. 공기업의 해외 자원개발 사업이 사실상 금지되면서, 우리는 국가 차원의 자원 안보를 구축할 수 있는 가장 중요한 수단을 스스로 포기한 셈이 되었다. 그 근시안적 태도가 오늘날 더욱 뼈아프게 다가온다. 왜일까? 지금 우리가 맞닥뜨린 자원 전쟁은 과거와는 차원이 다른 싸움이기 때문이다.

오늘날의 자원 전쟁에는 총성이 없다. 대신 희토류 수출 통제나 관세와 같은 무역 규제가 있고, IRA 같은 산업 정책이 있으며, 국방물자생산법(DPA)과 같은 폭발적인 지원 정책과 탄소국경조정제도(CBAM) 같은 환경 기준이 있다. 이것들이 바로 21세기 자원 전쟁의 무기들이다. 반도체와 배터리로 먹고사는 대한민국은 이 새로운 전장의 한복판, 그것도 가장 치명적인 요충지에 서 있다. 우리 의지와는 상관없이 강대국들이 정한 규칙에 따라 우리 산업의 운명이 좌우되는 상황. 이것이 2026년 대한민국이 마주한 냉혹한 현실이다.

그렇다면 우리는 어떻게 살아남아야 할까?

답은 의외로 단순하다. 친구를 만드는 것이다. 우리 땅에는 광물이 없지만, 우리 곁에는 파트너가 있다. 우리는 호주, 캐나다 같은 자원 부국들과 좋은 관계를 유지하는 것은 물론, 자원을 가진 개발도상국들이 효율적으로 광물을 생산할 수 있도록 지원할 필요가 있다. 단순한

 핵심광물 공급망 전쟁

'사고파는' 관계가 아니라 기술과 시장을 공유하는 전략적 동반자로서 말이다.

이제 외교관은 자원 전문가가 되어야 하고, 자원 전문가는 외교관의 시각을 가져야 한다. 그냥 광물을 사 오는 게 아니라 공동 탐사부터 기술 개발, 인력 교류까지 아우르는 입체적인 협력을 해야 한다. 그때 우리의 외교가 가장 강력한 자원 안보 정책이 될 것이다.

정부의 역할도 바뀌어야 한다. 선수가 아닌 유능한 오케스트라 지휘자가 되어야 한다. 생각해 보라. 핵심광물 공급망이 걸친 산업군이 얼마나 넓은가? 정부가 일일이 다 알 수도, 관리할 수도 없다. 그보다는 우리 기업들이 해외에서 마음껏 뛸 수 있는 무대를 만들어주는 데 집중해야 한다. 특정국 편중 공급망을 다변화하는 기업에 파격적인 세제 혜택과 금융 지원을 제공하고, 무역보험공사 같은 정책금융기관이 해외 자원 개발의 불확실성을 막아주는 든든한 방패 역할을 해야 한다. 지금은 법적으로 불가하지만, 앞으로는 자원 전문 공기업들도 민간이 감당하기 어려운 고위험 프로젝트에서 다시 선도적 역할을 할 수 있도록 길을 열어줘야 한다.

다행히 우리 정부는 이런 오케스트라 지휘자 역할을 꽤 잘하고 있다고 본다. 하지만 한 가지 놓치지 말아야 할 점이 있다. 자원산업의 특성상 실패 확률이 크고 사업성이 나타나기까지 무척 오랜 시간이 걸린다는 것이다. 우리 사회가 요구하는 단기 성과 지표로는 도저히 맞출 수 없는 영역이다. 그래서 자원산업에는 중장기적인 시각과 인내심이 더욱 필요하다.

결국 이 전쟁의 최전선에서 실제로 싸우고 있는 것은 우리 기업들이다. 정부가 주저하고 사회가 외면하는 사이, 포스코는 아르헨티나의 하얀 소금호수에서 리튬을 캐기 위한 외로운 싸움을 시작했다. LG, SK, 삼성 등 배터리 기업들은 유럽과 북미 대륙에 수십조 원을 투자하며 새로운 거점을 구축하고 있다. 이들은 이미 단순한 제조업체가 아니다. 글로벌 자원 개발 지도를 읽고 미래에 베팅하는 전략가이자 전사가 되었다. 하지만 자원이라는 특수한 영역의 복잡함을 생각하면, 국가 차원에서 전문가 풀을 구성해 기업들이 필요할 때 전문 컨설팅을 받을 수 있는 체계가 시급하다.

하지만 가장 큰 문제는 따로 있다. 바로 사람이다. 자원 안보의 중요성이 그 어느 때보다 강조되는 지금, 정작 우리나라 대학의 자원공학과들은 다른 학과에 통폐합되거나 졸업생 대부분이 다른 분야로 떠나면서 명맥이 끊기기 직전이다.

필자를 길러낸 그 '사관학교'들이 하나둘 문을 닫고 있는 것이다. 자원이 없는 국가에서 민간 수요가 크지 않으니 연구비도, 취업 여건도 불리할 수밖에 없다. 현실이 그렇다. 하지만 당장 해외 광산의 사업성을 평가하고, 복잡한 지질 구조를 분석하며, 효율적인 제련 기술을 개발할 전문가를 어디서 찾아야 할까? 우리는 미래의 전쟁을 준비한다면서, 정작 그 전쟁에 나설 장교를 키우는 사관학교는 점점 축소하고 있다. 이보다 아이러니한 일이 또 있을까?

우리가 놓치고 있는 기회가 또 하나 있다. 바로 우리 발밑에 묻힌 자원들이다. 사실 우리나라 땅속에 부존된 광물도 적지 않다. 하지만 환경 문제와 주민 반대로 신규 광산 개발은 거의 불가능한 상황이다.

우리나라에는 총 300여 개의 광산이 있는데, 대부분은 석회석이나 고령토 같은 비금속 광산이다. 금속 광산은 고작 20여 개. 그마저도 금, 은을 제외하면 8개 정도에 불과하다. 농사를 지으면 땅의 기운이

쇠한다고 농사를 짓지 말자고 하지는 않는다. 그런데 광업에 대해서는 왜 무조건 부정적인 시각부터 앞세우는 걸까? 물론 환경을 보호해야 한다. 하지만 환경친화적 기술을 도입하고 지역 사회와 상생하는 방안을 찾는 노력도 필요하다. 내수 생산 기반이 튼튼해야 이 산업 전체의 경쟁력도 높아진다.

돌이켜보면 대한민국의 역사는 늘 결핍과의 싸움이었다. 자원이 없었기에 우리는 더 부지런히 기술을 연마했고, 내수 시장이 작았기에 더 넓은 세계로 나갔다. 핵심광물 시대에 우리가 나아갈 길도 다르지 않다. 없는 것을 한탄하기보다는, 있는 것을 최대한 활용하고 없는 것을 창조해 나가는 것. 그것이 우리의 생존 공식이다.

기술력과 제조업 경쟁력이라는 우리의 강점을 바탕으로, 자원 개발부터 제련, 가공, 재자원화에 이르는 전체 가치사슬에서 핵심 위치를 확보해야 한다. 자원은 없지만 기술은 있고, 광산은 없지만 공장은 있으며, 매장량은 부족하지만 혁신 역량은 풍부한 우리만의 자원 안보 모델을 만들어가는 것. 그것이 2026년 대한민국이 선택해야 할 길이다. 그리고 그 길의 첫걸음은, 다시 사람을 기르는 일에서 시작되어야 한다.

미주

1장. 보이지 않는 전선에서 벌어지는 공급망 전쟁

1. Xiao, H., Meng, B., Ye, J., & Li, S. (2020). Are global value chains truly global?. Economic Systems Research, 32(4), 540 – 564.

2. Xing, Y., Gentile, E., & Dollar, D. (2021). Global value chain development report 2021: Beyond production. World Trade Organization (WTO)

3. USGS. 2025. Mineral Commodity Summaries 2025. United States Geological Survey

4. https://www.reuters.com/technology/exclusive – ukraine – halts – half – worlds – neon – output – chips – clouding – outlook – 2022 – 03 – 11/

5. https://single – market – economy.ec.europa.eu/sectors/raw – materials/areas – specific – interest/critical – raw – materials/critical – raw – materials – act_en

6. https://commission.europa.eu/strategy – and – policy/priorities – 2019 – 2024/ europe – fit – digital – age/european – chips – act_en

7. EA (2025), Global Critical Minerals Outlook 2025, IEA, Paris

8. https://geology.com/articles/rare – earth – elements/

9. https://www.hankyung.com/article/2024072211861

10. https://dream.kotra.or.kr/kotranews/cms/news/actionKotraBoardDetail.do?SITE_NO=3&MENU_ID=80&CONTENTS_NO=2&bbsGbn=242&bbsSn=242&pNttSn=140283

11. https://www.stanfordmagnets.com/illegal – rare – earth – smuggling – affects – chinese – industry.html

12. CSIS, 2025.04.14. The Consequences of Chinas New Rare Earths Export Restrictions. https://www.csis.org/analysis/consequences – chinas – new – rare – earths – export – restrictions

13. 왕윤종. 2020. 중국의 쌍순환 성장전략의 의미와 한국의 대응전략. CSF 전문가 오피니언. 대외경제정책연구원

14. Rosa, D., Kalvig, P., Stendal, H., & Keiding, J. K. (2023). Review of the critical

raw material resource potential in Greenland. GEUS. MiMa rapport Vol. 2023 No. 1 https://doi.org/10.22008/gpub/32049

15. Rosa, D., Kalvig, P., Stendal, H., & Keiding, J. K. (2023). Review of the critical raw material resource potential in Greenland. GEUS. MiMa rapport Vol. 2023 No. 1 https://doi.org/10.22008/gpub/32049

16. https://www.reuters.com/world/why-does-trump-want-greenland-could-he-get-it-2025-01-08/

17. Stensgaard, B. M., & Sørensen, L. L. (2013). Mineral potential in Greenland. Geology & Ore, (23). https://doi.org/10.22008/gpub/38327

18. 표나리. (2018). 중국의 북극 진출 정책과 일대일로 빙상 실크로드 전략의 내용 및 함의. 중소연구, 42(2), 149 – 189.

19. https://www.mining-technology.com/news/greenland-cancels-general-nice-isua-iron-ore-project-licence/?cf-view

20. Simon M et al. (2020). Study on Arctic Mining in Greenland. Ministry of Economic Affairs and Employment of Finland

21. UGS. 2024. UKRAINE: Mining Investment Opportunities. Ukrainian Geological Survey

22. UGS. 2024. UKRAINE: Mining Investment Opportunities. Ukrainian Geological Survey

23. https://theconversation.com/whats-so-special-about-ukraines-minerals-a-geologist-explains-251551

24. https://www.geo.gov.ua/wp-content/uploads/presentations/en/investment-opportunities-in-exploration-production-strategic-and-critical-minerals.pdf

25. https://ukrfreedomfund.org/15-trillion-mineral-wealth/

26. https://www.aspistrategist.org.au/the-value-of-ukraines-critical-minerals-is-overstated/

27. https://www.aspistrategist.org.au/the-value-of-ukraines-critical-minerals-is-overstated/

28. https://www.reuters.com/markets/commodities/even-after-trump-deal-ukraine-faces-long-uncertain-road-mining-boom-2025-02-28/

29. https://www.hungarianconservative.com/articles/current/us-economic-interests-natural-resources-ukraine-war/

30. https://kyivindependent.com/this-ukrainian-mining-company-is-losing-hope-in-trumps-minerals-deal/

31. https://gmk.center/en/infographic/ukrainian-mining-industry-results-of-2024-and-prospects-for-2025/

32. https://gmk.center/en/infographic/ukrainian-mining-industry-results-of-2024-and-prospects-for-2025/

33. https://www.pravda.com.ua/eng/news/2025/05/13/7512038/

34. https://www.pravda.com.ua/eng/news/2025/05/13/7512038/

2장. 스마트폰에서 전기차까지, 우리 삶을 지배하는 핵심광물

1. IEA (2021), The Role of Critical Minerals in Clean Energy Transitions, IEA, Paris https://www.iea.org/reports/the-role-of-critical-minerals-in-clean-energy-transitions

2. IEA (2024), Global Critical Minerals Outlook 2024, IEA, Paris

3. IEA (2024), Global Critical Minerals Outlook 2024, IEA, Paris

4. IEA (2021), The Role of Critical Minerals in Clean Energy Transitions, IEA, Paris https://www.iea.org/reports/the-role-of-critical-minerals-in-clean-energy-transitions

5. IEA (2024), Global Critical Minerals Outlook 2024, IEA, Paris

6. IEA (2023) Electricity Grids and Secure Energy Transition

7. IEA (2023) Electricity Grids and Secure Energy Transition

8. IEA (2024), Global Critical Minerals Outlook 2024, IEA, Paris

9. 방민규, 조성준, 진태영, 박준혁. 2025. 국내 반도체 산업에서의 핵심광물 공급망 리스크 평가. 한국자원공학회지. Vol.62(3)

10. IEA (2023) Electricity Grids and Secure Energy Transition

11. https://www.defense.gov/News/Releases/Release/Article/2649649/the-defense-departments-strategic-and-critical-matcrials-review/

12. Wischer, G. D. (2025). The US Military Risks Mineral Shortages in a US-China

War. MILITARY REVIEW.

13. HCSS. 2023. Strategic raw materials for defense. The Hague Centre for Strategic Studies, Hague

14. HCSS. 2023. Strategic raw materials for defense. The Hague Centre for Strategic Studies, Hague

15. https://www.csis.org/analysis/mining-defense

16. USGS. 2025. Mineral Commodity Summaries. United States Geological Survey

17. HCSS. 2023. Strategic raw materials for defense. The Hague Centre for Strategic Studies, Hague

18. https://www.defense.gov/News/Releases/Release/Article/2649649/the-defense-departments-strategic-and-critical-materials-review/

19. https://www.nato.int/cps/en/natohq/news_231765.htm

20. https://www.csis.org/analysis/mining-defense

3장. 돌에서 배터리까지, 공급망 해부

1. Müller, M. (2023). The 'new geopolitics' of mineral supply chains: A window of opportunity for African countries. South African Journal of International Affairs, 30(2), 177-203.

2. https://www.futurekorea.co.kr/news/articleView.html?idxno=146350

3. 정다연. 2024. 차량용 요소수의 근본적 안정화 방안, 생산기반 구축 필요, 국회입법조사처 이슈와 논점 2024년 3월 7일호. https://www.shinkim.com/newsletter/2024/GA/2024_vol226/links/2024_vol226_206.pdf

4. https://www.mk.co.kr/news/economy/10075859

5. 대한민국정부. 2025. 차량용 요소 수급안정화 방안. 제4차 공급망안정화위원회 1호 안건. 2025.03.25.

6. IEA. (2025), Global Critical Minerals Outlook 2025, IEA, Paris

7. USGS. 2021. Methodology and Technical Input for the 2021 Review and Revision of the U.S. Critical Minerals List. United States Geological Survey

8. IEA (2025), Global Critical Minerals Outlook 2025, IEA, Paris

9. IEA (2024), Global Critical Minerals Outlook 2024, IEA, Paris

10. 물질수지(mass balance) 방식: 인증 원료와 비인증 원료의 물리적 혼합을 허용하되, 투입된 인증 원료의 총량만큼만 최종 제품에 인증 자격을 부여하는 공급망 추적 모델. 물리적 개체 추적이 어려운 경우, 수량 기반으로 지속가능성을 관리하는 현실적 대안으로 사용된다.

11. https://inside.lgensol.com/2022/01/완성차 – 기업들의 – 배터리 – 내재화에 – 대한 – 단상

4장. 다양한 이유로 위협받는 공급망

1. https://www.spglobal.com/market – intelligence/en/news – insights/research/ average – lead – time – almost – 18 – years – for – mines – started – in – 2020 – 23

2. IEA (2021), The Role of Critical Minerals in Clean Energy Transitions, IEA, Paris https://www.iea.org/reports/the – role – of – critical – minerals – in – clean – energy – transitions

3. Lezak, L., CLow – Carbon Metals for a Low – Carbon World: A New Energy Paradigm for Mines, Rocky Mountain Institute annon, C., Blank T.K. 2019.

4. IEA (2021), The Role of Critical Minerals in Clean Energy Transitions, IEA, Paris https://www.iea.org/reports/the – role – of – critical – minerals – in – clean – energy – transitions

5. 니치(niche) 수요: 특정 기술이나 제품에 대해 소규모이지만 전문화된 틈새 수요를 의미한다. 전체 시장에서 양은 적으나, 특정 목적에 필수적으로 요구되는 부분을 가리킨다.

6. https://en.wikipedia.org/wiki/2021_Pacific_Northwest_floods

7. https://en.wikipedia.org/wiki/Brumadinho_dam_disaster

8. https://en.wikipedia.org/wiki/2022_Jagersfontein_dam_collapse

9. https://aheadoftheherd.com/arctic – warming – another – obstacle – to – resource – extraction/

  핵심광물 공급망 전쟁

10. https://www.mining.com/web/arctic-mines-face-thawing-permafrost-disaster/

11. https://www.mining.com/web/nornickel-expects-full-output-to-resume-at-flooded-mine-this-month/

12. https://balkangreenenergynews.com/jadar-project-timeline-a-full-overview-of-the-most-controversial-investment-in-serbias-recent-history/

13. United Nations, Department of Economic and Social Affairs (2025). Harnessing the Potential of Critical Minerals for Sustainable Development. In World Economic Situation and Prospects 2025, chap. 2. United Nations publication, January.

5장. 순환 경제를 위한 재자원화

1. IEA, 2024, Recycling of Critical Minerals: Strategies to scale up recycling and urban mining

2. https://www.energydaily.co.kr/news/articleView.html?idxno=156101

3. IEA, 2024, Recycling of Critical Minerals: Strategies to scale up recycling and urban mining

4. https://en.wikipedia.org/wiki/Aluminium_recycling

5. IEA, 2024, Recycling of Critical Minerals: Strategies to scale up recycling and urban mining

6. IEA, 2024, Recycling of Critical Minerals: Strategies to scale up recycling and urban mining

7. IEA, 2024, Recycling of Critical Minerals: Strategies to scale up recycling and urban mining

8. IEA, 2024, Recycling of Critical Minerals: Strategies to scale up recycling and urban mining

9. IEA, 2024, Recycling of Critical Minerals: Strategies to scale up recycling and urban mining

10. IEA, 2024, Recycling of Critical Minerals: Strategies to scale up recycling and urban mining

11. https://environment.ec.europa.eu/topics/waste-and-recycling/waste-shipments_en

6장. 새로운 가능성을 찾아서

1. 신준호, 정재민, 류정호, 방준환, 김선경, & 류태공. (2023). [해설] DLE (Direct Li Extraction) 기술 및 동향. 한국자원공학회지, 60(5), 326-340.

2. https://internationalfinance.com/commodity/start-up-week-earth-ai-discovers-untapped-aussie-mineral-deposits/

3. https://discoveryalert.com.au/news/ai-enhance-mineral-exploration-success-2025/

4. Yang, F., Zuo, R., & Kreuzer, O. P. (2024). Artificial intelligence for mineral exploration: A review and perspectives on future directions from data science. Earth-Science Reviews, 104941.

5. https://www.mining-technology.com/features/how-is-technology-shaping-minerals-exploration/?cf-view

6. https://discoveryalert.com.au/news/how-ai-is-transforming-mineral-exploration-a-new-era-in-mining/

7. Yang, F., Zuo, R., & Kreuzer, O. P. (2024). Artificial intelligence for mineral exploration: A review and perspectives on future directions from data science. Earth-Science Reviews, 104941.

8. Zuo, R., Cheng, Q., Xu, Y., Yang, F., Xiong, Y., Wang, Z., & Kreuzer, O. P. (2024). Explainable artificial intelligence models for mineral prospectivity mapping. Science China Earth Sciences, 67(9), 2864-2875.

9. https://english.elpais.com/international/2024-08-17/a-trip-to-el-teniente-the-largest-underground-copper-mine-in-the-world.html

10. Long, M., Schafrik, S., Kolapo, P., Agioutantis, Z., & Sottile, J. (2024). Equipment and Operations Automation in Mining: A Review. Machines, 12(10), 713. https://doi.org/10.3390/machines12100713

11. https://discoveryalert.com.au/news/automation-transformed-mining-technology-2025/

12. https://discoveryalert.com.au/news/automation-transformed-mining-technology-2025/

13. Miller, K. A., Thompson, K. F., Johnston, P., & Santillo, D. (2018). An overview of seabed mining including the current state of development, environmental impacts, and knowledge gaps. Frontiers in Marine Science, 4, 312755.

14. http://www.lselectricwebzine.com/2023_06/h_tech.php

15. IEA (2021), The Role of Critical Minerals in Clean Energy Transitions, IEA, Paris https://www.iea.org/reports/the-role-of-critical-minerals-in-clean-energy-transitions

16. https://iucn.org/sites/default/files/2022-07/iucn-issues-brief_dsm_update_final.pdf

17. https://oceanographicmagazine.com/news/history-made-portugal-takes-lead-in-effort-to-stop-deep-sea-mining/

18. https://www.reuters.com/business/sustainable-business/google-bmw-volvo-samsung-sdi-sign-up-wwf-call-temporary-ban-deep-sea-mining-2021-03-31/

19. https://oceanographicmagazine.com/news/history-made-portugal-takes-lead-in-effort-to-stop-deep-sea-mining/

20. https://www.whitehouse.gov/presidential-actions/2025/04/unleashing-americas-offshore-critical-minerals-and-resources/

국가의 생존과 번영을 결정하는 미래 에너지 패권과 경제안보

핵심광물 공급망 전쟁

초판 1쇄 발행 | 2026년 1월 15일
초판 2쇄 발행 | 2026년 2월 5일

지은이 | 박준혁
펴낸이 | 전준석
펴낸곳 | 시크릿하우스
주소 | 서울시 마포구 월드컵북로 400 서울경제진흥원 5층 23호
대표전화 | 02 - 3153 - 1355
팩스 | 02 - 3153 - 1356
이메일 | secret@jstone.biz
블로그 | blog.naver.com/jstone2018
페이스북 | @secrethouse2018
인스타그램 | @secrethouse_book
출판등록 | 2018년 10월 1일 제2019 - 000001호

ⓒ 박준혁, 2026

ISBN 979-11-94522-29-4   03320